連合新書
19

〈増補改訂版〉
共助と連帯

労働者自主福祉の意義と課題

(公社)教育文化協会 編
労働者福祉中央協議会

高木郁朗 監修

明石書店

刊行のことば

　今回、2010年1月に発刊した『共助と連帯——労働者自主福祉の課題と展望』を、6年ぶりに増補改訂し刊行しました。初版は、労働者自主福祉の担い手であるさまざまな主体が、共通の基盤を持って活動できるようにするために、労働者自主福祉の基本的な考え方と基礎的情報を整理した横断的なテキストとして作成し、大変多くのみなさまに活用していただきました。

　しかしながら、この6年の間に、不安定雇用の非正規労働者の増加などにより格差・貧困問題は深刻化し、いわゆる「ブラック企業」問題が社会問題化するなど、社会情勢は大きく変容しました。未曾有の被害をもたらした2011年3月の東日本大震災はいまなお復興の途上にあり、非常に過酷な経験として人びとの心に刻まれた一方で、「きずな」や人と人との支えあいの大切さが再認識され、市場価値では計ることができない別の価値基準を指向する萌芽がみられます。はからずもこの4月に発生した熊本県を中心とする九州地震においても、被災者のみなさんに寄り添い支援するネットワークが、着実に形成され役割を果たしつつあります。

　こうした状況を踏まえ、今回の増補改訂版は、結果としてかなりの部分を追加・改訂し、サブタイトルを「労働者自主福祉の意義と課題」としました。監修者である高木郁朗日本女子大学名誉教授にご指導いただきながら、初版に掲げている基本的な考え方は変わらないまでも、内容的には初版刊行時からの情勢の変化を反映し、日々進化している労働者自主福祉の現場の活動のありようをできるだけ取り入れました。とくに、地域において労働者自主福祉ネットワークのコーディネーター役を担っている各地の労福協を中心とした取り組みの展開事例を、より多く取り上げています。

　高木先生には、全体を通じての監修をしていただいただけでな

く、ご多忙の中、直接いくつかの現場取材・執筆も含めて、精力的、野心的に作業をしていただきました。この場を借りて厚く御礼申し上げます。具体的にどのような改訂を行ったのかについては、高木先生が「おわりに」に述べておられますので、そちらをご覧いただきたいと思います。

　連合は2010年12月に、2020年に目指すべき社会像として「働くことを軸とする安心社会」を掲げています。中央労福協も2020年ビジョン「連帯・協同でつくる安心・共生の福祉社会」を2009年11月に確認しました。これらの社会像の実現には、労働者自主福祉を担う各主体が、本書のタイトルでもある『共助』の機能を自ら強めるとともにその輪を広げ、さまざまなネットワークによる『連帯』へとさらに一歩を踏み出し、その連携を強固なものにすることが不可欠であり、非常に重要です。
　その意味で、本書が労働者自主福祉活動に日々尽力されているみなさまや、これから携わろうとするみなさまの今後の活動の一助となることを願ってやみません。

2016年6月
　　　　　　　　　　公益社団法人 教育文化協会
　　　　　　　　　　　　　理事長　南雲　弘行
　　　　　　　　労働者福祉中央協議会
　　　　　　　　　　　　　会　長　神津里季生

目　次

刊行のことば　3

序章　課題と要約

1. 本書の目的 ……………………………………………………………… 12
2. 自助、共助、公助——労働者自主福祉の意義 …………………… 13
3. 「共助」と労働組合 …………………………………………………… 19
4. 多段階のソーシャル・セーフティネット ………………………… 21
5. ソーシャル・セーフティネットの危機 …………………………… 23
6. 福祉ミックスと「新しい公共」 …………………………………… 26
7. 本書の構成と要約 …………………………………………………… 30

第1章　現代と労働者自主福祉

はじめに ………………………………………………………………… 32
1. 格差・貧困を生み出した社会構造の変容 ………………………… 33
2. 社会の変容をもたらした要因は何か ……………………………… 36
3. 市場万能主義に翻弄された日本社会 ……………………………… 38
4. 協同組合経済（労働者自主福祉事業）の果たす役割 …………… 41

第2章　労働者自主福祉の担い手

はじめに ………………………………………………………………… 46

【第Ⅰ節】労働組合

1. 企業別労働組合の「共助」の活動 ……… 47
    1-1. 概観 ……… 47
    1-2. 三越伊勢丹グループ労働組合（UAゼンセン加盟）……… 48
    1-3. 中部電力労働組合（電力総連加盟）……… 54

2. 産別レベルの「共助」の活動 ……… 60
    2-1. 概観 ……… 60
    2-2. UAゼンセンの共済制度 ……… 62
    2-3. JAMの共済制度 ……… 65
    2-4. 新運転の労働者供給事業 ……… 69

3. 地方組織での共助・連帯活動──連合静岡メイトを例に ……… 75

【第Ⅱ節】労働金庫

1. 労働金庫の歴史 ……… 85
2. 労働金庫の理念と組織 ……… 88
3. 労働金庫の活動の現状 ……… 92
4. これからの労働金庫の使命 ……… 99

【第Ⅲ節】全労済

1. 全労済とは ……… 103
2. 全労済の各種共済と経営の現状 ……… 109
3. 全労済の理念と諸活動 ……… 112
4. 全労済の課題とこれから ……… 120

【第Ⅳ節】生活協同組合

1. 生協運動の歴史的系譜 125
2. 日本型生協の特質と類型 129
2-1. 日本型生協の特質 129
2-2. 日本型生協の3つの類型 133
3. 生協運動の現状 135
4. 生協運動の展望 138
5. 協同組合の新しい展開──ワーカーズコープ 142
5-1. 労働者協同組合（ワーカーズコープ）とは何か 142
5-2. ワーカーズコープの歴史 148
5-3. 協同労働を推進するネットワークと法制化 154

【第V節】NPO

1. NPOとは何か 156
2. NPOの現状 161

【第VI節】労働者福祉協議会（労福協）

1. 労福協の歴史と現状 171
1-1. 労福協の歴史 171
1-2. 労福協活動の現状 173
2. 地方労福協の活動事例 181
2-1. 沖縄県労福協──公労使一体の就労支援 181
2-2. 静岡県労福協──たて・横に幅広くつながるネットワーク 186
2-3. 新潟県労福協──問題解決の幅を広げる相談事業の充実 191

第3章 「共助」から「連帯」へ──日本内外の先駆的事例

はじめに 200

【第Ⅰ節】日本国内の事例

1-1. NTT労組東京総支部のNPO法人情報労連東京福祉センターのミニ・デイサービス事業──原点は組合員の年末福祉カンパ 201

1-2. 電機連合神奈川の「社会福祉法人電機神奈川福祉センター」の障がい者就労移行支援事業「ぽこ・あ・ぽこ」──「雇用の福祉」の実践をする 205

1-3. 山口県労福協「生活あんしんネット」の無料職業紹介事業──生活の安心は働く場の確保から 211

1-4. 徳島県労福協の「なのはな居宅介護サービスセンター」──医療本位の介護から利用者本位の介護へ 214

1-5. 徳島県労福協「とくしま次世代育成支援センター」──労福協のネットワークで安心の子育て社会づくり 217

1-6. 石川労福協のライフ・サポートセンター──生涯組合員構想へのチャレンジ 220

1-7. 連合中越地協が力を入れて支援しているNPO法人「地域循環ネットワーク」──学校給食の残さを利用したエコフィード・システム ... 223

1-8. 茨城労福協──「出会いサポートセンター」結婚支援事業 229

1-9. 山形県内の労働団体と自治体が連携して創設した「ふるさと奨学ローン」──地域人材の育成への貢献 239

1-10. 生活クラブ風の村──介護からユニバーサル就労へ 244

1-11. よりそいホットライン──全国規模に展開される相談システム 254

【第Ⅱ節】海外の事例

はじめに 262

1. ソーシャル・インクルージョンと社会的企業 262

2. 地域雇用政策 266
  3. 多様なステークホルダーとの連携 270
  4. ワーカーズ・キャピタルの社会的責任投資 275
  5. 伝統的な労働運動からコミュニティ運動へ 277
    (1) ワーキング・アメリカ：改革への新組織——AFL-CIO（アメリカ労働組合総同盟・産業別組合会議）傘下コミュニティ組織 278
    (2) ミャンマーの農業労働者支援事業 282

補　章　労働者自主福祉の歴史

  1. 江戸時代から明治初期の共助（協同組合）のしくみ 291
  2. 産業組合法制定以降の協同組合：日本最初の協同組合法——お上が作った協同組合法 296
  3. 労働組合・労働者自主福祉運動の誕生と弾圧 299
  4. 大正デモクラシー下の労働運動と労働者自主福祉運動 300
  5. 労働運動・労働者生協に対する弾圧そして解散——大正末期から昭和初期、敗戦まで 302
  6. 戦後の労働運動、生協、中央労福協と労働金庫・全労済の関係性——その生い立ち 303

終　章　地域で「新しい公共」を担う——「労働者自主福祉」がめざすもの

  はじめに 308
  1. 「公共空間」とはなにか 308
  2. 生活ニーズにもとづく財・サービスの供給と就業・雇用機会の創出 316
  3. 社会参加の保障 324
  4. 「新しい公共」の担い手としての労働者自主福祉 327

【コラム】COLUMN

- ● 4つの生活資源 18
- ● 労働者自主福祉事業団体に組織する労働組合の連携 106
- ● 労働者自主福祉事業団体に働く労働者の労働組合に求められる役割 122
- ● 一般社団法人ユニバーサル志縁社会創造センターについて 168
- ● 社会的企業の可能な財源 272
- ● ソーシャル・キャピタル 326

おわりに　333

執筆者一覧　336

ヒアリング先一覧　338

序　章　課題と要約

序章　課題と要約

1. 本書の目的

　本書は2つの目的をもっている。1つは、労働組合と労働者自主福祉事業をつうじた労働組合員のお互いの助け合い活動、いいかえれば「共助」の活動の意義を再確認することである。本書では、その内容は、労働組合自体の共済活動などと、もともとは労働組合がつくりあげた労働金庫や全労済などの労働者自主福祉事業で具体的に示される。もう1つは、そのような「共助」の活動が組合員のわくのなかにとどまらないで、労働組合に組織されていない労働者、未来の労働者である子どもたち、退職者を含む高齢者たち、障がいに悩む人びと、さらにさまざまな人びとに助け合いの活動を広げていくこと、いいかえれば「連帯」が今日の日本社会のなかできわめて重要になっていることを確認することである。現実にそのような活動が展開されていることを本書は活動事例のなかで明らかにする。むろんこの2つの目的は、日本における「福祉社会」を実現するという目的で緊密につながりあっている。

　ウェッブ夫妻の『労働組合運動史』をもちだすまでもなく、「共助」は、労働組合が誕生したそのときから、団体交渉による働くうえでのルール形成、民主主義と労働者の権利を法的に保障するための政治活動とならぶ三大活動の、いってみれば、トップの位置にかかげられた活動領域であった。しかし、その3つの活動領域のなかでは、「共助」は20世紀後半の日本の労働運動においてもいつも重要な活動として存在はしてきたが、どちらかといえば、その本来の

意義が忘れられ、地味な位置を占めてきたように思われる。

今日、労働運動が営々と築き上げてきた公的なソーシャル・セーフティネットが侵害される一方、非正規労働者やワーキングプアとよばれる人びとの急速な増大に端的にみられるような格差と貧困の進展は、あらためて「共助」と「連帯」に光をあてなければならない状況をもたらしている。それは、現実に差し迫っている多くの労働者の生活上の課題を解決するうえでの手段であるだけでなく、社会正義にもとづく公正で、皆が安心できる社会を築き上げていくための基本的手段でもあるからである。

5年まえに、本書の初版が刊行されたときは、政権交代が行われ、福祉社会を構築していくための政治への期待が高まっていた。しかし、その後、自民党が政権に復帰したのち、社会制度も生活実態も雇用のあり方も悪化が再加速している。その意味では、「共助」と「連帯」をめぐる活動は、日本社会の現状のなかでいっそう重要度を増していることは明らかである。改訂版である本書は、このような問題意識にもとづき、最大限具体的に「共助」「連帯」の課題に接近している事例をとりあげ、その意義を確認することとしている。

2. 自助、共助、公助——労働者自主福祉の意義

この序章では本書全体にかかわる基本的な考え方を、用語の解説を軸として明らかにしておきたい。

2-1. 労働者自主福祉

読者は、労働者自主福祉という本書のキイワードのなかにある「福祉」という用語で何を思いうかべるだろうか。まっさきに、生活保護を思いうかべる読者は少なくないだろう。障がい者福祉とか、児童福祉とか、母子（父子）福祉とかを思いうかべる読者もあるだろう。

これらの答えは、政府が実施している福祉政策の現状を反映しているが、実際には根本的な誤りを含んでいる。これらの答えに共通に含まれていることは、いろいろな事情で、生活に特別の困難に遭遇している人に対して、国が、国民の税金で救済する仕組みである、と考えていることである。ここには、2つの誤りがある。

　1つの誤りは、福祉は特別の事情をかかえている人の問題だけではないということである。「福」という文字はもちろん「祉」という文字も、「幸せ」「幸福」を意味するのであって、すべての人にとっての課題である。福祉は英語ではウェルフェア（welfare）に相当する。ウェルフェアステート（welfare state）は福祉国家となる。英語の辞典でwelfareをみると、ウェルビーイング（well-being）の状態であると説明される。ウェルビーイングとは、人が人間的にみてまあまあよくやっている状態を示している。労働運動の分野でよく使用されるディーセントワーク（decent work）におけるディーセントという用語の内容、つまり「まあまあ人なみに快適な」という意味とも重なっている。

　もう1つの誤りは、福祉の問題を考える場合に、国の政策は重要であるが、国の施策だけに限定する考え方である。福祉は、多面的な内容をもっており、税負担の視点だけで論議することはまったくの誤りである。

　「労働者福祉」という用語の意味は、労働者の幸せのことである。いうまでもなく統計上、雇用者＝労働者は就業者の85％以上を占め、退職者はかつては労働者であった人びとであり、小中高校生や大学生の圧倒的多数は次世代の労働者であるから、労働者は国民のなかで圧倒的な部分を占める。したがって労働者の幸せなしに国民の幸せはありえない。いいかえれば労働者福祉は国民福祉の根幹をなしている。

　「労働者福祉」はさまざまな要素からなりたっている。労使交渉をつうじて、雇用の安定、賃金・労働時間など働くうえでのルールを

つくること、会社にしっかりした福利厚生の仕組みをつくらせること、労働組合の政治活動をつうじて社会保障制度の充実をはかること、これらはすべて「労働者福祉」の内容をなしている。これらすべてに共通することは、「労働者福祉」の充実をはかるのは労働運動、すなわち労働組合を中心とする労働者のさまざまな活動であるということである。これらのなかにあって、「労働者自主福祉」というのは、「自主」すなわち広い意味での労働者が自分たち、すなわち「労働者のために」、自分たち自身で、すなわち「労働者による」福祉実現の仕組みをつくりあげ、運営することを意味している。

2-2. 幸福追求権

　福祉が人の幸せのことであると考えるとき、日本国憲法がこの点にかんして重要なことを宣言していることに気がつくはずである。まず、幸福追求権と名付けられている日本国憲法第13条である。「すべて国民は、個人として尊重される。生命、自由及び幸福追求に対する国民の権利については、公共の福祉に反しない限り、立法その他の国政の上で、最大の尊重を必要とする」というのがその内容である。

　何をもって福祉＝幸せと感ずるかは人によってさまざまである。だから、幸福の達成は最終的にはそれぞれの人の努力の結果である。だから、人が自分の幸福を追求して努力する権利は保障されなければならない、というのが、憲法第13条の規定である。これは自分の努力が幸せに不可欠であるという意味で「自助」の世界ということができる。

　ここで気をつけなければならないことが2つある。1つは現実の世界では、人と人とのあいだにはさまざまな格差がある、ということにかかわる。金持ちの人と貧乏な人、強い権限をもつ人とまったくもたない人を想定してほしい。金持ちや強い権限をもつ人が、それこそ自由に、「自助」の活動を展開すると、貧しい人、権限をも

たない人の福祉を妨害してしまうことがいつでもありうる。かつて奴隷解放を実現したアメリカ第 16 代大統領のリンカーンはこの関係を、「狼の自由と羊の自由」と表現した。羊の自由を守るためには、狼が羊を襲って食ってしまう自由は制限しなければならない、というわけである。

　いまのこととも関連するが、もう 1 つは、自由な「自助」で幸せを追求するといっても、それを保障する制度がなければ、多くの人びとは「自助」の活動を展開することさえできない。使用者の解雇の自由を制限する法や労働協約がなく、いつ解雇されるかわからないというような状態であれば、「自助」での幸福どころではない。誰でもがいけるような学校制度がなければ、「自助」を発揮する能力を身につけることもできない。憲法のいう幸福追求権は、社会の制度によってはじめて発揮することができる。

2-3. 生存権保障

　この観点から、日本国憲法はもう 1 つのことを言っている。「すべて国民は、健康で文化的な最低限度の生活を営む権利を有する」「国は、すべての生活部面について、社会福祉、社会保障及び公衆衛生の向上及び増進に努めなければならない」と規定する憲法第 25 条である。この項は生存権保障として知られ、日本国憲法が近代的な憲法としての意義をもちうる条項である。

　人が営々として幸福を追求する努力をしても、それが達成されない場合がごく普通におきうる。病気や失業や自然災害のために所得がなくなってしまうといった事態を考えてみればすぐわかる。

　憲法第 25 条の規定は、このような人の幸福を阻害する条件の影響を排除し、幸福の基本的要素の最低限だけは、どのような事態になっても確保できる権利を人に保障し、そのためには国が責任をもって保障しなければならないことを規定したものである。これを具体的な制度としたものが日本では生活保護制度である。今日の日本

の生活保護制度が実際にどの程度に生存権を保障しているかは問題があり、現に多くの訴訟がおこされているが、少なくともたてまえとしては、最低限度の生活を維持できない人びとに対して、必要な「扶助」を供給することとなっている。このように、中央・地方の政府が実施している仕組みは、「公助」と呼ぶことができる。憲法の規定が示すように、公助の基本は、「健康で文化的な最低限度の生活」の保障であり、これはミニマム保障ということになる。

「公助」の内容は時代とともに、変化するというより、変化させなければならない。「公助」として、どのような内容がとりあげられ、どのような水準であるべきかは、それぞれの国、それぞれの時代の人びとによって決定されるべきことがらである。とりわけ今日では、生活保護のように貧困に陥った人を救済するといういわば最終段階でのミニマム保障だけではなく、病気、失業、子育て、介護など、人生のさまざまな段階で発生する課題が不幸をもたらさないようにするために多段階で予防的なネットをはること、いいかえれば多段階のソーシャル・セーフティネットを形成することが福祉の達成のうえではきわめて重要になっていることはあとで述べるとおりである。

2-4. 共助の世界

上下という表現にはやや難があるが、福祉＝幸せの一番上にあるのは「自助」である。一番下にあるのは「公助」である。でもふつうの人びとのふつうの暮らしのなかでの幸せを考えると、「自助」の世界と、「公助」の世界のあいだに広がる広大な領域こそ、実は大きな問題点であることにすぐ気がつくはずである。病気になったとき、医療機関に行って安心して診療してもらったり、薬を処方してもらう、といった必要はやはり幸せを守るうえで不可欠である。この場合でいえば、医療機関とか、医療にかかるための費用の保障とかいった、「自助」を日常的に支える仕組み＝制度がないと、「自

助」の活動そのものがうまく働かないことになるからである。

　残念ながら、日本国憲法は「自助」と「公助」のあいだの広大な中間領域についての規定は明確にはもっていない。はっきりとは書かれていないが、示唆はある。示唆というのは、労働組合の関係者ならよく知っている第28条である。同条は「勤労者の団結する権利及び団体交渉その他の団体行動をする権利は、これを保障する」というもので、通常は、労働3権、すなわち団結権、団体交渉権、争議権を保障したものと理解されている。しかし、なんのために労働3権が保障されているかを考えれば、その目的は労働者の福祉＝幸福を支えることにあることが明らかである。広くとれば、団結し、団体行動を行うことが労働者の福祉に不可欠であることを示唆していることになる。

COLUMN

4つの生活資源

人の福祉＝幸せのためには多くの要素がかかわるが、すべての人にとって基礎的なものとしてつぎの4つの生活資源は不可欠である。

1. (財・サービスの入手に必要な) 所得。その基本は就業・雇用。社会保障も所得の重要な一部である。また一時に多額の費用の支出が必要なときの生活資金の融資などもこれに加わる。ただ市場では、利潤をともなわない財・サービスは販売されないから、ときとして生活に必要な財・サービスを公的にあるいは「共助」のかたちで生産・配分することが必要になる。
2. (人間が自由な活動を行うための) 時間。
3. 安心。人生の各段階で遭遇するさまざまなリスクを回避したり、その影響を軽減したりすること。社会保障と「共助」は安心の基本である。
4. きずな。ソーシャル・キャピタルともいう。(326頁コラム参照)

団結し、団体行動を行うということは、古いスローガンでいえば、「1人が万人のため、万人が1人のため」に行動するということである。これは 'one for all, all for one' の日本語訳で、その内容を理解するうえでの注意点は後述するが、いずれにしても、お互いに助け合ってそれぞれの人の幸せを実現していく、ということにほかならない。この仕組みは「共助」という用語で示されることになる。
　「自助」と「公助」そして、その中間領域としての「共助」の3つは労働者福祉を検討するうえで欠くことのできない概念である。

3.「共助」と労働組合

　「共助」は労働組合が生まれたときからの基本的機能であった。1850年代にイギリスで成立したクラフトユニオン（職能別組合）は、組合費のなかから病気、失業、死亡にさいして仲間を支援した。組合が取り決めた賃金を支払わない使用者の下では働かないことにして、それで失業した場合にも組合が救済した。労働組合が働くうえでのルールをつくりあげていくうえでも、「共助」は欠かせなかった。日本でも最初の労働組合の1つである鉄工組合（1897年成立）もおなじような「共助」の仕組みをもっていた。
　労働組合による「共済」という制度はいまでももっとも普遍的である。比較的規模の大きい企業の労働組合はたいてい「共済」という制度をもっている。産別で組織されているケースもある。おカネが必要になったときに貸し出しを行うとか、火事などの災害のさい補償金を支給するといったことは共通しており、海外旅行のさいに便宜をはかるといったことが内容になっている場合もある。これは、組合員が組合費や一定の掛金を積み立てたり、預金したりして、必要が生じた組合員に支出をする制度である。
　「共済」は掛金をはらう組合員の範囲は広いほど安定することになる。狭い範囲だと、共済の支給が必要となる事故が組合員に一斉

に発生して支払い不能となる可能性があるからである。個別の労働組合の枠を超えて、労働組合が労働者自主福祉事業団体としての労働金庫や全労済をつくったのもこのためであった。

　労働金庫や全労済は「共助」の組織である。労働金庫は、間接構成員である労働組合員などの預金をもとにして、仲間が住宅や自動車の購入、あるいは病気など不時の支出が必要になった場合に融資する。全労済の場合には、火災、病気などの事故、つまりリスクに備えて、日頃から掛金を拠出し、実際にリスクに遭遇した組合員に対して契約にしたがって給付が行われる。

　住宅ローンは銀行もやっているし、火災保険は民間の営利会社も行っている。しかし、営利のローンや保険と決定的に異なる点が2つある。1つは「共助」の活動は非営利なので、掛金は相対的に安く、審査も対象者の事情を考慮して迅速に行われる。このような迅速さは東日本大震災のなかでもよく発揮された。

　もう1つの決定的違いは、事業側と利用者の関係である。労働金庫も全労済も協同組合としての性格をもっている。全労済は生協法に依拠している。労働金庫は、労働金庫法という特別法に依拠している。通常の協同組合との違いは直接の構成員、つまり組合員は労働組合など労働団体で、労働組合員などは間接構成員と呼ばれる。この違いはあるが、協同組合であることに違いはない。株式会社なら主権者は株主で、保有株式数によって投票権が決定される、したがって「1ドル1票」の世界である。協同組合は出資金の額にかかわらず、組合員はすべて同等の権利をもつ。つまり「1人1票」の世界である。また、会社であれば、利用者は「お客さん」であるが、全労済も労金も、利用者は同時に主権者である。もっとも最近では、そのことがたてまえだけになってしまっている場合があるのは残念なことである。

4. 多段階のソーシャル・セーフティネット

　より大きな問題点がある。もともと、労働組合や協同組合は、まずは組合員のための組織である。共助もまた組合員の手で、組合員のために行われる。これはメンバーシップの論理である。メンバーになって、助け合いによって人生が幸せになるという期待から、組合員になり、必要な負担も行う、ということで、団結も維持される。メンバーシップは団結の維持のために欠かせない要件である。

　その一方、メンバーシップの論理だけでは、組合員の外には助け合いは広がらない。すでにみたように、労働組合は誕生の時点で「共助」の仕組みとして病気にかかったときの共済制度をつくった。この組合には、高い組合費を払える比較的賃金の高い労働者だけが参加していた。逆に高い組合費を払えない多くの労働者はこの共済に参加できない。要するにほんとうに必要な人びとに「共助」が行き渡らないことがふつうにおきてくる。病気にかかっても共済も現金もない労働者は医療機関に行くことができない。つまりさきにみた 'one for all, all for one' の all、つまり「万人」は、はじめからすべての労働者を意味するわけではなく、労働組合や協同組合など、ある組織に入っている組合員の全体を示している。だから、労働者のなかでも、組合員とはなっていない人びとは、場合によっては、支援がもっとも必要である人びとでも、「共助」の対象とならない。

　この問題の解決法の1つは、このような共済を、その負担の一部を使用者側にも強制的に負わせて、公的な普遍的な制度として実施することである。つまり「共助」に「公助」の性格を組み込むことである。社会保険制度はまさにこのようなかたちで「共助」から「公助」の性格をもつものに発展した。これは労働組合の政治活動の重要な成果であった。

　いま、失業を例にとってみよう。労働組合がある場合には、協定などをつうじて、よほどのことがないかぎり、経営者がかってに解

雇できないようにすることがふつうである。これは失業しないための最初のセーフティネットである。加えて、技術の変化などに対応して教育や訓練によって、能力を高めることも失業に対する予防的なネットの一部となる。

しかしそれでも失業は発生することがある。それに備えるのが日本の制度では雇用保険制度である。これが2つめのネットである。失業して所得がなくなった場合には、雇用保険制度のもとでの失業給付が一定の期間にわたって支給される。支給には、再度就業する意思のあることが要件となっているから、ハローワークなどをつうじて、求職活動をしなければならない。雇用保険の原資は労使が平等で負担する雇用保険料である。

病気の場合の健康保険、老後の場合の（公的）年金保険、介護が必要となった場合の介護保険、それに加えて労災保険は、いずれも保険の原理にもとづくもっとも重要なソーシャル・セーフティネットであり、国の制度として確立されていることから社会保険とよばれる。このうち労災保険だけは、発生の原因と責任が基本的に経営者側にあるということから使用者側だけが負担している。

ところで、失業給付の期間がきれたらどうなるか。日本では社会手当としての失業手当の制度が欠如しているから、答えは生活保護の受給である。これが最後のより所、最終的なセーフティネットである。社会保険と生活保護では2つの点で基本的な違いがある。すなわち、①生活保護の給付の原資はすべて税であること、②受給のためには資産や労働能力など、所得をえるためのほかの手段がまったくないことを証明する審査、いわゆるミーンズテストが必要であること、である。

このようなかたちで、最初の段階では労使の協定も含まれるが、全体としていえば、貧困への予防線としての社会保険と、貧困を救済するためのミニマム保障としての生活保護を基軸とする多段階のソーシャル・セーフティネットとしての「公助」の制度を充実させ

ていくことが、第一の解決策である。くりかえしていうと、「公助」としての社会保険と生活保護はともに、人びと自身が「共助」の仕組みとして発展させてきたものである。生活保護は、農村社会で、生活手段もなく身寄りもないお年寄りや子ども、障がい者などに対して、コミュニティを構成する皆で救済していたのが、近代社会となり、コミュニティが崩壊していくなかで、国家がかわって救済するようになったものだった。社会保険は、産業革命以降、前述のようにクラフトユニオンがつくっていた病気、失業などに対する共済の仕組みを国家規模の強制保険に発展させたものであった。このことはどれほど強調しても強調しすぎることはない。

ところで、一見すると、ソーシャル・セーフティネットの体系は見事である。多段階のソーシャル・セーフティネットが機能するかぎり、天国に行くことは「自助」で努力するほかはないが、どんなことがあっても、この世で地獄に落ち込まないことは誰にでも平等に保障されているはずである。でもそのタテマエはほんとうなのか。

5. ソーシャル・セーフティネットの危機

日本の現状からみた結論からいえばそれはほんとうではない。そこには少なくとも3つの問題が存在する。

まず第一は、セーフティネットの基軸となる社会保険の制度が分断され、不公正な身分制度が存在し、そのためにセーフティネットとしての機能の公正さがいちじるしく阻害されているという事実である。

1990年代以降、パートタイム労働者や派遣労働者など、いわゆる非正規労働者が急増した。このなかの多くの人たちは、雇用されている人びとであるにもかかわらず、組合健保や協会けんぽ（この2つのあいだにも身分的違いがあるが、ここでは論議しない）に加入できず、国民健康保険（国保）に加入している。国保はもともと国民

皆保険の名のもとに、農民や都市の自営業者を対象とするものとして発足したが、いまでは加入者の多数派は、実際には企業に雇用されている。ようするに、本来なら組合健保なり協会けんぽなりに加入しているはずの非正規労働者となっている。しかし、非正規労働者の賃金は低く、企業負担をもたないために相対的に割高な国保の保険料を負担することができず、保険料の未納付者も多い。未納付が長期に続くと保険証は没収され、かわりに資格証明書が発行される。資格証明書をもっていっても、支払いを心配する医療機関は診療してくれない。この結果、死亡してしまったり、重症になってはじめて診療機関を訪れるといった場合もある。

　非正規労働者についていえば年金も問題である。健康保険と同様非正規労働者のなかでは厚生年金保険に加入できない人たちも少なくない。これらの人たちは非正規として40年間働いても生活保護支給額にも満たない国民年金だけが支給される。実際に2030年代になると、このような退職者の多くは生活保護の対象になり、生活保護自体が財政面から機能しなくなることも心配されている。

　雇用保険にも問題がある。民主党政権の時代には、雇用保険への加入の権利と義務が拡大されたが、週20時間未満働くパートなど非正規労働者には、つまり雇用の不安定な人びとのなかには雇用保険が適用されていない人びとがいぜんとして多い。失業のリスクがもっとも大きな人びとにこのセーフティネットが働かないのでは、社会保険の意味がない。さらに育児休業を取得した場合に給付される育児休業給付金制度の問題がある。これは雇用保険制度の枠のなかに設けられている。したがってもともと雇用保険の加入者でない労働者は対象とならないだけでなく、たとえば有期の労働者で雇用契約更新の見込みがない場合が除かれているなど、やはり非正規労働者に不利な条件がつけられている。

　つまり、ほんらい、「共助」ではカバーできない人びとを平等に対象とするはずのソーシャル・セーフティネットが、身分的な分断

のもとで、そのようなものとしては機能せず、ネットからこぼれおちる人びとがすくなくないという現実がある。

　第二の問題も、ソーシャル・セーフティネットからこぼれおちるという問題に関係している。生活保護基準以下の生活を強いられている人びとのなかで実際に生活保護を受給している人びととの比率（捕捉率）は20%未満とされる。このなかには、制度の存在を知らない人びとや、生活保護の受給を恥ずかしいことと思い込んでいる人びともある。ほんらいの「公助」であれば、制度を知らなくて受給できていない人びとをさがし、あるいは思い違いをしている人びとと触れあい、「あなたには受給の権利がありますよ」と知らせることが任務となるはずである。それが「公共」の任務であるはずである。こうした手法は「アウトリーチ（手を伸ばす）」と呼ばれる。日本の社会保障制度のすべての分野でこのような「アウトリーチ」手法は行われていず、申請主義に依存している。「アウトリーチ」がなされていないどころか、生活保護の場合には窓口で申請の権利を制限することさえふつうに行われている。行政は、財政上の理由で、生活保護の給付対象者をできるだけ少なくしようとしているからである。実際に申請すること自体福祉事務所で断念するよう仕向けられて、「お握りをたべたい」という遺書を残して死んでしまった人もいる。要するに財政上の理由や役所の都合で、いいかえれば役所の裁量的手法で、ソーシャル・セーフティネットからこぼれおちる人びとが存在することになる。

　第三の問題は、現在の「公助」の制度で十分であるか、という論点である。病気や老いることはすべての人が陥るリスクである。しかし人生のリスクはこれにとどまらない。東日本大震災にみられるような自然災害、交通事故、倒産や合理化にともなう失業、高齢による身体能力の喪失といったことを考えればすぐわかる。少しひろげれば、リスクはすべての人の人生のすぐそばにある。セクハラ、パワハラ、マタハラは、基本的人権を汚す行為であるが、同時にメ

ンタルヘルスなどに障がいをもたらすリスクでもある。いまでは子どもができるのも、長期にわたって多額の養育費や教育費の負担がかかってくるという点では1つのリスクとなっており、少子化の大きな原因である。離婚のリスク、逆にさまざまな理由で離婚できないリスクもある。これらのリスクに遭遇すると、所得や資産を失い、生活が成り立たなくなる。ほんらいなら新しい課題を含めて人生のリスクに対応できる社会制度、すなわちソーシャル・セーフティネットが確立されて初めて福祉＝幸せの基礎的条件ができることになり、連合がめざしている「安心社会」を実現する土台ができるはずである。

　要するに、メンバーシップの枠を超えて、すべての人に、公正に「共助」が達成しようとした仕組みを広げるうえでは、たんに「公助」に依存すればよい、というわけにはいかないことになる。というより、上述の3つの問題点が示すように、現代日本では、「公助」の体系としてのソーシャル・セーフティネット全体が危機にひんしていることになる。ほかに例をあげれば、介護保険は介護労働者の人手不足のために、機能不全に陥っている。また、厚生労働省の試算によっても、年金額の現役労働者の平均賃金に対する比率は2014年には63％程度であるものが、25年後には50％をきってしまうことになる。これでは高齢者の生活は保障されない。ソーシャル・セーフティネットが危機にひんしている例はほかにもいくつもある。それではどうするか。

6. 福祉ミックスと「新しい公共」

　ここではふたたび「共助」と「連帯」が登場しなければならない。それは「公助」の拡大とならぶもう1つ解決法である。具体例でくわしくみるように、たとえば各都道府県の労福協が行っているライフサポートセンターは、連合、労働金庫、全労済と提携して行われ

ている相談活動である。相談に訪れる人はさまざまな抑圧に悩む非正規の労働者などである。暮らしがなりたたないという相談で訪れる人びとに救済の手法を解説し、弁護士など専門家とともに役所を訪れると、役所のほうも生活保護の申請を拒絶できない。そのための費用は、地方連合会や労働金庫、全労済の拠出金や連合が実施している「愛のカンパ」などでまかなわれる。これは、組合員の組織が組合員の枠を超えて必要な人びとに支援の手をさしのべているのであるから、広い意味では「共助」とよんでもいいが、実質的にはメンバーシップを超えた「連帯」に発展していることを示している。

多段階のセーフティネットで、重要なことは、いったんセーフティネットで救済された人びとが、可能なかぎり就業に復帰するということである。就業による有給の労働はミニマム水準ではなくふつうの所得を得るうえで重要であるだけでなく、能力を発揮し、人びととまじわっていくという人間的な活動だからである。福祉政策の対象となっている障がい者などもまた就業の世界に包摂されていくようにしなければならない。すでに、いくつかの労福協が、県や市と提携して、相談活動を中心とした就労支援事業としてのパーソナルサポート事業を展開しているが、これも「共助」「連帯」によって「公助」の欠陥を克服している事例である。

これらの相談活動はまた、人びとが孤独に陥らないための重要な活動でもある。人は孤立して生きていくことはできない。人と人との関係が、生活を支える元手になることは、ソーシャルキャピタル（人間関係資本）という用語で示されるが、「共助」を基盤としたソーシャルキャピタルの構築は、現代の福祉にとってもっとも重要な活動の1つである。

また一部の地方労福協では貧困のため十分に食事をとれない人びとのために、NPOなどと連携してフードバンクを開設している事例もある。これは生活に必要な現物を「共助」と「連帯」をつうじて支援する仕組みである。

これらの活動を支えているのは地域の労働組合と労働金庫や全労済であるが、同時に、それぞれの地域の協同組合やNPO、地方自治体とのあいだでも、密接なネットワークをつくっていることが特徴である。労福協はこうした活動のコーディネーター役をつとめている。共助をもとに、ほんらいは「公助」がやらなくてはならないことを「連帯」によって担うようになっているのが現在の特徴である。このあり方は、「公助」と「共助」の接続によって福祉を推進しているのであるから、福祉ミックスとよんでもいいし、「新しい公共」とよんでもよい。「新しい公共」という用語は、民主党政権の時代に使用され、自民党政権になってからはまったくかえりみられなくなったものであるが、現代の労働運動の意義を示す基本的な概念としてあらためて光をあてなければならない。

　労働運動が開拓してきた「新しい公共」を発展させるためには、むろん、さらに多くの課題に取り組む必要がある。たとえば、いまかなりの分野で進展している労働力不足の職種では労働組合が職業訓練にのりだし、労働金庫が訓練を受ける人びとに就業までのつなぎ融資の制度を設けるなどのこともありえよう。つなぎ融資についてはいまはやめているが、労働金庫が政府と提携して実践したことがある。また労働組合による職業訓練の実践例としては、全建総連のほかに、かならずしも成功したとはいえないものの電機連合の事例がある。電機連合はまた障がい者の就業施設を福祉法人のかたちで運営しているが、これは前述の「包摂」の重要な試みである。

　さらにすすんでは就業機会をつくりあげることも必要となろう。国際的には、利益を第一義的とするのではなく、環境や育児・介護や地域開発で社会に貢献する事業を開拓する活動として社会的企業が注目されている。就業機会を開拓する分野ではすでにワーカーズコープの運動がある。労供労連の労働者供給事業やサービス連合の派遣事業は、就業機会を求職者に結びつける「共助」の活動の重要事例であり、またそれにともなう労働条件の確立に貢献している。

各種の労働組合は、組合間で、あるいは労働者自主福祉事業団体や生協、さらにはNPOと連携して、この分野で貢献する能力をもっているはずである。これらはいずれも、大きな意味では「共助」を土台とした「連帯」による「新しい公共」の実践例といえる。これらについては本書ですでに実践されている国内外の具体例を紹介している。

　こうした活動は、市場経済のもとで展開している悪質な貧困ビジネスを駆逐していくうえでも重要である。住宅をもたない生活保護受給者を対象として質が悪く、火災などの安全対策もなされず、結果として、死を招いてしまうような施設をつくるなど、貧困ビジネスといわれる業種が発展している。保育や介護の分野でもサービス提供にあたって同様の質が悪く子どもや高齢者の死を招く施設サービスが横行している。事故があって実際に報道されるのは氷山の一角にすぎない。こうしたサービスや施設の現物給付の分野に「共助」の世界が登場することが求められている。「共助」の世界で、すべてをカバーすることができないとしても、「共助」の世界が質の良い、人間的な現物の財・サービスを提供すれば、それが社会的基準を形成し、悪質な業者を駆逐する根拠となりえよう。

　こうした活動はまた政府に対して新しいソーシャル・セーフティネットをつくりあげていくことを求める根拠ともなる。1995年に発生した阪神・淡路大震災では、連合など労働組合が大規模な組織的なボランティア活動を展開したが、その経験をもとにして、全労済協会が提案し、生活協同組合や兵庫県が連携してすすめた署名活動の結果、それまで自然災害の被害には政府は責任をもたないとする政府の考え方を改めさせ、自然災害についても一定の補償を政府に義務づける制度を確立させた。

　本書は全体をつうじてこのような「共助」と「連帯」にかかわる考え方の基本と具体例を示している。以下、本書の各章のポイントを示すことにする。

7. 本書の構成と要約

　第1章では、政治や経済の動きが労働運動や労働者自主福祉運動にどのような影響を与えてきたのかを検討し、貧困を生み出した社会構造の変容とその要因を考える。そのなかで、「共助」と「連帯」の基本的な位置と現代的意義を確認する。

　第2章では、「共助」と「連帯」の内実としての労働者自主福祉の活動を担う諸主体を検討する。すなわち、第Ⅰ節では、企業、産別、地域にわたる労働組合の活動を具体例を軸として検討する。第Ⅱ節と第Ⅲ節では労働運動がつくりあげてきた労働者自主福祉事業である労働金庫と全労済の歴史と現状をとりあげる。第Ⅳ節と第Ⅴ節では、広義の労働者自主福祉運動としての協同組合とNPOを検討し、とくにその原点をふりかえる。第Ⅵ節では現代の「共助」と「連帯」のコーディネーター役として重要な意義をもつ労福協をとりあげ、歴史と現状を明らかにしたあと、3つの県レベルの労福協の活動を検討する。

　第3章では、さまざまな個別のテーマに即して、「共助」をもとに「連帯」を発展させている国内と海外の先進的事例を紹介する。事例は、労働組合や労働者自主福祉事業団体が1つの軸となっているものを基本としているが、最後の2つは、間接的に労働運動とかかわりつつ、ほぼおなじ分野で活動している生協とNPOの活動事例である。

　また補章として、時代をこえて発展してきた「共助」「連帯」の活動の歴史を概観する。

　終章では、今日の労働者福祉をめざす活動の大きな焦点が地域にあることを明らかにしつつ、地域におけるネットワークの形成により、「新しい公共」の担い手として展開していく考え方とビジョンを示している。

第1章　現代と労働者自主福祉

第1章 現代と労働者自主福祉

はじめに

　1995(平成7)年に日経連が「新時代の日本的経営」を発表して以降、社会的規制である労働者保護法制がつぎつぎに緩和され、労働運動や労働者自主福祉運動に大きな影響を与えてきた。日経連の「新時代の日本的経営」とは、つまるところ、正社員を極力少なくし、パートや派遣といった安い労働力をフレキシブルに使って、企業利益を上げようとするものだった。たとえば、2008(平成20)年暮れの「年越し派遣村」は、リーマンショックをきっかけにした「派遣切り」が、たんに働く場を失うだけでなく、ただちに住居からも追い出されてしまう実態にあることを社会的に可視化させた。正社員の職場では必要以上に自己責任・成果主義・自立が強調され、支えあう仲間が分断されることになった。それほどまでに金儲け第一主義の「品格なき拝金主義」が日本社会にはびこってしまった。

　とはいえ、さすがにこれは少し変だと国民が気づいた結果が、2009(平成21)年8月の政権交代であった。けっして金では買えないかけがえのないものがある、人と人とのつながり・助け合い・共生の倫理観を大切にする社会が必要だと人びとが感じ始めたからであった。しかし、人びとが期待した「コンクリートから人へ」の政策は、民主党政権の稚拙さから3年後に政権復帰した自公政権にほごにされ、ふたたび「新自由主義」政策に逆戻りしてしまった。た

とえば、民主党政権下で労働者保護を強めた内容に改正された労働者派遣法は、一転して改悪されてしまった。

けれども、2011年の3.11東日本大震災時にみられた・き・ず・な、助け合いの精神と人びとの行動は、貨幣やGDPでは測れない価値を重視する流れが日本社会の新しい潮流になりつつあることを示している。

本章では、政治や経済の動きが労働運動や労働者自主福祉運動にどのような影響を与えてきたのか、格差・貧困を生み出した社会構造の変容とその要因を考えることにする。

1. 格差・貧困を生み出した社会構造の変容

■ 非正規労働者の増加

2012年の総務省「就業構造基本調査」では、パートや契約・派遣社員などの非正規労働者は2,043万人と全就業者の4割近く（38.2％）を占めることが明らかになった。1992年の非正規労働者の割合はわずか18.3％であったから倍増している。この20年間に雇用の現場では、正社員から相対的にコストの低い非正規労働者への置き換えが起きていることを示している。正規・非正規の雇用形態が問題にされるのは、差別的ともいえる労働条件格差ゆえであって、その結果、雇用労働者の賃金水準は大きく低下した。具体的に労働条件の推移を確認してみよう。

■ 給与所得の大幅な低下

国税庁の2014年の「民間給与実態統計調査」によると、年収200万円以下の給与所得者は1,139万人（全体の24.0％）となっており、20年前の1994年の17.7％から6.3ポイントも増加している。なかでも、100万〜200万円の層が1.7倍に増えているのがきわだ

っている。雇用形態別にみると、正規労働者の給与所得が478万円であるのに対して、増え続けている非正規労働者が170万円と正規労働者の3分の1にとどまっており、いわゆるワーキンブプアと呼ばれる人びとが増大していることがわかる。そして、低賃金・非正規労働者の増大とあいまって、この間の給与所得者の平均年収は450万円から415万円と8.0%減少している（表1-1-1）。

表1-1-1　1年を通じて勤務した給与所得者の給与実態

(国税庁「民間給与実態調査」より)

	2014年(平成26年)		1994年(平成6年)	
	給与所得者数 (千人)	比率 (%)	給与所得者数 (千人)	比率 (%)
100万円以下	4,178	8.8	3,472	7.9
100万円超～　200万円以下	7,214	15.2	4,277	9.8
200万円超～　300万円以下	8,029	16.9	7,045	16.1
300万円超～　400万円以下	8,241	17.3	7,770	17.8
400万円超～　500万円以下	6.633	13.9	6,340	14.5
500万円超～　600万円以下	4,502	9.5	4,722	10.8
600万円超～　700万円以下	2.804	5.9	3,129	7.2
700万円超～　800万円以下	1,896	4.0	2,195	5.0
800万円超～　900万円以下	1,250	2.6	1,436	3.3
900万円超～1,000万円以下	821	1.7	947	2.2
1,000万円超～1,500万円以下	1,483	3.1	1,863	4.3
1,500万円超～2,000万円以下	306	0.6	382	0.9
2,000万円超	206	0.4	148	0.3
計	47,563		43,726	

1年間の支給総額＝給料・手当および賞与の合計額（給与所得前の収入全額、通勤手当など非課税分を除く）

　【参考】1994年と2014年の比較
　　　給与所得者の平均年収:450万円→415万円、▲8.0%
　　　名目GDP:496兆円→488兆円、▲1.6%。

■ **権利意識の変容と労働条件の相関関係**

　NHK放送文化研究所が1973年から5年ごとに行っている「日本人の意識調査」の中に、労働に関わる権利意識を知る項目が2つある。労働組合を作ることが憲法で国民の権利として保障されているのを知っているか、という設問では、1973年には39.3%が知っていると答えていたものが、2013年調査では21.7%とほぼ半減している。また、職場で労働条件について強い不満が起きた場合どうしますか、という4択の設問（しばらく事態を見守る／上司に頼む／労働組合を作る／その他）で労働組合を作ると答えた比率は31.5%から16.5%と大きく減少している。このように、非正規労働者の増加と権利意識の低下が労働条件の低下に連動しており、同時に労働組合の組織率の低下傾向（33.1%→17.7%）と不思議なほど一致している（表1-1-2）。

　生活苦の上に相談できる仲間がいなく（貧乏＋孤立＝貧困）、権利意識にもうとくなっているのが日本社会の現状である。

表1-1-2　NHK放送文化研究所「日本人の意識調査」　　　　(単位%)

	A	B	C
1973年	39.3	31.5	33.1
1978年	36.0	30.7	32.6
1983年	28.9	25.1	29.7
1988年	27.1	22.0	26.8
1993年	25.5	21.9	24.2
1998年	23.0	20.5	22.4
2003年	20.4	18.2	19.6
2008年	21.8	17.8	18.1
2013年	21.7	16.5	17.7

A＝労働組合を作る（団結権）ことが憲法で国民の権利として保障されていることを知っている。
B＝労働条件について強い不満がおきた場合、どうしますか？　労働組合を作ると答えた比率。
C＝推定組織率

■ 自己責任論の横行

こうした非正規化や格差・貧困問題は、「自己責任」で語られることが多い。曰く、本人の努力が足りない、意欲がない、がまんできずにすぐやめる（離職率の高さ）等々。しかし、新卒3年以内の離職率は最近では30〜40%と大卒・短大卒・高卒それぞれ過去最低の数字を示している（厚生労働省）。また、「デートの約束があるときに上司から残業を命じられたらどうするか」という新入社員に対するアンケートがあるが、最近では「デートを断って残業」が増え、何と90%近くになっている（社会経済生産性本部）。つまり、「個人の怠惰が貧困をもたらしている」という「自己責任」の強調は、ますます働く人びとを追いつめることにつながってしまっている。

2. 社会の変容をもたらした要因は何か

■ 舞浜会議と「新時代の日本的経営」

1994年2月、雇用重視の日本型経営を維持（新日鉄今井社長・日産塙副社長）するのか株主重視の経営に転換するのか、舞浜のホテルで経済界のトップが議論を繰り返したという（「舞浜会議」と呼ばれている）。プラザ合意以降続いた円高でリストラを余儀なくされていた新日鉄、座間工場の閉鎖を目前にした日産、という時代状況の中で、舞浜会議の論争は株主利益重視派に軍配が上がる。そして翌1995年、日経連は、雇用を長期蓄積能力活用型・高度専門能力活用型・雇用柔軟型の3グループに分けるという「新時代の日本的経営」を発表する。それは、できるかぎり常用雇用から有期・派遣労働にシフトさせて、株主利益を最大化させるという方針であり、一言でいえば「企業は雇用に責任を持たない」という宣言に等しかった。事実それ以降、労働に関わる法制度はつぎつぎと緩和され、

たとえば労働者派遣法はネガティブリスト化され、戦後労働法制の根幹であった「労働者は雇用するものだけが使用することができる」という労働基準法第6条の精神が事実上ほごにされていく。それ以降、非正規労働者の比率が高まっていったことは、先述したとおりである。20年前の「舞浜会議」は、それまでの日本の企業経営のありようを転換させるきっかけとなった。

■ 能力・成果主義の強調による職場の荒廃

それにともなって、正社員の職場で強調され出したのが「能力・成果主義賃金」であった。今日では否定的に語られることが多い「年功序列型賃金」だが、そもそも日本の企業は昔から能力や成果に応じて労働者を処遇してきたのであり、硬直的な年功賃金を採用してきたわけではない。同期で入社しても、10年20年と経つにつれて能力や実績に差が生じてくる。そうした誰が見ても明らかな能力差に応じて人事処遇をはかり、それぞれの能力に応じた仕事を割りふることで職場内の秩序と協力関係を保ってきたのであった。

能力・成果主義の過度の強調は、これまでの職場の秩序と協力関係、人間関係を希薄にさせてしまった。隣にいる同僚が競争相手に変化してしまったからである。たとえていえば、椅子取りゲームだ。椅子に座れなかった一人がまず職場から排除される。するとまたつぎのゲームが始まる。そして、社会的弱者から順につぎつぎと職場から排除される姿を想像すればいい。残った労働者は排除されまいと、ますます長時間労働をよぎなくされていく。そのことによる職場の人間関係の荒廃が、個々人をいっそう孤独に追いやることになった。

3. 市場万能主義に翻弄された日本社会

■ ケインズの予言、二宮尊徳の教え

　20世紀最高の経済学者、J.M.ケインズは「資本主義経済はもっとも効率的な経済システムだが、幾多の点できわめて好ましくない。それは貨幣愛を生むからだ」と述べている。また、日本ではケインズより早く、江戸時代後期に今でいう農業経済学者、二宮尊徳が「経済なき道徳は戯言である」とする一方、「道徳なき経済は犯罪である」と喝破している。いずれも、人間社会が市場だけに依拠してしまうと人間にとって大きな弊害が生まれることに警告を発していることになる。

　もともと人間社会は、商品交換を軸とする「市場（資本主義）経済」の領域のほかに、自分で物を作る「自給経済」や顔の見える範囲でお金を回していく「協同組合（連帯）経済」、さらには、医療や介護、教育・育児をはじめとする社会保障や公共事業など、主として自治体や国が担ってきた「公共経済」、加えて、GDPにはカウントされないが、親や先祖から引き継いだ「ストック経済」の領域を含めて成り立っている。自然環境や人と人との良好な関係性（人間関係資本＝ソーシャルキャピタル）などは典型的な人間と人間社会にとって不可欠なストックである。この20年間は、市場経済が自給経済や協同組合経済、公共経済を押しつぶす勢いが増し、財・サービスといった人びとの生活の基本にかかわる分野より、ただたんにお金だけを目的とするカジノ型の経済体制が日本社会を席巻してしまった。

■ 市場経済の暴走をとどめる装置とその劣化

　市場経済は放っておくと、ケインズが言ったように堕落していくのだが、資本主義経済の暴走を抑止する装置が市場経済のなかにも

ともと存在してきたし、また人間の理性が暴走を抑える装置を開発してきてもいる。

　もともと市場経済の暴走を抑えるものとして機能していたもののひとつは「自分の仕事の積み重ね」や「熟練」を尊重する気風の存在である。一昔前まで、「先輩の背中を見て育つ」という言葉にあらわせるように仕事の現場では OJT が有効だった。2年に1度開かれている技能五輪国際大会（技能オリンピック）で、試験問題に出された金型の設計図に誤りがあることを指摘した優秀な日本の青年技能者がいる。自動車工場で板金を手で触ってミクロンの差が分かる技術者がいる。新幹線の先頭の丸い形の仕上げは、今でも熟練の手作業だ。ホテルの調理場では、新人はフライパンを洗う直前に、残ったソースを指でなめ先輩のシェフの味を覚える。技術を深めたあんな先輩のようになりたい、という気持ちがそれである。経験を積み重ねていくことでその人の信用が高まるという人と労働を大事にする落ち着いた社会が、市場経済の暴走にブレーキをかけていたといえる。それに対して自分の仕事や技術が尊重されないばかりか、使い捨てにされてしまったのが、この 20 年間であった。この面でまさにブレーキが外されてしまったのである。

　2つめは、経営者の倫理観である。昔から日本社会では、人前でお金の話をするのは、品がないと教えられてきた。たとえば、大阪商人は自らの財産で、堀をつくり橋を架けてきたと聞く。1997 年の北海道拓殖銀行が破綻したとき、受け皿銀行として救ったのは、無尽から戦後、相互銀行を経て第二地方銀行に転換した北洋銀行だった。土地バブルに手を出さなかった当時の武井正直頭取の見識を賞賛する声が上がったものだ。だが、短期的な利益を追い求めるファンドが大量に誕生したのはこの頃からである。こうして経営の倫理観が、どこかに消え失せ、品格なき拝金主義経営がはびこってしまった。

　世界的にもそうである。市場経済が経済制度としてもっとも効率

的な仕組みであることを明らかにしたA.スミスは、それぞれの人間が自分の利益を最大にする行動をとることによって「見えざる手」が働き、経済社会の均衡が保たれていくとしたが、その前提はそれぞれの個人が市民社会の倫理である他人への共感を尊重して行動することという考え方があった。

　しかしいまでは、ともかく儲かることであればなんでもありで、しかも利益をよりあげたものが「勝ち組」であるという考え方が普及して、ほんらい市場経済のなかで機能するはずであった倫理観はまったく劣化してしまった。

　人間の理性が開発してきた市場経済の暴走を制止する仕組みのもっとも重要なものは、雇用をめぐる労働者を保護するさまざまな法的規制だった。たとえば団結権・団体交渉権・団体行動権を認めることは、形式的に見れば「契約自由の原則」から逸脱しているように見える。けれども、雇用の現場では使用者と労働者が真に対等で自由な雇用契約を結ぶことができないことは、誰でも知っている。労働基本権を法的に保障することによって、はじめて実質的な「契約自由の原則」がかなうものなのである。しかし、こうした労働者保護法制が、規制緩和という名のもとにつぎつぎと緩和されてしまった。

　人間理性による暴走制御装置の重要な制度は、所得の再分配である。市場の活動だけに依存すると、病気や失業、さまざまなかたちでの労働能力の喪失などのリスクによって、人間的な生活をおびやかされる人びとが多数発生する。おなじ人間でありながら人間的に生きられない人びとが生まれるというのは社会的な不公正である。こうした不公正を矯正するためには、税制や社会保障制度を通じた所得の再分配の仕組みが必要であるが、これもまた大きく劣化してしまった。

　これとかかわって重要なことは、労働組合の対抗力である。30年前の組織率は30数％だったものが、17％程度にまで低下してし

まった。市場経済の暴走を止める装置として存在した労働組合の対抗力が弱くなったこともまたこの時期の特徴であった。

　こうした結果、また、市場経済に席捲させない領域を自分たちで持っていた部分、たとえばものを作り・修理し・自分の力で生活を豊かにするという「自給経済」の領域や助け合い支え合いをベースにした生活協同組合や労働金庫、全労済に代表される「協同組合経済（連帯経済）」の領域が弱くなって、つぎつぎと利益本位の仕組みに置き換えられている。

　さらに、介護・医療や育児など支える人と支えられる人との顔の見える関係のなかで行われるサービスの提供の分野のように、これまで主として国や自治体が担ってきた公共経済の領域（もちろん今日ではNPOや生協などの連帯経済も担い手となりつつある）までが市場に解放され、たんなる客と業者の関係にされてしまったのである。

4. 協同組合経済（労働者自主福祉事業）の果たす役割

■ 労働者自主福祉事業に出番がまわってきた

　新自由主義・市場経済が暴走した20年は、これほどまでにひどい格差を生み、貧困社会をもたらしてしまった。品格なき拝金主義の時代を超えて、今こそわれわれが・き・ず・な・や助け合いを大切にする連帯・協同の「あたらしい時代の扉」を開いていかなければならない。

　他力本願ではなく、われわれが行動に移さなければならない。市場万能主義経済の領域を縮小・相対化するための行動が必要となる。それは、公共部門の復権と協同組合経済（労働者自主福祉事業）の領域の拡大にかかっている。その意味では、新しい時代とともに、労働者自主福祉に出番がまわってきた。

とはいえ、一口に市場経済を相対化するとはいうものの、たとえば労働金庫の金利は市中銀行の金利と、全労済の共済商品は保険会社の商品と、生協の商品はスーパーの商品と、というように市場（マーケット）では日々競合にさらされている。そのため、ややもするとマーケットの中ですべて資本と対等に競争していこうという心理に傾きがちである。

もちろん、商品の優位性をめぐっては常に市場で比較されるのであり、それに対抗していくのは当然である。そうでなければ購入されないからである。しかし、販売（普及）手法まで対抗していく必要はない。組合員（会員）がその主たる対象者だからである。組合員もまた事業を支える主体者なのである。そこに協同組合経済（労働者自主福祉事業）の優位性がある。

■ ともに運動する主体に

労働金庫や全労済が設立された当時は、労働組合役員と事業団体の職員が一体となって組合員をオルグし、普及活動を行ってきた。文字通りともに運動する主体であった。その結果、全国の労働金庫では、18兆円の預金量、融資額12兆円に成長してきた。全労済はあわせて約767兆円の保障を引き受けるようになった。

ところが、近年は事業団体と労働組合の関係があたかも「業者」と「お客さま」の関係に変容してきたのではないか、という指摘を数多く受けている。それは、事業団体の職員が労働組合を訪問するさいの言葉使いにも表れている。「オルグにいく」から「営業に行く」「お疲れさま」から「有難うございました」へなど。一方の労働組合役員も事業団体を同業者のワン・オブ・ゼムと見なすような傾向が強くなった。「サービスが悪いぞ」といった言い方のなかには、他の金融機関や保険会社と同列に扱う傾向が示されている。労働組合にも労働者自主福祉事業団体にも、もう一度創業の初心に立ち返り、労働組合と事業団体が「ともに運動する主体」であるとい

う自覚が求められているのである。

　そうはいっても、労働金庫に預けた100万円と市中銀行に預ける100万円は同じではないか、という組合役員がいる。実はそれが違うのである。労金に預けた100万円はA組合員の住宅ローンに融資され、あるいはB組合員の教育ローンに貸し出されるなど、使われ方が透明で血の通った温かいお金なのである。それに対して市中銀行に預けた金は、あるいはサブプライムの紙切れになっているのか、子会社のサラ金業者に融資され、組合員が借りて高利で苦しむことになるかも知れない。支えあい、助け合い、「困ったときはお互いさま」の精神が生かされる協同組合経済の拡大こそ、暴走する市場経済を縮小・相対化する道なのである。

　そんなにすばらしい協同組合経済がなぜ社会に普及しないのであろうか。理由の一つは理念と事業遂行を両立させるしんどさがあるからではないだろうか。協同組合事業であっても一定の収益がないと事業は継続し得ない。しかし同時に運動理念である民主的運営を貫徹させなければならない。実際には、民主制といわばそろばん勘定を両立させることがきわめて難しいのである。

　両立させうるきれいな解決策など存在しない、と私は思う。民主制と事業遂行性を両立させるしんどさは、協同組合経済、労働者自主福祉運動につきまとう永遠の課題であるといっても過言でない。

第2章　労働者自主福祉の担い手

第2章　労働者自主福祉の担い手

はじめに

　「共助」の活動の具体的な内容は、まず労働者自主福祉活動として展開される。「連帯」もその発展として展開されていく。本章では、このような労働者自主福祉活動を展開している5つの組織をとりあげる。第Ⅰ節の労働組合の項では、労働組合の活動の単位である企業別労組、産別組織、地域組織の3つの場面で、具体的な実例を検討する。中心となるのは共済事業であるが、産別レベルでは労働者供給事業というかたちでの雇用・就業を課題とする活動事例も検討される。また地方連合会レベルでは、「共助」の枠組みを広げていく新しい方策について具体例を検討する。第Ⅱ節と第Ⅲ節では、歴史的には労働組合がつくりあげてきた労働者自主福祉事業体である労働金庫と全労済の歴史と現状を検討する。第Ⅳ節では生活協同組合を取り上げる。生協は、歴史的にはいわば労働組合と双生児の関係で生まれ、今日においてもさまざまなかたちで連携が行われる必要があるという観点から、この章に含められる。この節の最終では新しいタイプの協同組合としてワーカーズコープを検討する。第Ⅴ節のNPOは、生協よりも、労働運動から遠い活動領域を有するが、この場合も労働者福祉の展開にあたっては、連携が不可欠となっている。最後の第Ⅵ節では、これらの労働者自主福祉の活動体のネットワークのコーディネーター役である労福協の歴史と現状をとりあげる。この節では、さらにその活動の具体例として3つの県の労福協活動を検討する。

【第Ⅰ節】労働組合

1. 企業別労働組合の「共助」の活動

1-1. 概観

　日本の労働組合の基本は企業別組合である。今日では、パート労働者などいわゆる非正規の従業員を組合員としている組合も多くなっているが、なお多くは、一定レベル以上の管理職を除く正規従業員が組合員となっている。組合員資格を有する従業員全員を組合員とするユニオンショップ協定を締結している組合も多い。大企業では「企業」の範囲に、たとえば連結決算の対象となるグループ企業を含めて単一組合または連合会組織を形成している場合もある。企業別組合は、それぞれの企業の主要な経済活動を基準として産業別労働組合（産別組織）に加入し、また産別組織をつうじて連合のようなナショナルセンターに加入する。しかし、産別組織やナショナルセンターに加入しない、いわゆる純中立組織も少なくない。

　日本では賃金、労働条件を含めて、労働条件を決定する団体交渉の権限はいくつかの例外をのぞくと、実質的に企業別労働組合が保有する。同様に、共済というかたちでの「共助」の活動も、企業別労働組合が展開することが多い。とくに大企業の労働組合においてはその傾向が強い。ただその活動は、産別の共済活動や後述の労働金庫あるいは全労済の事業と連携する場合もある。ここでは、大企

業グループの労働組合による2事例の「共助」活動をとりあげる。

1-2. 三越伊勢丹グループ労働組合（UAゼンセン加盟）

■ 三越伊勢丹グループ共済会

　ここで事例として紹介するのは三越伊勢丹グループ労働組合が運営する共済会、三越伊勢丹グループ共済会である。ともにデパート業界の最有力会社であった三越と伊勢丹は2008年4月、共同の持株会社として株式会社三越伊勢丹ホールディングスを設立し、さらに2011年4月には関東地域の両デパートが株式会社三越伊勢丹として統合した。その前後、全国の両デパートと関連会社も三越伊勢丹ホールディングスの傘下企業となった。これにともない、従来、別個に組織されていた労働組合も統合され、三越伊勢丹ホールディングス傘下の各企業を支部及び分会とする三越伊勢丹グループ労働組合が成立した。現在の組合員数は約2.1万人である。

　統合以前の段階のことであるが、1971年に伊勢丹共済会が設立されていた。その目的は「会員相互互助の精神により、会員とその家族の生涯福祉の安定と向上への総合的なサービス事業を、会員を構成する伊勢丹グループ各企業と伊勢丹労働組合が協力し推進する」ことにおかれた。さらにそれ以前の段階では、会社と労働組合のそれぞれが、結婚祝い、弔慰金などをだしていたものを一本化していた。設立2年後の1973年に、共済会の運営は労働組合に移管された。伊勢丹ではそれ以降、共済会の運営は伊勢丹グループ労働組合が担当することとなった。

　その後、会社のいわゆる福利厚生にあたるものは、しだいに共済会に移管され、最後まで残っていたのは、外部から財・サービスを購入した場合に一定の点数を付与して補助するカフェテリアプランであったが、その運営も共済会に移行された（これはのち、2009年に廃止された）。共済会の意思決定権は理事会にあり、理事は労使

半々ということになっていたが、運営は組合側が行っていた。

一方、三越では、共済事業は会社側の従業員サービスの組織として運営されていた。統合にあたっては、共済会の運営については伊勢丹方式を継承することで合意され、三越伊勢丹グループ労働組合が共済会の運営を担当することとなった。

■ 会員は原則としてグループで働く全従業員

共済会の会員は原則として、三越伊勢丹グループのすべての役員（社外取締役・社外監査役を除く）と従業員、および任意に加入した退職者で構成される。共済会の会員としては、雇用形態の違いをこえて、原則として、グループの企業で働くすべての従業員となっている。退職者については、OB・OG共済会が設置されており、これに入会すれば、限定はあるが、共済会が有する各種サービスを利用できることとなっている。

旧伊勢丹共済会の時代には、会員は、A（社員、エルダー社員）、B（契約社員）、C（パートで社会保険加入者）、D（パートで社会保険未加入者）の4つのグループに分類されていたが、統合以降では、L会員（月給制の社員・契約社員）とS会員（時給制の契約社員、パートを含む）の2分類に簡素化された。

■ 生涯を共済でカバー

三越伊勢丹グループ共済会の案内パンフレットには、制度内容として、共済会が直接に運営する9種類の事業と、3種類のあっせん事業が示されている。

9種類の事業は、「お祝い」「病気・ケガ」「死亡・高度障害」「災害・事故」「融資・年金共済」「育児」「介護」「退職後」「相談・サービス」で、人生のなかで発生する可能性のあるライフイベントごとに、共済会が提供する給付サービスとなっている。

「お祝い」は結婚祝金（会員本人の結婚）、出産祝金・配偶者出産

祝金（本人の退職後6カ月以内の場合も）、小学校入学祝金、成人式記念品からなる。祝金は商品券で給付される。結婚祝金以外はL会員・S会員のあいだで金額の差はない。

「病気・ケガ」に分類される事業はすべて狭義の共済にあたり、その中心となっているのは医療共済制度である。医療共済制度は、入院、手術時の高額な自己負担を軽減することを目的として設定され、自家共済方式で運営されている。L会員については本人と家族、S会員には本人の入院や手術について給付が行われる。医療共済制度のなかで、ユニークなものは不妊治療給付で、本人または配偶者が治療を受けた場合、年間20万円を限度として、治療費の50％が支給される。他の項目では、L会員とS会員のあいだに給付金額の差があるが、不妊治療では同額となっている。

これとあわせて、L会員向けの団体長期障害所得補償制度があり、病気やケガで1年半以上働けない場合に、最長60歳まで給付金が支給される。これらは共済会の全員加入となっている。このような基本的な医療共済のほかに、任意加入の上乗せ型医療共済と長期障害所得補償、がん補償（対象はL会員、S会員）などの制度がある。このうち、がん補償は74歳時点まで契約を更新できる。

「死亡・高度障害」では、L会員、S会員を対象とした死亡共済給付金と60歳未満のL会員を対象として一時金を給付する生命共済死亡給付金・高度障害給付金があるが、給付の規模が大きいものとして任意加入の生命共済制度がある。これは、自家共済方式で運営されている。

また、共済会は、運営主体の三越伊勢丹グループ労働組合がUAゼンセンに加盟している関係で、UAゼンセン死亡共済弔慰金・高度障害見舞金（産別共済の項、参照）も取り扱っている。これらのうち、任意加入の生命共済は、従来は年齢・性別を問わず一律の掛金で保障が行われてきたが、制度の改定によって、35歳を分岐点として、若年層の掛金を低くするように変更された。これは、若年

層の加入促進に対応するものであった。

「災害・事故」では、地震・火事・風水害などで被害をこうむった場合のUAゼンセンの災害見舞金が中心となっており、給付額は単身者は有扶養者の半額となっている。任意加入では、事故などによる損害賠償責任を負った場合を対象とする個人賠償補償制度も設定されている。

「融資・年金共済」では、L会員向けに自家融資で運営される低利の共済融資制度があり、教育、医療、葬儀、住宅関連などを対象とした生活目的融資と車購入費用や旅行費用などを対象とした一般融資がある。また、この融資の金額をこえる場合や、共済融資を利用できないS会員に対しては、ろうきん融資で、金利や融資額が優遇される仕組みがつくられている。

「育児」に関しては、福利厚生のアウトソーシング企業のベビーシッター利用への補助が育児支援の重要な内容となっているほか、共済会独自のフルタイム勤務育児支援補助金制度がある。これは育児をしつつフルタイム勤務を行うL会員を対象としたもので、延長保育などを利用した場合に月額1万～2万円の補助金が給付される。

「介護」にかんしては、ホームヘルパーやケアワーカーを利用した場合に総支払い額の50％（上限1日5,000円）を補助する仕組みで、L会員、S会員ともに利用できる。

「退職後」で、重要な制度は、任意加入の退職後医療共済制度（L会員対象）で、60～70歳のあいだ入院給付金と手術給付金が支給される。このための掛金は50～60歳までのあいだに賃金から控除される。

「相談・サービス」については、ファイナンシャル・プラン、法律相談、結婚相談、住宅購入相談、葬儀・仏事の相談について、専門家に依頼して、会員のニーズに応えられる体制をとっている。

3種類のあっせん事業は、保養施設、レジャー・スポーツその他

で、アウトソーシング企業を利用した施設の利用、各種チケットの割引などが事業内容となっている。

■ サマースポーツフェスティバル（運動会）の開催

　以上でみたように、三越伊勢丹グループ共済会は、運営主体である労働組合のイニシアティブのもとで、グループ企業で働く労働者の人生において遭遇するライフイベントのふしぶしで、主として金銭を給付することにより、そうしたライフイベントにともなうリスクについて補償する仕組みをつくりあげていることがわかる。「共助」の具体化としての共済の意義が発揮されている姿をみることができる。しかし、もう1つ重要な活動を行っていることにも注目しておかなければならない。

　三越伊勢丹グループ共済会は2015年に、共済会主催のサマースポーツフェスティバル（運動会）を、事業会社・勤務地・雇用形態を超えた交流を図りメンバー同士の一体感を醸成することを目的として開催した。具体的には両国の国技館を借り切り、家族を含めて、各種競技やギネスワールドレコードチャレンジ、大抽選会やプロの相撲力士と交流する子ども企画などのイベントであり、一部の店舗を除いた多くのグループ企業から共済会員約3,500名が参加した。このようなイベントを共済会が設定したことは、ソーシャルキャピタル機能としての共済活動の視点からも意義があったと想定される。

■ 三越伊勢丹グループ共済会の特徴と課題

　企業レベルでの労働組合の共助の活動として展開されている三越伊勢丹グループ共済会の特徴はつぎの点にみられる。

　賃金・労働条件以外の生涯的な生活保障をグループ企業の全従業員に保障している。

　これまでの具体的な活動内容が示すように、三越伊勢丹グループ

【第Ⅰ節】労働組合

　共済会の事業は、グループ企業の全従業員に対して、人生のなかで発生するリスクへの対応を中心として、「共助」による保障体制をつくることが目的となっている。全従業員の範囲のなかには、契約社員やパート従業員など、いわゆる非正規労働者も入っている。その意味では、「共助」の活動と非正規労働者の組織化は連動してきたといえる。退職者についても、すべてではないが、任意加入で、給付対象となっている。

　共済会の活動には、労働組合が運営責任をもっている。

　すでにみたように、共済会の活動の大きな部分は、会社の福利厚生事業をひきついだものであるが、三越伊勢丹グループ労働組合が共済会を運営している。共済会の会則では、同会が労働組合法に依拠して活動することが明記されている。共済会は、人格なき社団としての性格をもっており、理事会・代議員会が意思決定機関となっている。理事会・代議員会メンバーとしては、労使が半々とされているが、運営を主体的に行っているぶん、労働組合側の考えが強く反映されるとされている。実際に、すでにみた各種の事業のうち、子育て関連などは、労働組合側の現場の組合員へのアプローチの効果が発揮された。

　また、三越伊勢丹グループ労働組合が加盟するUAゼンセンのもつ産別共済をも活動の対象としているし、労働金庫を活用している部分があることにも労働組合が運営権をもつことの反映があるといえる。一部の事業項目については、自家共済と産別共済とのあいだに競合関係がみられるが、産別共済や労働者自主福祉事業団体とのつながりは、共済会の活動が企業の枠をこえて、外部の労働運動とのあいだで、一定の連携をもっていることを示しているといえる。

　こうした意味で、三越伊勢丹グループ共済会は、企業あるいは企業グループの労働組合の「共助」を軸とする活動の1つのモデルとすることができるといえるが、同時に、解決されなければならない課題をもっていることもたしかである。課題には、内部的なもの

と、外部との関係が含まれる。

　内部的な課題は共済会の財政をめぐるものである。共済会の活動費用は、グループ会社からの拠出金、労働組合の負担、会社幹部など非組合員である会員の会費からなっている。このほかに、任意加入分については会員が保険数理などによって負担をすることになる。共済会の一般財政は赤字であるとされる。今後、運動会のようなソーシャルキャピタル機能型の活動を強めようとすると、その負担はもっと重くなる可能性がある。

　外部との関係では、決定的な要素はメンバーシップである。つまり、会社の福利厚生を引き継いだという一面をもち、かつ財政を会社の拠出金に依存する以上、労働組合が努力して、メンバーの枠組みを拡大しても、正規・非正規を含むグループ企業の従業員という現状は、1つの限界を示しているとみることもできる。この枠をこえた努力は産別や労働者自主福祉運動団体との関係で行われているが、さらに広い「共助」の諸組織との関係は構築できないかという問題が残る。具体的には、育児や介護について、現在利用されているアウトソーシング企業との連携をこえる、たとえばNPO団体との連携などを考えられよう。企業のメンバーシップとしての価値を尊重しつつ、しかし社会的価値のある「共助」の活動を模索することは不可能であろうか。

1-3. 中部電力労働組合（電力総連加盟）

■ 中部電力生協設立の経緯

　電力総連加盟の中部電力労働組合は、生協法にもとづいて設立されている中部電力生活協同組合の運営の中核を担っている。もともと、中電労組は、労働組合法の範囲内の活動として共済や年末の物資の注文とりなどに取り組んでいたが、組合員の声に応えてさらに充実させていくためには、労働組合の担うべき福利厚生事業を「外

だし」し、組織化することが必要と判断し、中電労組の本部大会で生協組織の設立の検討に着手することを組織決定し、厚生省（当時）の認可を受けて1989年4月から事業を開始した。当時、電力総連で全国電力生協連を組織化し、全国規模での共済制度設立が推進されていたことも、協同組合化の大きなきっかけとなった。この面では東電労組が先行しており、中電生協設立にあたっては絶大な支援を受けた。

発足にあたっては、労働組合の役員の強力なリーダーシップが発揮されたが、会社側も福利厚生事業の一環として大きな協力を行い、設立時点で会社の全役員が加入した。その後も、副理事長の1人には必ず会社の人事部門の厚生主管部の長が参画をしている。

結論的には、中電労組は、労働組合の最終的な役割は組合員とその家族の幸せで豊かな生活の向上であり、より充実した福利厚生を追求するために生協を作った、というのが、設立の経緯である。こうした経緯から、労働組合員の生協への信頼度は高く、現在においても利用度は高いと評価されている。

■ 生協組合員の範囲

中電生協の特徴の1つは組合員の範囲である。設立当初の組合員は、中部電力の役員も含め労組の非組合員も含めた従業員から発足したが、3期目に黒字を達成したあと、関連会社の職域も順次加盟することとなった。現在は23職域で構成している。そのうち8社は、労働組合がない職域となっている。中電労組としては、生協に加盟するときには将来労働組合の組織化をするという前提で加入を推進している。労働組合の設立については、中電関連労組の集まりである中部電力総連が働きかけをしている。

中電社員は3カ月の試用期間が終わったあとに労働組合に入ることになっているが、生協としては共済のメリットをいち早く享受してもらうため、入社の日から加入できる体制をとっており、早期に

労組役員による加入の働きかけを行っている。労働組合はユニオンショップなので自動的に加入することとなるが、生協は出資金を負担する必要がある。2015年の場合、10月現在802人の対象者のうちすでに756人が加入した。中電のみでは加入率99％、関連会社の従業員の加入率はこれに比較すると低く、加入率の平均は85％となっており、50％台のケースもある。全体では中電グループ従業員総数38,166人中92.5％が加入している。なお、中部電力総連の組合員数は29,144人であるから、生協組合員数の方が多い。また、生協組合員数は47,300人で中部電力グループ従業員数を超えているが、これは約12,000人のOB組合員が存在するためである。

生協組合員が死亡したケースでは、一定条件を満たした組合員の配偶者を寡婦組合員として加入資格をもつ制度がある。これは、もともと男性が多い職域であるためこのような名称としている。パートや派遣については、契約期間がほとんど1年未満の人も多いということで、生協加入のメリットがあるとはいえない雇用形態であり、労働組合にも加盟していないので、管理が非常に困難であり、加入対象とはしていない。ただ、職域によっては社員化を想定した状態で職域からの推薦があり、個別に迎え入れたケースは数件ある。

■ 事業範囲

中電生協が実施している事業には、主に保険・共済と商品・サービスの供給およびクレジットカード事業の3つの部分がある。

保険・共済については2つの種類がある。1つは、全国電力生協連との関係で運営されているもので、火災共済と総合医療保障プランがそれにあたる。火災共済については、中電生協は共済代理店という位置づけとなっている。これは、全国規模で産別として運営されているため、スケールメリットが大きい。もう1つは中電生協の団体独自の保険・共済で、団体扱い自動車保険、遺族年金共済（生

命共済)、がん保険・介護保険がそれにあたる。このうち団体扱い自動車保険は、中部電力が福利厚生事業として運営していたものを引き継いだ。会社側としては、グループ企業の従業員にまで拡げるためには、生協が運営した方がいいという判断で、1991年に移管された。これらの保険・共済は民間の保険会社と提携して運営されている。会社の福利厚生事業との関係では、団体生命保険の部分で競合関係にあるが、全体としては相互に補完する関係にあるといえる。とくに関連会社においては、中部電力のように共済関係やローン制度が充実しておらず、住宅ローンなど組合員からの要望もあり、生協の制度として運営することで、問題が解決されているケースが多い。

商品・サービスの供給事業では、中電生協は店舗は所有せず、通信販売と指定店制度のかたちをとっている。指定店は専門店約200店舗と契約しており、物品購入のほか、ゴルフ場、レジャー施設、旅行なども対象となっており、いずれも割引価格で購入・利用できるようになっている。自動車関係では、マイカーローン、ガソリンカードによるガソリン供給事業、車検等の自動車整備事業などがある。

通信販売では、歳暮・中元などの商品のほか、公演のチケットなども販売している。これらについては、生協組合員向けホームページと独自の生活情報誌『Lu』によって紹介される。現在では、通信販売による市場も多様化しているが、ホームページと情報誌による独自の情報発信によって、一種のシークレットマーケットといったものも形成されており、この点に生協らしさがあるというのが、中電生協の考え方となっている。

クレジットカードは、マスターカード(ゴールドカードについてはVISAも)と提携しており、ショッピング、飲食、ゴルフなどのレジャー、海外での使用、公共料金の支払いなどに利用できる仕組みになっている。事業構成のなかではカード事業の取り扱いが7割程

度を占めているのも、設立当初から組合員証にクレジットカードを導入した中電生協の特徴の1つである。

■ 組合と生協との関係

中電労組の生協との協力については、まず組合の会館の一角が毎月所定の家賃を払って生協の事務所になっている。人員面では、非常勤ではあるが中電労組の委員長が理事長となり、常勤役員4名のうち3名が中電労組からの特別執行委員として派遣されている。グループ企業の労組委員長は非常勤の理事となっている。生協職員8名のうち4名が中電労組からの出向者で、4名が生協のプロパー職員という構成になっている。出向者については人件費を生協で負担している。生協の経営が順調なので、資金面の協力は現在はないが設立当時は資金繰りが大変で、多額の資金を低利で労組が融資をしたようである。設立当初と比較すると、労組側の関与は弱くなっているが、全国でも、労組が作った生協で、引き続き労組が運営して成功しているのは電力系の生協しかないのではないか、というのが中電労組の自負となっている。

生協を実質的に労組が運営することの労組にとってのメリットは、組織の活性化につながっていることにあると考えられている。生協組織の特徴として、労組がユニオンショップであるのに対して、生協の方は、組合員が出資者であり、また利用者であると同時に運営者でもあるといった特徴があるので、組織の仲間作りが何よりまず重要となり、組合員の意見の事業への反映や世話活動を重視することになる。このため、生協を通して仲間意識・組合意識が強化される面がある、とされる。

同時に、生協事業には地域性も反映されるという点も重要である。中部電力グループの労組の連合組織である中部電力総連のなかでの都道府県ごとの地域のつながりという点では、たとえば年1回開催される地域ごとの地域ミーティングといったものが、県単位で

の地域ごとのグループ企業労組の横のつながりを生みだしていると想定されている。

理事会には、グループ企業の労働組合の委員長が理事として参加しているが、そこでは、生協の運営について、組合らしい発言もでてくる。たとえば、ある組合員が、体調があまり良くないし、ほかの保険の加入ができないという状況であれば、代金が滞っていてもこの部分は少し猶予を与えてはどうか、などという意見がでたこともあるという。しかしそうした議論が、生協の活動を阻害したことはないとされる。

■ 中電生協の特徴

運営体制の特徴としては、大きな部分としては組合員証にクレジットカードの機能を持たせたことにある。このことにより生協の組合員証がメインカードとして利用される率が高くなっている。

また利用分量割り戻しをギフトカードで還元していることも特徴である。利益については内部留保はかなり少ない事業運営をしていて、最大限利用分量割り戻しにまわしている。この割り戻しを口座に振り込むと組合員に実感があまりないが、ギフトカードで還元されることによって、生協利用のメリットが実感として伝わる。また、家族にわたしている組合員も多く、家族ぐるみで生協を積極的に利用する意識も生まれるようにもなる。これは事業として成功した割り戻し方法であると中電生協はみている。

さらに大きな特徴は、広報・情報を重視するということである。情報誌はたんに職場に配布するだけでなく、年2回家族向けに自宅発送される。こうしたことは通信販売事業が堅調に続けられている一つの理由だと考えられている。情報誌の写真には読者からの投稿写真を採用するなど組合員の参加も重視されている。

運営体制の面では、専務理事ともう1人の非常勤理事に女性が就任しており、女性の目線も事業のなかに反映できる体制になってい

るのも特徴としてあげられる。

■ **展望**

　今後は、新規の採用人員が減る反面、OBの比率が4人に1人になるという時代になってくる。したがって今までどおりのような順調な成長はかなりむつかしい時代にさしかかってくる可能性もある。OBについては、存命かどうか、認知症になっていないか、といった見守りも必要となる。また、死亡した場合の相続をどうするかといったこともある。仲間同志で見守りをするのはある程度、地域で固まっていないとできないので、それ専門の部署がないとむつかしい。そういった課題をみすえた体制を地域のまとめ役を募集するなど組合員の意見を取り入れながら考えていく必要があるというのが中電生協の認識である。

　地域のさまざまな社会団体とのつながりという点では、収益の一部をNPO団体に社会貢献事業として寄付しているが、人的支援といったつながりには発展しておらず、これは今後の課題の1つであるだろう。

2. 産別レベルの「共助」の活動

2-1. 概観

　すでにみたように、企業別の労働組合で、共済のような労働者自主福祉の活動に取り組めるのは、例外はあるものの、規模の大きい組合だけである。したがって、多くの中小企業組合や個人加盟の組合では、産別組織の活動または労働者自主福祉事業団体の活動への参加が不可欠となる。このような意味で、産別組織の労働者自主福祉の活動は重要となるが、産別の自主福祉活動の中心は、企業別組

合と同様に共済におかれている。産別組織が運営している共済は産別共済とよばれる。

連合加盟でみると、比較的大きな組織人員を有する14の産別が産別共済を運営している。それらを組織形態からみると、生協法に依拠して協同組合のかたちをとるものと、労働組合法上の組織として運営しているものとの2種類がある。生協法による共済組織のリストに登場するものとしては、全国電力生協連（電力総連）、JP共済生協（JP労組）、教職員共済（日教組関連）、電通共済生協（情報労連）がある。かつては森林共済（森林労連）、自治労共済、全水道共済もこのリストのなかにあったが、現在ではこの3つは全労済に統合されている。労働組合法上の組織として運営している産別としてはUAゼンセン、JAM、電機連合などがある。

形態は異なっても、2系列の産別共済の活動内容はほぼ共通している。電機連合のケースをみると、相互扶助を基本とした福祉共済制度を組合員に提供し、組合員の現在および将来の生活保障・向上に役立つことを目的とした産別のセクションとして福祉共済センターが設置されており、そのもとで、死亡や住宅火災等の見舞金を内容としたゆうあい共済（原則として組合員全員加入）のほか、一部は全労済とも提携する任意加入のねんきん共済、けんこう共済、加入者の死亡・重度障害のさいの所得補償を行うファミリーサポート共済、労働組合活動中の死亡等について補償するあんぜん共済などを設定しているほか、相談の充実をはかっている。

対象者は、電機連合の共済のように加入を基本的に組合員に限定しているケースと、教職員共済のように、もともとは日教組の組合員を基本としていたものの、現在では組合から独立しているケースがある。前者の場合には、共済と組織化の関連を重視しているのに対して、後者では、共済としてのスケールメリットが重視されているといえる。産別レベルの共済については、以下、UAゼンセンとJAMのケースを詳述する。

第2章　労働者自主福祉の担い手

　産別レベルの「共助」と「連帯」の活動では共済以外に2つの種類に注目すべきである。1つは、組合員を対象としたもので、労働者供給事業を行うものである。その内容は、2-4で、連合加盟の労供労連に所属する新運転（ここでは産別として取り扱う）のケースを紹介している。もう1つは、メンバーシップを超えて、支援を行うケースである。これは第3章の障がい者就労支援の活動で紹介する。

2-2. UAゼンセンの共済制度

■ 生活応援・共済事業局が有する制度

　UAゼンセン加盟の組合数は約2,500であるが、そのうち大手組合が1割、中小組合が9割となっている。男女比では約4:6、正規・非正規別では約5:5である。ここでいう非正規には介護クラフトユニオン、人材サービスゼネラルユニオンを含んでいる。

　UAゼンセンは組合員の連帯の強化と相互扶助の推進をはかる組織として生活応援・共済事業局をもっている。同局が担当している制度は、①生活応援事業、②共済事業、③UAゼンセン見舞金制度の3つに分類される。このうち、生活応援事業は主として相談サービスで、その対象は「なんでも相談ダイヤル」と「まる得情報ダイヤル」が組合員、OB友の会会員、福祉会会員で、メンタル面の悩みに外部の専門家が対応する「こころの健康相談」は組合員のみとなっている。また、2014年10月から㈱JCBと提携し「UAゼンセンメンバーズカード」というクレジット機能付きのカード事業を始めた。

■ 福祉共済互助会

　共済事業は、事業局のもとで福祉共済互助会が運営している。互助会は、形式的にはUAゼンセンの下部組織であり、互助会規約では加入資格を組合員とその家族に限定している。

【第Ⅰ節】労働組合

図 2-1-1　UA ゼンセンの共済・総括図

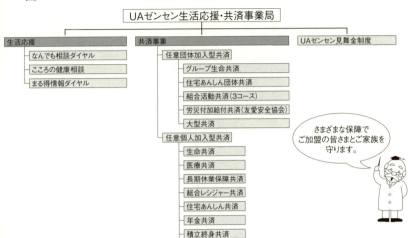

出所：UA ゼンセン　ホームページによる

　共済は労組法上の組織としての位置づけをしている。生協法上の組織ではさまざまな規制がかけられるのに対して、組合法であれば制度設計に組合員の声をしっかり反映できるので、メリットがあるというのが UA ゼンセンの考え方である。

　共済事業には任意団体加入型共済と任意個人加入型共済の2種類がある。前者は、加入組合が団体として参加するものであるが、当該組合がこの制度に参加するかどうかは任意となっている。任意団体加入型共済には、住宅あんしん団体共済、労災付加給付共済、組合活動共済、グループ生命共済の4種類がある。

　それぞれの内容についての位置づけは図 2-1-1 を参照されたい。若干の補足をすると、「住宅あんしん共済」は完全な自家共済で、再保険はしていない。現在は団体加入が約 10 万 6 千人、個人加入が約 1 万 6 千人となっている。保障金額は、50 口で 4,500 万円となっており、大型の保険である。問題点は 2 つある。1 つは、自家共

済であるため、火災保険のように補償金の上限制限はなく、加入口数内であれば他の保険に加入していても全額支給される。この点は今後保険業法上の規制がかかる可能性がある。もう1つは加入率が低いことである。これはUAゼンセンの共済に加入する以前に火災保険などに加入してしまっているという事情のほか、伝統的に地域において全労済の制度を利用する傾向が強いという事情も作用している。

長期休業保障共済は、掛金1,000円で月10万円が65歳まで給付されることになっており、アメリカなどの経験からこれから伸びることが予想される。医療共済は80歳まで加入可能である。ただ定年退職後などの場合には福祉共済会へ加入し（年会費1,800円）、UAゼンセン同盟の準構成員となる必要がある。これらの共済は半分が民間保険会社に再保険されている。また、医療共済は2016年3月より大幅な制度改定を行い、女性医療特約の追加や休業給付のコース追加など、女性や短時間勤務組合員の増加に対応した制度変更を行っている。生命共済は、遺族保障で一時金4,000万円まで契約できるが、全労済が半分、半分は自家共済という組み合わせをとりいれることによって、全労済よりも有利な掛金にしている。この制度への加入は約1万7千人である。

年金共済・積立終身共済は、ゼンセン同盟結成40年の1986年に開始し、現在の加入者約7万6千人となっている。加盟組合のある企業で企業年金を廃止するところが少なくないという状況のなかで、受け皿として拠出型企業年金保険の制度ももっている。制度を通じて集まる資金の運用は産別に一元化しているが、リスクを分散するため生命保険会社6社に運用委託している。

これらの共済制度の掛け金は、医療共済が年齢群段別掛金、生命共済が35歳以下・以上の2段階掛金となっているほかは、一律となっている。これは共済が共助の制度であるという考え方にもとづいている。

共済の事務は共済事業局が担当し、単組は橋渡し役という考え方にたっている。共済の担い手は、単位組合、都道府県支部に所属する推進メンバーである。これらの推進メンバー向けの共済の説明会は、本部からでむいていくもので年600回、約2万人が参加している。これ以外に職場単位の説明会もある。またフィナンシャルプランナー資格を持つスタッフによる保障の見直し運動も実施している。

住宅あんしん共済や年金共済など古くからの制度もあるが、生活に必要な一通りの保障系・貯蓄系のラインナップは完成している。今後は拡大活動を追求し、掛金をより下げていくことを追求している。また、組合員の意見をもとに毎年制度の改善を実施している。

2-3. JAMの共済制度

■ JAM共済の意義

JAMは、旧総評・新産別系の金属機械労組と旧同盟系のゼンキン連合が統合した金属機械産業分野の単位労働組合で組織する産業別組織である。JAMの組織上の特徴は、中小企業労組が多いことにあり、全体で約1,900の単位労働組合があるなかで、従業員300人未満の企業が約75パーセントに達する。比較的大きな企業には、企業内福祉として、食事、住宅にかかわる補助、住宅融資、退職年金など多岐にわたる福利厚生諸制度が存在する。これらの企業では、労働者は、公的福祉、企業内福祉、自助努力により福祉環境を形成してきたといえる。

しかし中小企業においては、従来から大企業の企業内福祉にくらべ内容きわめて劣っていた。そのうえ、現在では中堅・大手の企業の場合でも、福利厚生の費用は削減される傾向が続いている。こうしたこともあって、JAMは労働者福祉の基本は社会的なレベルのセーフティネットとして確立することを基本としなければならない

という立場をとっている。しかし公的なセーフティネットもまた不十分であり、労働者の福祉を向上させていくためには、相互扶助＝共助の仕組みを充実することによって補完されなければならない。こうした考え方にもとづいて設立されているのがJAM共済である。

■ **3階建ての共済**

JAM共済は、「3階建て」のかたちで体系化されているところに特徴がある（表2-1-1参照）。

表2-1-1　JAM共済の内容

JAMの組合員だけが加入できる大変有利な共済です。

		火災共済	生命共済	医療共済	組合活動共済	交通災害共済	労働災害共済	年金共済
3階	**JAM個人共済** JAM個人共済は、JAMハート共済、JAM団体共済をベースに組合員それぞれのライフスタイルに合わせて必要な保障を確保し、より安い掛金で加入することにより、月々の可処分所得の向上と保障の充実を図ります。	個人火災共済(自家型) 個人火災共済(全労済提携型)	ふれあい共済 個人生命共済	ふれあい共済 個人医療共済		個人交通災害共済		積立年金共済 ねんきん共済
2階	**JAM団体共済** JAM団体共済は、JAMハート共済をベースに、さらに組織保障を充実させる見舞金制度です。それぞれの共済は全組合員が加入しなければなりません。	団体火災共済	団体生命共済	団体医療共済	組合活動共済	団体交通災害共済	労災補償共済	
1階	**JAMハート共済** JAMハート共済は、日常のさまざまなリスクに対する見舞金制度で、JAM団体火災共済・団体生命共済・団体医療共済・組合活動共済がパッケージされています。 JAMの加盟組合はこの共済に加入する義務があります。	Aタイプ Bタイプ Cタイプ A2倍タイプ						

表 2-1-2 JAM 共済の保障内容

JAM 共済は、ビッグでワイドな保障

	保障内容	組合加入共済	個人加入共済		計
		ハート＋団体共済	自家共済	全労済提携共済	
火災	火災全焼（万円）*1	150.0	6,000.0	6,000.0	
	地震全壊・全焼（万円）*2	22.5	1,300.0	1,200.0	
生命	病気死亡（万円）*3	500.0	5,016.0	3,000.0	8,516.0
入院	病気入院（円／日）*4	2,400.0	23,000.0	11,000.0	36,400.0
組活	死亡（万円）	4,000.0			

*1：個人火災は臨時救済費を加算せず算出
*2：全労済提携型は自然災害共済付帯の場合
*3：個人自家は家族サポートコース加入の場合
*4：個人自家は入院・手術オプション付帯、個人全労済提携は病気入院特殊＋医療共済の場合

JAM 共済は、退職後もロングに保障

	保障項目	69歳まで	74歳まで	79歳まで
シニア共済	病気死亡（万円）*5	300.0	150.0	60.0
	病気入院（円／日）*6	10,500.0	7,500.0	7,500.0

*5、*6：保障額は総合タイプ、入院重視タイプの保障額のうち保障額の高いタイプにより提示
出所：JAM 提供資料による

　1階は「JAMハート共済」と名づけられている。この1階部分はJAMへの加入資格をなしており、実際にすべての加盟組合がこの制度に加入している。保障内容は、団体火災共済、団体生命共済、団体医療共済、組合活動共済がパッケージされている。この制度は「日常のさまざまなリスクに対する見舞金」と位置づけられているように、掛金・保障額ともにそれほど高くはない。保障の種類は4タイプとなっているが、もっとも保障金額の多いA2倍タイプの場合で、月払い掛金は組合員ひとりあたり600円で、火災が全焼の場合で60万円、死亡が200万円、医療・入院1日1,600円で、もっとも手厚い保障と思われる組合活動中の事故死亡が2,000万円とな

っている。掛金は、共助の考え方からタイプごとの違いはあってもそれぞれのタイプのなかでは一律平等である。

2階は「JAM団体共済」と名づけられている。この2階部分は、団体共済で、組合ごとに加入するかどうかを決定するが、加入した組合の組合員は全員が加入することとなっている。保障の種類についてはハート共済を補完するものと、労災補償共済、団体交通災害共済、シニア共済のように新たにつけ加わったものから構成されている。このうち、シニア共済は、退職した組合OB、OGにたいして80歳時点まで死亡と入院を対象とした保障を行うものである。この制度は現役時の共済から健康告知免除で加入できるところが民間保険にはないメリットである。掛金は1口900円で保障の最高額は入院保障の場合、6口で1日10,500円（65歳まで、それ以降の年齢では保障額は低下する）となっている。この制度に加入する場合には、オブザーバー組合員になる必要がある。なお、ハート共済・団体共済については労働組合法に根拠をおく産別自家共済として運営されている。

3階は「JAM個人共済」と名づけられている。一般的には共済制度は少額の保障にとどまることが多く、多くのものは民間の保険に加入することとなる。そこで、個人のニーズに応じて大きな保障が得られるJAM個人共済により民間の保険に頼ることなく必要な保障を確保していこう、というのがJAMの考え方である。火災では再建費用が確保される保障水準、死亡保障では5千万円超、入院では日額1.5万円超とスケールメリットを活かした産別共済といえる。この制度は、組合員個人の選択で加入することになるが、現在、延べ約29万人の組合員・家族が参加している。ここでは、火災、自然災害、死亡、医療、年金、交通災害など、人生のあいだに遭遇する可能性のあるリスクを保障する制度が準備されている。

これらの分野については、基本的には2種類の制度を運営している。ひとつは労働組合法にもとづく自家型で、その一部は積立年金

共済のように生命保険会社と提携している（生保提携型）。もうひとつはおなじ年金でもJAMねんきん共済のように全労済提携型がある。この場合には基本的には生協法適用ということになる。このように2種類の運営が行われているのは、JAMの共済制度が組織の統一以前の労働組合の流れをひきついでいるためである。生命・医療共済についても同様に2種類が存在する。なお一部の共済については、中途退職や定年退職後も共済ユニオンの会員になることによって個人型の共済を利用できる制度も確立されている。

■ 地方組織が担い手

JAM共済は、JAMハート・団体共済（1・2階）およびシニア共済はJAM共済理事会が運営、JAM個人共済自家型は自家共済運営委員会が運営、JAM共済全労済提携型は全労済提携共済運営委員会が運営している。掛金等の資金運用は、労働金庫を中心に行われているが、リスクヘッジと効率的運用の観点から、一部、国債の運用を行っている。

共済は、もともと組合活動の重要な活動のひとつであり、JAMの基本組織である地方組織が活動を担っている。地方単位ごとに推進委員会と共済担当オルグが配置され、たとえば産別未加盟組合にたいして産別加盟を働きかけるさいに、JAM共済制度の優位性を強調している。組織化にとって、JAM共済は重要な武器となっている。

2-4. 新運転の労働者供給事業

■ 労働者供給とは

労働者供給（以下、労供事業と略する）については職業安定法第4条6項に、「供給契約に基づいて労働者を他人の指揮命令を受けて労働に従事させることをい」い、労働者派遣事業法上の労働者派遣

を含まないと定義されている。職業安定法は「何人も ‥‥ 労働者供給事業を行い、又はその労働者供給事業を行う者から供給される労働者を自らの指揮命令の下に労働させてはならない」（第44条）としているが、同時に同法は「労働組合等が、厚生労働大臣の許可を受けた場合は、無料の労働者供給事業を行うことができる」（第45条）としている。労供事業が基本的には労働組合（以下、労組）だけに認められる理由は「労働者との間に身分的な支配関係や強制労働、中間搾取といった労働者保護の面からの弊害の発生する余地が少ない」ことがあげられている（厚生労働省「労働者供給事業業務取扱要領」）。

労組による労供事業は、一定の技能をもつ労働者によって構成される労組をつうじて、働く場としての就労先を確保し、仲間をそこに配置し、就労先とはあらかじめ交渉などをつうじて適正な労働条件を確保する活動である。就労先がみつからない場合には、雇用保険などを利用するほか、各種の共済によって働けない期間の生活を保障する仕組みをもっている。全体として、その活動は労組としての「共助」の1つの姿を示しており、クラフトユニオン（職能別組合）としての性格をもっているといえる。

厚生労働省の「平成25年度（2013年度）労働者供給事業報告書」によると、労供事業を実施している組合等の数は91、需要延人員は約179万人、供給延人員は約178万人で、供給の実人員は約3.5万人であった。業種別に供給実人員数をみると、自動車運転の職業約3.1万人、建設の職業約800人、運搬労務の職業約1,200人、その他約2,000人となっている。

労供事業を実施する組合のなかには、連合加盟のUAゼンセンの地方組織や全労協傘下の全港湾などの大組合もあるが、主として労供事業を行う比較的小さな組合が多い。そのなかには、器楽演奏、声楽などの人材を扱う日本音楽家ユニオンのようなユニークな組織もある。

【第Ⅰ節】労働組合

　このうちの多くの有力な組織は、労働者供給事業関連労働組合協議会（略称、労供労組協）を組織している。労供労組協は1984年2月、労働者派遣事業法の制定に反対する14労組により発足した。結果として、派遣法の成立は阻止できなかったが、労組による労供事業の廃止は阻止してきた。現在は労働者供給事業法の制定を求めて活動している。2013年現在の加盟組合は電算労、全港湾、労供労連（自運労、新運転）、音楽家ユニオン、民法労連、全建総連、映演共闘、サービス労連、全造船、建設一般、東京ユニオン、全日本建設運輸連帯労組、東京出版合同労組、全日本ドライバーユニオン、全日本運転技術者労組、介護・家政婦ユニオン田園調布、同甲府、同金沢むつみ会、奈良ユニオン、三重一般労組、全自交の21組合となっている。

■ 新運転とは

　ここで事例としてとりあげるのは新運転である。新運転の正式名称は、新産別運転者労働組合である。現在は、自運労（日本自動車運転士労働組合の略称）などとともに産別組織として労供労連（全国労供事業労働組合連合会の略称）を結成し、連合に加盟しているが、活動単位としての組織の名称は以前のままで継続している。

　歴史的にはサンフランシスコ条約によって日本が独立したのち、米軍関係で運転や重機の操縦で働いていた労働者の失業対策として組織された自運労と違い、争議で会社から締め出された労働者や闇労供で働いていたタクシー運転手たちが自主的にタクシー会社に運転手を供給する闇協定をもつようになったのがそのはじまりだった。しかしこの活動が職安法違反ということで取り締まりが強化されたのをきっかけに労働者供給事業として正式な許可を取ろうとする活動が始まった。しかし当時は、労働組合であっても労供事業の許可をえるのはきびしく制限されており、全国産別もしくはナショナルセンターに加盟している組合でないと許可されなかった。許可

71

にあたって労働省との交渉などで積極的に活動したのが新産別のリーダーであったところから、その傘下で活動し、名称にも新産別の呼称を採用した。労供事業としての許可がおりたのは1959年であった。

■ **労働者供給事業の実態と変遷**

　設立の経過が示すように、新運転の最初の段階での活動はタクシー運転士の供給であった。たんに供給するのみでなく、新運転としては、「チームスターを目指す」といった合い言葉のもとに適正な賃金と労働条件の確保がめざされ、実際に新運転側の要求による賃金が協定されることが多かった。雇用の形態でいえば、日々就労になるが、東京オリンピックが開催された1960年代半ば以降には、運転関係では人手不足もあり、高い賃金と労働条件での供給契約を結んで就労していた。働き方としても、働く日や就労先を自由に選択するなど、いわば職業選択の自由とワークライフバランスも実現しやすいという利点があった。こうした事情で、組織人員も急速に増加し、東京では5,000人規模となり、大阪にも同規模の支部がつくられた。

　しかし、1960年代の後半に状況は急変する。賃金でいえば、一日の売上高に応じて6割以上の歩率で賃金が労働者に支払われるため、事業所の営業利益は減少する。また、社内の従業員が雇用契約で得られる賃金の方が低いという事態が生まれ、会社を辞めて新運転に入るという流れもでてきた。そうしたなかでタクシーの不法運転とか乗車拒否などが、日々就労の運転士によっておこされている、というマスコミキャンペーンを張られた。そして、1967年に、タクシー業務の日々就労を禁止する運輸省のタクシー業務に関わる安全規則が国会の審議をへて、改正され、タクシー運転士の供給契約が基本的に1年とされた。

　この契約関係のもとでは、厚生年金を含めて社会保険の適用もあ

り、新運転に所属して就労することの利益は、日建ての高い賃金歩率と共済制度だけとなった。このため、1968年からタクシーの組合員が減っていき、新しい人も入らず、現在では250人弱となっている。残った人たちは高齢化しているが、新運転所属というプライドとどちらかといえば比較的に自由に働けるということにメリットを感じている。

こうして、タクシーだけでは、組合としての存立ができないということで生コン、一般トラック、清掃といった分野に新しい活動分野を求めることとなった。自運労の場合も同様で、新しい分野では競合も発生したが、一定の棲み分けの話合いが行われ、賃金についても統一的に対処することが可能となり、労供労連としての連合加盟につながった。

とくに、バブル崩壊後の供給先職種で多いのは、清掃関係の自動車運転者と作業員となり、今日では約2,300人の組合員のなかでこの2つのグループが1,700人以上を占めている。

■ 労供事業の活動内容

以下は、新運転の東京地本の具体例となる。まず組合員はかならず朝、仕事を求めて事務所にくるというのが原則となっている。組合の事務所が仕事の紹介場となっている。仕事がない場合には組合が不就労証明書を出して、雇用保険の失業手当を受給する。これらの手続きは現場の支部長が行うが、たとえば、緊急に企業から人材の依頼があるとか、予定していた組合員が出勤できない場合の代わりの労働者を供給するとか、早朝のアサイン作業が終了した後の報告書の作成、組合員の傷病、慶弔、事故対策から供給先事業所との打合せなど多忙をきわめる活動となっている。

賃金の決定については、関係の団体、あるいは個別の企業との供給契約交渉で、かなりきめ細かく賃金額を日額で決めている。基本日額では、たとえば清掃小型運転手で16,860円、生コン・ミキサ

ー車運転手 17,300 円、清掃作業員 15,033 円などである。タクシー運転士の場合は、企業、全自交など関連労働組合とも協議し、バランスを考慮して決定している。実際に労働者に支給される手取り賃金はこれに定額の交通費を加え、健康保険、雇用保険、所得税等を控除した額で、直接労働者に支給される。

組合費については職種と月額の賃金額を考慮して決定され、共済費を加えて徴収される。組合員の内 20 万円未満の月額収入の場合で、組合費が 2,900 円、最も高い 45 万円以上の月収の場合で 9,900 円と 6 ランクに分かれ、生活共済費（収入額とは関係なく同一）が 1,800 円と事故共済費が 300 円となっている。

この東京地本の活動のなかで、重要な役割をしめているのは生活共済活動である。運転手の場合、道路交通法違反で免許停止の処分がだされた場合は、タクシー運転手の場合には就停共済制度で一日 5,000 円、最高 30 日間の補償をしている。清掃運転手の場合には、免許停止処分で運転手として就労することはできないが、作業員としてなら可能なので配置代えをすることもある。ただ作業員としての仕事がない場合には同じ就停共済制度を利用する。全労済とも提携して、慶弔共済、傷病共済、自然災害共済などももっており、若い人が増えたので、結婚、出産から入学祝い金までの支給額を増額するなど内容を改善してきた。

■ **展望**

現在、非正規労働者の総数が約 2,000 万人程度となったが、そのなかの約 440 万人が臨時日雇い型であるとされる。これらの人びとが第一のセーフティネットの雇用保険、社会保険などの適用を受け、人間的な働き方ができるようにしていくのは労働組合の大きな役割であろう。

新運転の場合には、スタート時点では、タクシー運転士というかたちでの技能労働者のクラフトユニオン化をめざしたといえる。し

かしこの 15 年間で、清掃作業員などの運転免許資格がない若い労働者が増えてきている現状に対して、技能をもった労働者に成長させていくという役割を重視する必要がある。この点では、現在の労供事業に加えて、高所作業車、運行管理、玉掛、フォークなどの資格取得を進め、一般トラック運転、交通整理、事務請負など運転以外の多様な職種企業への就労促進を図り、労供契約の対象を中小零細、個人の私企業から公益法人、非営利法人、そして行政へと広げるとの方針が決まっている。

また、そのことを前提にしても、雇用保険といっても限界があるので、実際に仕事がない場合にどうするかという問題が残っている。この点では、技能を生かしたかたちで自ら仕事を創ることも考えられる。新運転としては、14年前からロマン交通・らくだサービスを立ち上げて高齢組合員に介護労働の資格もとらせ、独自の介護タクシーを運営してきた。しかし、これは大きな赤字となっており、組合員の募集にあたっても、この分野での就労については「バッチリ、ガッツリ高額を稼ぎたい方にはおすすめできません」と限定をつけている。

いずれにしても、新運転のこれまでの経験を生かしながら、営利企業が運営する派遣型とは異なり、「共助」と「連帯」を基本とする労働組合による労供事業には労働運動のなかでももっと光があてられてよいと思われる。

3. 地方組織での共助・連帯活動──連合静岡メイトを例に

■「共助」と「連帯」における労働組合地方組織の意義

いうまでもなく、現在の労働組合は、職域組織（企業別組合）→ 産別組織 → ナショナルセンターといういわば縦割りの組織体制と、職域組織 → 地域組織（リージョナルセンター）→ ナショナルセンタ

ーといういわば横割りの組織体制との両面でなりたっている。このような仕組みのなかで「共助」と「連帯」を担う主体として、労働組合の地域組織の検討を欠くことはできない。すでに連合は発足以来地方連合会と地域協議会による相談活動の充実をはかり、実際にも大きな成果をあげてきた。地域組織は、職域組織のもつ共済のようなメンバーシップを基礎とした共助の機構を直接にもっているわけではないが、産別組織の手の届かない中小・零細の組合への各種の情報や労働者自主福祉事業にかかわるサービスを提供したり、既存の組合員の枠を超えた労働者に対する支援を提供したり、孤立に陥りがちな人びとに対してソーシャルキャピタル(人間関係資本)を提供したりするうえでは大きな役割をはたしている。これらの活動を展開するにあたっては、労働組合の地域組織は、後述の労福協の項などでみるように、地域におけるさまざまな団体とのネットワークを形成していくという点でも、「共助」から「連帯」への展開の実質的な担い手ともなっている。

　ここでは、連合地方組織のなかでユニークな活動を展開する連合静岡メイトの活動をとりあげ、労働組合の地方組織における「共助」「連帯」活動を具体的に検討する。

■ 連合静岡メイト

　連合静岡メイトは、連合静岡が運営する会員制の組織で、県内の労働者が会員登録し、年会費1,000円を支払うことにより、会員は連合静岡メイトが提供する各種のサービスを受けられる。さまざまな不安を有する県内の労働者が会員となっており、問題を解決する知識を養うセミナー、メンタルヘルス上の問題についてのカウンセリングをはじめ、会員のかかえる個別の問題についての相談などを、会員に提供している。

　連合静岡メイトは労働組合ではない。不当解雇、賃金や残業代の不払い、年休の付与の拒否など、具体的な課題をもつ、既存の組合

【第Ⅰ節】労働組合

員以外の労働者が相談に訪れた場合には、他の地方連合会と同様、連合静岡ユニオンの組合員として個人加盟し、ユニオンが団体交渉などを行って問題を解決する。メイトの場合には、直接に経営者と対峙するというのではなく、各種のサービスの提供をつうじて、日常的に会員の不安を解消していくことを目的としている。その意味では、会員と連合静岡のゆるやかなつながりを提供することで、労働組合組織の外側にいる労働者に居場所を提供する組織であるということができる。

図 2-1-2 連合静岡メイトの概念図（連合静岡作成）

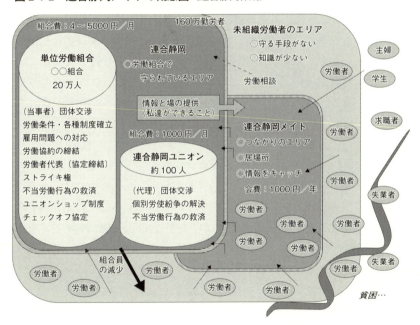

■ **メイトのはじまり**

メイトのたちあげのきっかけとなったのは連合評価委員会の最終報告書である。最終報告書が発表されたあと、連合静岡の執行委員

会とか地域協議会（地協）で読み解きということで各級の組合リーダーが集団で読んで理解の促進をはかった。そのなかで、弱者が、連帯することで不条理に立ち向かうことに貢献するのが労働組合であることが再確認され、そのような意識を常にもてるような文化を連合静岡では植え込んでいこうということが確認された。具体的には、労働組合のみならず、NPOとか、さまざまな市民団体とか、大学だとかにつながっていくことの重要性が確認された。2003年に出た連合評価委員会の最終報告書は連合静岡の活動の基調となって今日まで続いている。

　その後、連合本部の方針に沿って、地協改革が行われたが、静岡としては、静岡、浜松、沼津においてモデル地協を設定し、地域運動としては、政治・政策、組織対策、国民運動の3領域に特化することとした。このうち、国民運動はのちに名称を教育機能に変えた。地域組織の仕組みとしては、いくつかの地協をカバーする東部、中部、西部の3ブロック体制とし、各ブロック事務所に県連合の部局を担当する人材を配置した。

　このような時期、リーマンショックが発生した。2008年秋のリーマンショックのあとは自動車関係、電機関係を中心に、派遣切りなど雇用問題が激化して、相談件数が激増した。なかには、自殺志願の相談や社宅をでなければならずバス停で暮らしている労働者の相談などもあった。相談件数はいまだに高く、2015年現在で年間約1,200件となっているが、このような連合静岡の相談活動は地域に顔の見える運動となっているという高い評価を得ている。

　すでにみたように、相談の一部は、連合静岡ユニオンに加入し、いってみればたたかうことによって解決される。しかし、実は、こうした組合型の解決手法には乗れない多くの労働者がいることが、リーマンショックのあとで明らかになった。このような労働者は、助言をしても自ら立ち上がれないということで、連合の周辺からは消えてしまうことが多かった。連合静岡の関係者にとってもっとも

ショックだったのは、仕事がない、路上生活でおカネがない、食べるものもないという相談が多かったなかで、食べるものもないといって電話をかけてきた人に生活保護とか、支援団体を紹介するなどをしようとしたが、けっきょく「動く気力がありません。もうムリです」といって電話を切られた経験だった。相談を受け、組合型で対処しようとしても、もっとも困っている人に対応できないという事例だった。

こうした経験をしたあと、情報なり知識なりを常にもって日常的にゆるいつながりをもつ組織をつくる必要があるという考え方が生まれ、2009 年 8 月から論議が行われて、2010 年 4 月にメイトが立ち上げられた。

スタートにあたっては連合静岡のなかでは、メイトの発足を危惧するさまざまな意見があって、何度も討議が重ねられた。「なぜ、組合費を組合以外のところに使うのか」「会費をとって責任をとれるのか」「組合員が連合静岡メイトに流れないか」「すでに立ち上がっているユニオンとどこが違うのか」などが、議論の内容だった。これらについては、ていねいな説明を行い、最後は連合評価委員会報告の実践である、ということでまとまった。

■ メイトの会員

メイトの会員は現在約 120 名である。当初の計画では 2,000 人程度の組織にしようということであったが、現実にはこれにははるかに及ばない。

会員の性格はさまざまである。年齢としても 30 代、40 代、50 代と広く分布している。相談件数でみると、30 代、40 代が多い。連合静岡にとって、メイトを創設して、もっとも意外だったことがある。当初は、会員には非正規の労働者が多いと想定されていたが、実際に活動をはじめてみると正社員の方が圧倒的に多くなっている。労働組合のない企業の正社員の居場所としてのメイトの色彩が

かなり強い。これは、労働組合がない企業などの正規労働者が日常的に支援の場、あるいは居場所を求めている反面、もともと対象としていた非正規の労働者などにはまだ手が十分に届いていないことも示されている。

■ メイトの活動

入会の勧誘は主として紙媒体の手段で行われ、チラシや新聞折り込みなどを通じて、大量の勧誘文書が配布された。Web上でも勧誘が行われた。現在は月1回、地元新聞の広告で、折り込みではなく紙面上で2段の枠をとっている。

メイトへの入会は、基本的にはWebサイトを立ち上げているので、ネットを通じて手続きをする仕組みになっている。入会すると会員証が発行される。会員証は最初の時点では必要がないとみなされたが、会員からの声で発行するようになった。相談に訪れる場合に提示する人や、財布のなかに大事にもっている人もあり、会員のなかでは、自分の居場所を示す証明と考えられている場合もあると思われる。

Web上では、メイトが実施するイベントをはじめとする情報提供が行われる。これに加えて、年4回発行される機関誌『LWマガジン』が手元に届くようになっている。機関誌は、連合、労福協、経営者協会に地域活性化支援を行っているNPOが協力して刊行される。内容としては、ワークライフにおけるライフにかんするさまざまな情報が掲載される。スキー場とか各種のイベントにかかわる情報とサービスの提供、それに労福協や労働金庫や、全労済などの福祉事業団体についての情報も掲載される。これをもとにしたミニLWマガジンも刊行され、飲食店など約200店舗に置いてもらうようにしており、これは入会やワークルール講座などのイベントへの勧誘の大きな武器となっている。

Webサービスでは、「つながる」「学べる」「踏み出せる」の3つ

のカテゴリーで情報が提供される。「つながる」では、ブログなどをやっており、会員のブログに対しては、連合静岡顧問のカウンセラーからほっとするようなブログを提供したりもしている。「学ぶ」ではワークルールをマンガにしたものをアップしている。「踏み出せる」というのは具体的な相談をユニオンなどに踏み出す過程のメールの相談サービスなどが内容となっている。

公開講座は労働法にかんするものなど、多数開かれる。これは公開なので、メイト会員は無料で、会員外では少額の資料代を払うようになっている。

会員の交流会も設定したことがあるが、現在は開店休業状態である。東部、中部、西部の各ブロックで2年間に2回実施された。法律が変わるとか、年次有給休暇とはどういうものか、など実態的には軽い学習会のようなものが内容であった。開店休業になったのは、参加者がごく少数だったためである。もともとWeb上で会員となった人たちは、Face to Face が苦手なのかもしれないが、設定がブロックごとという広い地域にまたがっていたことも参加をできにくくした可能性がある。

■ **メイトの効果**

すでにみたように、メイト自体は労働組合ではない。連合静岡がバックにあることによって成立する適切な情報とつながりを通じて、会員自身が知識と意欲を強めて行動できるようにすることが目的である。このような情報とつながりをたえず発信することによって、会員に自分たちの居場所をつくりだすことには成果をあげているといえる。

情報にかんしていえば、一般に流通している情報では、会社寄りなのか、働く側寄りなのかといったこともがわからないことが多い。連合静岡がバックで出している情報だから働く側のものになるはずだということで、せめてそことつながっていて、何かあったと

きに、適切に対応できるようにする、という点では、メイトの発信効果は高いといえる。

さらにいえば、会員が、自分たちのまわりに、したがって、メイトの外縁部に、新しいネットワークをつくりだしていけるようになれば、メイトとしては大きな成果をあげたことになる。連合静岡メイトのケースでは、実際にこのような事例がすでに存在する。会員のなかにシングルマザーが存在し、仕事と暮らしの面で、さまざまな困難に直面していた。この状態を改善するために、当該の会員が支援組織をつくりたい、ということになり、メイトとしては全面的にバックアップをしようとしている。組織の作り方、イベントのもち方、行政との関わりといったことについて、連合のもっている能力を使ってアドバイスをしている。会員の個人の活動が基本であるが、連合静岡メイトが付いているということで、安心感と意欲も高まることとなっている。またこの事例では、関連するNPO組織との連携もできている。この例のように、メイトは直接的には前面に出ないで、当事者を中心にして、いわば細胞分裂をバックアップするという仕組みが機能することは、メイトの活動の最大の成果であるといえる。

連合静岡メイトのもう1つの大きな成果は、シングルマザーのケースでもそうであるが、具体的なケースをつうじて、さまざまな団体とのあいだでネットワーク関係が拡がったことである。連合静岡では、政治的な背景などをほかの団体が気にすることがあるが、メイトでは付き合いのハードルが大きく下がった。連合静岡の側でも、関係がつけやすくなっている。

生活保護支援ネットワーク静岡、フードバンクふじのくにの実施母体になっているNPO法人POPOLOや障がい者シンポジウムを契機に関係が深まった障がい者支援団体などがその例である。こうしたネットワーク関係の多面化は、情報提供と相談活動の展開にとって大きな効果がある。NPOの紹介という面では、各地域に存在し

ているNPOの中間支援団体の協力を得ている。

■ **今後の課題**

　連合静岡メイトは、「共助」「連帯」の視点からみると、メンバーシップのなかにいる組合員と、メンバーシップの外にあって、さまざまな困難に直面している労働者のあいだを埋める中間的な組織として、重要な意義をもっている。しかし、現段階ではなおさまざまな課題をかかえていることも否定できない。

　最大の問題は会員数である。すでにみたように約120人程度の会員数では、地域の「働くものの声」と主張することはまだできない。現段階では、労働者がどうしたらいいか迷ったときに場所があるとないとでは決定的に違う、という考え方で、会員数にかかわらず積極的に運営していくという方針を連合静岡はとっているが、事業内容を豊富にしていくという観点からも、やはり会員数を増加させることが最大の課題であろう。

　会員の募集にあたっては、原点は相談活動であるから、相談にくるのを待つことが基本になる。また、紙ベースとWebを通ずるPR活動は同様に本人がくることを待ってはじめて会員となる。ここでは、まだアウトリーチの手法はとられていない。現段階ではアウトリーチを行うにしても、どこに届かせるかはまだ十分掌握されていない段階であるともいえる。

　それにかかわっていくつかの問題点がある。1つは、メイトの活動の地域的な範囲である。現在では、東部、中部、西部という連合静岡のもつブロックに対応して活動が行われている。しかしすでにみた交流会の経験からみても、活動の地域的なエリア単位をより小さくする必要があるように思われる。

　このことともにかかわるが、もう1つの問題は、たしかに、連合静岡の予算をこのような活動に支出することを認めるという点では、連合静岡に加盟している各組織が大きな協力を行っていること

は事実である。しかし、それを超えて、連合静岡メイトの具体的な活動に常時参加するところまではいっていない。たとえば、ある地域の規模の大きい加盟組合が活動拠点として参加するならば、より小さな地域単位に活動を展開することも可能となる。

　活動内容についても改善すべきことはある。たとえば、現在実施されているイベントは公開講座が中心で、どちらかといえば、堅い内容が多い。しかし、居場所、あるいはつながりを重視すれば、バザーとか、映画鑑賞会とか、あるいはコミュニティカフェといった柔らかい企画があってもよいように思われ、実際にそのような論議も行われている。

　このような課題を解決し、連合静岡メイトのような活動をより広く展開していくために不可欠となるのは人材である。人材養成の必要性は連合静岡によって認識されているが、より強力に推進されるべき課題であるといえる。

【第Ⅱ節】労働金庫

1. 労働金庫の歴史

■ 労働組合運動と生協運動が生んだ労働金庫

　労働者が「健康で文化的な最低限度の生活」を営むうえでは、水、エネルギー、情報などとともに生活資金や教育資金、住宅資金などを確保するための金融へのアクセスもまた、重要なライフラインである。しかし、第二次大戦直後の労働者は銀行に預金はできても融資を受けることは難しく、災害や病気などの不時の出費のため、悪質な質屋や高利貸しの犠牲となる人びとが後を絶たなかった。こうした背景から、当時急速に広がっていた労働組合運動のなかで労働者自らによる金融機関を設立しようという動きが高まり、1950年11月に兵庫県で労働金庫（兵庫県勤労信用組合）が設立された。

　また当時の深刻な食糧難から、各地で生活協同組合が設立されるようになっていた。しかし、当時のインフレによる金融難で、これら生活協同組合は資金不足にあえいでいた。そのため、生活協同組合に運営資金を供給できる金融機関の必要性が叫ばれ、同じく1950年9月に岡山県で労働金庫（岡山県勤労者信用組合）が設立された（岡山、兵庫は、いずれも店頭に「労働金庫」の看板を掲げた。ちなみに、名称に「労働金庫」を使うことが認められたのは、1951年10月に設立の「信用協同組合福島県労働金庫」が最初である）。

　こうした2つの流れにより、あいついで2つの労働金庫が設立されたのだが、いずれも労働者の生活を向上させようという意図は共

通のものであり、労働組合運動と生協運動を両輪として、労働金庫は全国に広がることになる。

■ 働く人とともに60年

労働組合や生活協同組合およびこれらに結集する労働者の期待を背に、労働金庫は全国に急速に広がり、1955年7月には、沖縄県を除く46都道府県すべてに設立を完了した（沖縄県は1966年5月設立）。また、1951年には業界団体の全国労働金庫協会が設立され、1955年にはセントラルバンクとしての労働金庫連合会が設立されて、現在まで続く労働金庫の体制が確立された。

制度面では、最初の労働金庫が設立された当時は、日本の金融制度のなかに「労働金庫」という専用の制度があるはずもなく、やむなく中小企業等協同組合法にもとづく信用組合として設立、運営されていた。しかし信用組合の制度は、もともと中小企業のためのもので、労働者の団体によって構成される労働金庫にとっては使い勝手が悪いものであった。そこで独自の法律「労働金庫法」をつくろうという動きが盛り上がり、難産の末、1953年に労働金庫法が公布、施行された。すでに信用組合として設立されていた32金庫は、労働金庫法の施行を待って、労働金庫に改組した。

その後、労働金庫は労働者およびその団体に支えられ、今日まで順調に成長を続けてきた。また、労働金庫は自らの金融事業だけでなく、労働者共済、労働者向けの住宅の供給、労働者のための福祉会館の建設など日本における労働者福祉事業と運動の育成強化にむけて大きな役割を果たしてきた。融資では、創立当時は高金利に苦しむ労働者の救済資金、賃金の遅欠配に対する生活資金、労働組合や生活協同組合の行う福利共済活動のための資金供給等が中心であったが、経済成長に伴い労働者の金融ニーズも多様化し、電化製品等の耐久消費財の購入に始まり、教育資金、自動車購入資金、海外旅行資金、レジャー資金、住宅取得資金などに対する融資の比重が

高まっている。

表 2-2-1　労働金庫の歩み

1950年	岡山県と兵庫県に最初の労働金庫設立。
1951年	社団法人全国労働金庫協会設立。
1953年	労働金庫法施行。
1955年	労働金庫連合会設立。沖縄県を除く全国46都道府県に労働金庫設立完了。総預金量100億円達成。
1966年	47番目の金庫、沖縄県労働金庫設立。
1967年	「労働金庫の基本理念」決定。
1972年	財形貯蓄「虹の預金」取扱開始。
1974年	総預金量1兆円達成。
1978年	「労金教育ローン」取扱開始。
1981年	総預金量3兆円達成。内国為替取扱開始。労働金庫連合会、日銀との当座取引開始。
1982年	国庫金振込事務取扱開始。
1983年	「サラ金対策キャンペーン」実施。
1984年	全銀データ通信システム加盟。系統内為替オンラインシステム始動。
1985年	全国労働金庫の自動機ネット網（ROCS）完成。
1986年	総預金量5兆円達成。「ろうきんカーライフローン」とカードローン「マイプラン」取扱開始。
1988年	代理国債窓販業務取扱開始。
1989年	労働金庫総合事務センター設置。
1990年	都銀、地銀とのCD提携（MICS）開始。
1995年	阪神・淡路大震災遺児支援定期「応援30」を取り扱い、満期支払利息の30％と労働金庫からのマッチングギフトとしての寄付金を合わせた2.3億円をあしなが育英会へ育英資金として寄付。
1996年	「ろうきん・21世紀への改革とビジョン」決定。総預金量10兆円を達成。
1997年	「ろうきんの理念」制定。
1998年	近畿労働金庫発足。地域統合の開始。「勤労者生活支援特別融資制度」取扱開始。
1999年	郵便貯金とのATM提携開始。

2000年	東海労働金庫発足。「ろうきんNPO事業サポートローン」取扱開始（群馬県労働金庫、東京労働金庫、近畿労働金庫）。
2001年	中央労働金庫、四国労働金庫発足、北陸労働金庫、九州労働金庫発足。インターネットバンキング取扱開始。
2003年	東北労働金庫、中国労働金庫発足。地域統合が完了し、13金庫体制に。
2004年	アイワイバンク銀行（現・セブン銀行）とのATM提携開始。
2006年	「ろうきん育児支援ローン」取扱開始。第二地方銀行、信用金庫、信用組合の一部とATM提携（入金ネット）開始。
2007年	全国労働金庫のオンラインシステムの一本化完了。第1次「気づきキャンペーン」実施。
2008年	イオン銀行とのATM提携開始。「就職安定資金融資」取扱開始。
2009年	生活応援運動の取組みが評価されニッキン賞を受賞。全国で全労済の共済代理業務開始。「勤労者生活支援特別融資制度」の取扱強化。第2次「気づきキャンペーン」実施。「訓練・生活支援資金融資」取扱開始。
2010年	Pay-easy（ペイジー）口座振替受付サービス取扱い開始。国際協同組合同盟（ICA）加盟。日本協同組合連絡協議会（JJC）加盟。
2011年	東日本大震災に際し、特別融資や震災遺児支援策を全国で展開。
2012年	ICキャッシュカード基本形開始。
2013年	全国労働金庫協会が一般社団法人へ移行。
2014年	新オンラインシステム（アール・ワンシステム）稼働。ATM提携サービスを拡充（セブン銀行利用時間を24時間化）。

2. 労働金庫の理念と組織

■ 労働金庫の目的、理念と運営原則

　労働金庫は労働者の団体等を会員とする協同組織の福祉金融機関である。労働金庫法第1条には、労働金庫の目的として「労働組合、消費生活協同組合等の行う福利共済活動のために金融の円滑を図り、もつてその健全な発達を促進するとともに労働者の経済的

【第Ⅱ節】労働金庫

> ### ろうきんの理念
>
> ・ろうきんは、働く人の夢と共感を創造する協同組織の福祉金融機関です。
>
> ・ろうきんは、会員が行う経済・福祉・環境および文化にかかわる活動を促進し、人びとが喜びをもって共生できる社会の実現に寄与することを目的とします。
>
> ・ろうきんは、働く人の団体、広く市民の参加による団体を会員とし、そのネットワークによって成り立っています。
>
> ・会員は、平等の立場でろうきんの運営に参画し、運動と事業の発展に努めます。ろうきんは、誠実・公正および公開を旨とし、健全経営に徹して会員の信頼に応えます。

地位の向上に資すること」が掲げられている。

　労働金庫内部では設立当時から「労金運動は労働運動の一環である」という考え方が定着していたが、これを労働金庫の事業のためにより明確化するため、1967年には「労働金庫の基本理念」が決定された。さらにこの基本理念を現代にマッチしたものに見直し、1997年には新しく「ろうきんの理念」が制定された。

　「ろうきんの理念」は上のカコミのとおり4文からなっている。第1文でいう「福祉金融機関」の「福祉」とは、一般的な意味の（高齢者、障がい者などを意識した）「福祉」ではなく、勤労者の「しあわせ」「ゆたかさ」の意味である。また、「公的福祉」「企業内福祉」と対比される「勤労者自主福祉」（労働組合等の団体を基盤とした助け合いによる「幸せ」「豊かさ」の追求）を支える金融機関という意味もある。

　「ろうきんの理念」第2文の「環境及び文化」は、国際協同組合同盟（ICA）「協同組合のアイデンティティに関する声明」の考え方を反映している。また、「活動を促進し」とあるのは、労働金庫が

消費者金融だけでなく、広範な労働者福祉活動の金融的中核としての役割の遂行を目指すものである。第3文では「働く人の団体」として団体主義による運営を明記し、第4文では会員と労金の役割を明確化している。

また労働金庫法第5条では、労働金庫が健全な運営をするための3原則を定めている。

第一は、非営利の原則（「金庫は営利を目的として事業を行ってはならない」）である。非営利とは会員への利益分配それ自体を目的にしないことであり、適正な利益を上げること自体の否定ではない。一般に非営利とは「配当しないこと」とされており、労金が制度上認められている配当について、利用配当は価格の割り戻し、出資配当は「会員であることに基づく反射的利益」とされる。

第二は、直接奉仕の原則（「金庫は、その行う事業によって会員に直接の奉仕をすることを目的とし、特定の会員の利益のみを目的として事業を行ってはならない」）である。株式会社の株主への奉仕が、配当を通じた間接奉仕であるのに対し、協同組合である労働金庫の会員への奉仕は、日常業務を通じて、その業務の中で直接行う（直接奉仕）ものでなければならない。後段部分は「会員平等の原則」と呼ばれることもある。

第三は、政治的中立の原則（「金庫は、その事業の運営については、政治的に中立でなければならない」）である。労金は政治団体ではないのだから、金庫の事業が一党一派に偏ることは許されないが、金庫の事業運営のための政治的活動や、勤労者の幸せ・豊かさを目指して行う政治的活動は否定されない。

■ **労働金庫の全国ネットワーク**

各労働金庫は、かつては1都道府県を業務地区としていたが（鳥取県及び島根県を業務地区としていた山陰労働金庫を除く）、1998～2003年にかけての地域統合により、現在は、8つの地域統合金庫と

5つの単独金庫、計13の金庫が存在している。また、労働金庫には2つの中央機関がある。セントラルバンクである労働金庫連合会は各労働金庫の資金の需給調整、余剰資金の運用、為替やオンラインシステムの運営、広域企業の財形、商品開発、確定拠出年金などの業務を行っている。業界団体である全国労働金庫協会は監督官庁や他業態、労働組合や労働者自主福祉事業団体等の全国組織との窓口となり、労働金庫間の連絡・調整を担うほか、全国の労働金庫のための人材育成、広報活動などに取り組んでいる。13の労働金庫は2つの中央機関を通じて結びつき、全国ネットワークによって労働者とその団体のために事業を行っている。

図 2-2-1　労働金庫の体制

（　）内は各金庫の業務地区

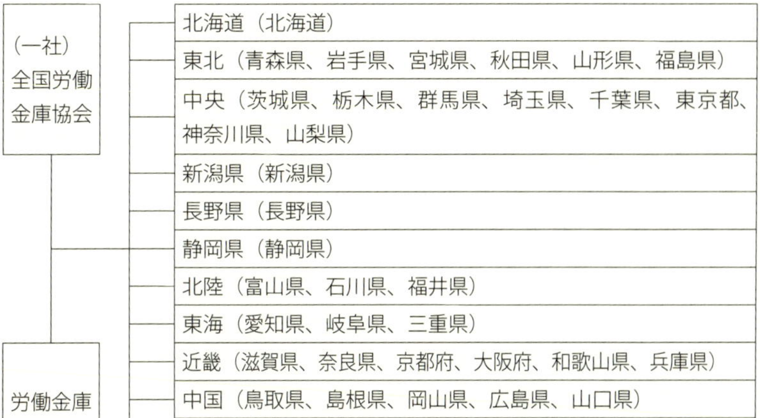

（一社）全国労働金庫協会 / 労働金庫連合会	
	北海道（北海道）
	東北（青森県、岩手県、宮城県、秋田県、山形県、福島県）
	中央（茨城県、栃木県、群馬県、埼玉県、千葉県、東京都、神奈川県、山梨県）
	新潟県（新潟県）
	長野県（長野県）
	静岡県（静岡県）
	北陸（富山県、石川県、福井県）
	東海（愛知県、岐阜県、三重県）
	近畿（滋賀県、奈良県、京都府、大阪府、和歌山県、兵庫県）
	中国（鳥取県、島根県、岡山県、広島県、山口県）
	四国（徳島県、香川県、愛媛県、高知県）
	九州（福岡県、佐賀県、長崎県、熊本県、大分県、宮崎県、鹿児島県）
	沖縄県（沖縄県）

　労働金庫の大きな特徴は、労働者の団体（労働組合、生活協同組合、公務員の団体、共済会、互助会等）を会員としていることである。一人ひとりの労働者は団体会員の構成員（団体会員を介して労働金庫

を構成するという意味で「間接構成員」という）の資格で、労働金庫のサービスを利用することができる。労働組合等に属していない一般労働者も、地区・地域ごとに組織されている労働者の団体である「勤労者互助会」等に加入するか、労働金庫の個人会員となることで労働金庫の利用が可能である。また、労働金庫の系統保証機関として、（一社）日本労働者信用基金協会があり、勤労者が労働金庫から借入を行う際の保証人となることで、融資の円滑化を図っている。

さらに労働金庫には、団体会員が職場や地域で自発的に組織して活動している「推進機構」がある。団体会員にとって労働金庫は組合員の生活向上のためにつくったものであり、職場推進機構では労働金庫を活用するために、組合員に労働金庫の運動と事業を広める啓発活動や組合員からの生活相談、ライフプランづくりのサポートなどを展開して、組合員の生活改善に役立てている。労働金庫の地区・地域ごとに設けられている地区推進委員会は地域、会員労組・組合員と労働金庫のパイプ役として、組合員の労働金庫活用のバックアップ、地域への労働金庫の運動と事業の告知活動、さらには次世代の労金運動を担うリーダーの育成などに取り組んでいる。こうして労働金庫では、会員労組・推進機構との連携により、労働者自主福祉活動として労働者とその家族の幸せづくりに取り組んでいる。

3. 労働金庫の活動の現状

■ 労働金庫の商品・サービス──働く人たちのための金融事業

各労働金庫では、勤労者のニーズに合わせ、表2-2-2に掲げた幅広い金融商品・サービスを取り揃えている。

労働金庫の預金は労働者の貯蓄を多く結集していることから、定期性預金の比率が73.08%（2015年3月末、平残ベース）と高くなっ

ている。なかでも財形預金は 2015 年 3 月末現在で、契約件数 291 万件、貯蓄残高 3 兆 8,082 億円となっており、財形取扱金融機関の中で、件数・残高とも、金融機関各業態ごとの比較でトップのシェアを確保している。

表 2-2-2 労働金庫の主な商品・サービス

(労金協会ホームページ等より)

預金商品	・総合口座
	・普通預金
	・普通預金無利息型
	・貯蓄預金
	・ワイド定期
	・スーパー定期
	・変動金利定期
	・大口定期
	・財形貯蓄（一般財形、財形年金、財形住宅）
	・エース預金（エンドレス型、確定日型、年金型）
	・確定拠出年金
	・通知預金
	・当座預金
融資商品	・住宅ローン
	・マイプラン（カードローン）
	・自動車ローン
	・教育ローン
	・生活支援策（教育訓練受講者支援資金融資制度、勤労者生活支援特別融資制度、求職者支援資金融資制度、高金利からの借換え）
	・日本学生支援機構奨学生に対する入学金融資制度
金融商品	・国債窓口販売
	・投資信託窓口販売
	・NISA（少額投資非課税制度）
	・全労済の共済代理店
	・損害保険窓口販売

第2章　労働者自主福祉の担い手

各種サービス	・振込サービス
	・公共料金等自動支払いサービス
	・給与振込サービス
	・年金自動受取りサービス
	・代理業務サービス（住宅金融支援機構、日本政策金融公庫等）
	・ろうきんダイレクト（インターネット・モバイルバンキング、テレフォンバンキング）
	・キャッシュカード、マイプランカード
	・Pay-easy（ペイジー）口座振替受付サービス
	・Pay-easy（ペイジー）国税ダイレクト納付
	・ろうきんUCカード
	・マイプランクラブ

※一部金庫で取り扱われていない商品・サービスを含む。

図 2-2-2　労働金庫の融資の使途別割合

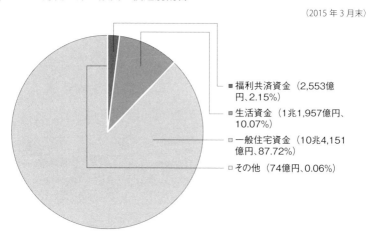

（2015年3月末）

- 福利共済資金（2,553億円、2.15%）
- 生活資金（1兆1,957億円、10.07%）
- 一般住宅資金（10兆4,151億円、87.72%）
- その他（74億円、0.06%）

（注）「その他」には、賃金手当対策資金（0円、0.00%）、生協資金（64億円、0.05%）、住宅事業資金（10億円、0.01%）が含まれる。

【第Ⅱ節】労働金庫

　労働金庫の貸出金はそのほとんどが間接構成員を中心とする個人むけのものである。その使途については図2-2-2のとおり、住宅ローン（一般住宅資金）が大半を占めている。「生活資金」には教育ローン、自動車ローン、カードローン「マイプラン」などが含まれる。その他も、住宅事業資金、賃金手当対策資金（企業の資金繰りの都合で賃金の遅欠配が起こった際に組合員に立替払いをする資金）、福利共済資金（労働組合などが日常の組合活動、物資の共同購入等に利用する資金）、生活協同組合の事業資金と、労働金庫の貸出金はすべてが労働者の生活を守るために利用されている。2000年4月からは、特定非営利活動法人（NPO法人）向け融資制度「NPO事業サポートローン」を実施している（当初は3金庫〔当時の群馬県労働金庫、東京労働金庫＜いずれも現在は中央労働金庫＞と近畿労働金庫〕で開始され、現在は全金庫で実施）。2014年度は55件・5億5,100万円の融資を実行し、2015年3月末の残高は11億2,200万円である。

　労働金庫のキャッシュカードは、全国キャッシュサービス（MICS）提携により銀行、信用金庫、信用組合、JAバンク等が設置するATMやコンビニATMからも現金の引き出しと残高照会が可能なだけでなく、セブン銀行とゆうちょ銀行、「入金ネット」に加盟している地域金融機関の一部が設置するATMでは、預け入れも可能である。しかも、セブン銀行やイオン銀行のATMでは原則として手数料もかからないうえ、手数料を支払った場合でも、即座に預金口座に戻るキャッシュバックサービスを原則として受けることができる。

　さらに2014年1月からは、従来の「ろうきんインターネット・モバイルバンキング」「ZATTS（ザッツ）電話振替サービス」「Webお知らせサービス」を一体化し、「ろうきんダイレクト」としてリニューアルした。これにより、労働金庫の利便性はさらに向上した。

■ 労働金庫の事業の状況

　全国の労働金庫は設立以来約60年にわたって健全経営を続け、現在では表2-2-3のとおり、預金量18兆3,500億円、貸出金11兆8,700億円の規模まで成長した。この規模は金融機関全体でみると預金量で10位と11位の間、貸出金で7位と8位の間に相当する。2014年度決算においても、全国13の労働金庫すべてが黒字決算を達成し、自己資本比率も11.42％と健全な水準を保っている。

表2-2-3　全国労働金庫の概況

(2015年3月末)

金庫数	13金庫
店舗数	640店舗
CD・ATM設置数	1,821台
常勤役職員数	10,780人
会員数	153,840会員
会員数（団体）	54,762団体
間接構成員数	10,368,882人
預金（※）	18兆3,542億円
貸出金	11兆8,736億円
預貸率（平残）	64.61％
自己資本比率	11.42％

※　預金は譲渡性預金を含む。

■ 生活応援運動

　労働金庫が会員労組・推進機構との連携で労働者とその家族の幸せづくりに取り組んでいることは前述したとおりだが、この労働者自主福祉活動としての強みを生かした取り組みが、2006年度から取り組まれている「生活応援運動」である。

　生活応援運動は、「勤労者の生活のうち『お金』にまつわる諸問題を、勤労者のための金融機関である労働金庫が、会員労組との連携のもとで、情報を提供し、相談に乗り、具体的な提案やアドバ

イスを行う運動である。その意味で勤労者の生涯にわたるライフイベントに対応した取り組み」と定義されている。運動の柱としては「生活改善」（多重債務者等、現に金銭面で生活に困窮している勤労者の生活を多重債務トラブル解決により改善）、「生活防衛」（マネートラブルに陥らないための啓発活動の実施、予備軍となっている人の低金利商品利用推進）、「生活設計」（健全で計画的な支出、資産形成の提案、啓発、推進）の3つを掲げている。

　生活応援運動の具体的なテーマのひとつとして、運動開始当初から労働金庫では多重債務問題の解決に向けた取り組みを強化してきた。その後改正貸金業法の完全施行（2010年6月）をはじめ、多重債務を防止するための法律や相談環境が一定程度整備されたことなどにより、金庫への多重債務に関する相談件数も、2014年度は1,169件（2008年度対比84.5%減）で、対象負債額は45億500万円（2008年度対比85.7%減）と、年々減少傾向にある。

表2-2-4　生活支援策としての融資制度

名　　称	摘　　要
教育訓練受講者支援資金融資制度	厚生労働省が実施する専門的かつ実践的な教育訓練に係る教育訓練支援給付金の支給決定を受けた人を対象に、給付金のみでは訓練受講中の生活費等が不足する場合の更なる支援策として設けられた制度
勤労者生活支援特別融資制度	勤務先事情による離職・収入減少などの事情を抱える勤労者を対象に、利用中のローンの返済条件の見直しや、借換時等の元本据え置きを行う制度
求職者支援資金融資制度	国の「求職者支援制度」による職業訓練受講給付金の支給決定を受けた人を対象に、給付金のみでは訓練受講中の生活費等が不足する場合の更なる支援策として設けられた制度

これを踏まえ、2012年度からの生活応援運動は、生涯生活（トータルライフプラン）を意識した「生活設計」や、冊子「マネートラブルにかつ！」等を活用し金融知識を高めるための消費者教育に取り組む「生活防衛」にも比重を置いて運動を展開している。2014年度は生活応援に関する研修会・学習会は13,033回開催され、274,542人が参加した。また、学生・生徒を対象とした研修会・セミナーは234回開催され、14,691人が参加した。

また、高金利の借り換えに加え、生活応援運動を具体化する生活支援策として、労働金庫は表2-2-4のように3種の融資制度を実施している。

■ 国内外の協同組合との協同

労働金庫は古くから勤労者福祉を目指す協同組合の一員として、労福協等を中心に国内外の協同組合との協同を追求してきたが、2000年代後半以降、各協同組合との協同が一段と進んでいる。

全労済については、1954年に大阪で労働者共済が創設されたときには、当時の大阪福対協（全大阪労働者福祉対策協議会）からの呼びかけとして、「問題は労働者が労働者を信じることである。われわれは労働金庫を立派に育てたのであるから、生命や火災の共済制度を育て得ないことはない」という力強い言葉が残されている。こうした思いと働く人の運動に支えられ、兄弟姉妹のように助けあいながら、労働金庫と全労済は、働く人たちの生活を豊かにするための金融・共済サービスに取り組んできた。

2009年4月からは全国の労働金庫が全労済の共済代理店として、「労金住宅ローン専用火災共済（付帯自然災害共済含む）」の募集業務を開始した。

また、労働金庫と全労済は共済代理の開始を契機に両者のパートナーシップをいっそう深めるため、「ろうきんと全労済がめざす新たな生活者福祉」と題するビジョンを策定し、2009年3月23日に

発表した。このビジョンに基づき、労働金庫と全労済は、協同による相談ツール「ろうきん・全労済 家計見直し［診断シート］」の作成をはじめとした協同の取り組みを進めている。

　生協については、各金庫で生協組合員向け取引が進んでいるほか、2015年6月16日には、労金協会と日本生活協同組合連合会の間で、「緊急災害対策等に係る相互連携協定」を締結した。この協定は、大規模自然災害の発生に際し、被災地域における生協および労働金庫独自では十分な対応措置ができない場合に、復旧・復興等支援活動について相互に連携し、被災地域・組合員のくらしを支援し、相互の事業活動の円滑な遂行を図ることを目的としている。

　国際協同組合同盟（ICA）については、労金協会は2010年に加盟を果たした。また、日本のICA加盟組織が、協同組合運動の連携と海外協同組合運動との連携強化を図ることを目的に設立した日本協同組合連絡協議会（JJC）にも労金協会は加盟し、毎年7月の「国際協同組合デー」関連の取り組みや、2012国際協同組合年（IYC）関連の取り組み等を通じ、協同組合間の連携に参加している。

4. これからの労働金庫の使命

■「ろうきん・あり方研究会」の問題意識

　労金協会は労働金庫が将来にわたって担うべき役割を研究することを目的として「ろうきん・あり方研究会」を発足させ、2011年10月〜2012年4月にかけ、計8回の研究会を行った。

　本研究会の報告書（労金協会のホームページからダウンロード可能）では、「近未来の協同組織金融」にはじまり、「消費スタイルの変化と労働金庫」「貧困解決のために労働金庫が果たす役割」「顧客起点のマーケティング」など幅広いテーマを取り扱っている。報告書

全体のトーンとしては、「労働金庫は、一般的経済取引において劣位に立たされたものが、メンバー所有の組織という場において、メンバーのために、メンバーが意思決定の主体となって、協同を通じて、経済的・社会的立場の改善を志向する組織体である。」(序章)のとおり、労金の社会的な役割を強調している。

本報告書のキーワードとしては「ソーシャルキャピタル」(人・組織間のつながりによって形成された信頼・規範・ネットワークなどを一種の資本とみなし、この資本が豊かになるほど社会は安心で効率的になるという考え方)のほか、「豊かな消費社会からシェアへのパラダイムシフト」「『全員参加の金融機関』としての市民ファンド」「労金と非営利型金融組織(NPOバンク等)との連携強化」「働く人にとってのコミュニティや連帯の基盤」などを挙げている。

■「ろうきんビジョン」が目指す姿

「ろうきん・あり方研究会」の議論の成果と、勤労者をめぐる環境の変化を踏まえ、労金協会は2014年9月、2015年度からの10年間で労働金庫がめざす姿を描く「ろうきんビジョン」を策定した。これは業態共通のビジョンとしては、「労働金庫のビジョン」(1984年)、「ろうきん・21世紀への改革とビジョン」(1996年)に続く3度目の策定となる。

本ビジョン(労金協会のホームページからダウンロード可能)では、勤労者をめぐるこれからの環境として、①人口減少・少子高齢化の進展、②雇用環境の不安定化と社会的セーフティネット機能の低下、③地域におけるコミュニティ機能の低下を挙げている。また、今後勤労者が必要とするものとして、①計画的な資産形成、②保有資産の活用と管理、③地域コミュニティ機能の充実を想定している。

その上で本ビジョンは、今後の労金の役割として、会員との連携を強調したうえで、①「勤労者の生活を生涯にわたってサポートし

ます」、②「非営利・協同セクターの金融的中核としてその役割を発揮します」、③「人と人、人と地域をつなぐことを通じて、『共生社会』の実現に貢献します」の3点を通じ、「勤労者にもっとも身近で信頼される福祉金融機関」を目指すことを掲げている。また、「リフォームやリノベーション」「非営利・協同セクターとの連携をこれまで以上に強化」「未組織勤労者や非正規勤労者等、幅広い層の勤労者へ共助・共感の輪を広げる」など、今日的課題にも言及している。さらに労金が役割を十分に発揮するための経営基盤の構築として、①金融機能の充実、②情報ネットワークの強化、③ITの戦略的活用、④人材育成、⑤強固な財務基盤の構築を掲げている。

■ **生涯取引推進・共助拡大への模索**

「ろうきん・あり方研究会」以降の業態における今後の労働金庫のあり方に関する検討を踏まえ、2013年度第4回協会理事会〔2013年9月26日〕では、「金庫役員間協議のとりまとめと今後の対応について（案）〜これからの労働金庫事業の方向性〜」について確認し、認識を共有化した。この中で掲げた諸課題を具体化するため、労金協会では協会・連合会・日信協・金庫の実務者によるワーキンググループ（WG）を2013年度下期より設置した。

WGは大きく「生涯取引推進WG」「共助拡大WG」の2系統に分かれる。生涯取引推進WGでは、「高齢者向け財産管理サービスの仕組みづくり」「中古住宅・リフォーム市場を取り込むスキームの構築」「持ち家資産の活用ニーズへの対応」の3テーマについて検討し、共助拡大WGは「勤労者のセーフティネットとなる地域組織の形成（勤労者互助会の機能拡充による「福利共済組織」づくり）」「非営利協同組織との連携・協同を通じた社会的事業の推進」「非正規雇用・未組織勤労者等に対する会員等と連携した推進施策」の3テーマを検討した。

各WGの検討結果は2015年9月までにそれぞれ協会理事会で承

認され、労金協会は各金庫・連合会等と連携して、検討結果の具体化を進めている。

【第Ⅲ節】全労済

1. 全労済とは

■ 労働者自主福祉運動としての原点

　全労済(全国労働者共済生活協同組合連合会)とは、人生で遭遇する各種のリスクに対応するための共済事業を営む生活協同組合である。

　全労済というとほとんどの人が名前くらいは聞いたことがあると思うし、また、何らかの共済を利用している人も多いのではないだろうか。しかし、全労済の正式名称を知っている人は少なく、そのなかに「労働者」という言葉や「共済生活協同組合」という言葉が含まれていることについて、その言葉の意味するところを理解している人は全労済の組合員でも少ないのではないだろうか。なぜ「労働者の共済」なのだろうか。

　そこで、全労済の成り立ち、歴史を簡単に紹介することから始めよう。

　「共助」にもとづく共済事業の必要性は、1950年ごろ、労働組合運動や生協運動のなかから芽生えてきた。1950年といえば、戦後の経済的壊滅期から復興期を経て朝鮮戦争による特需景気で成長へと向かう頃で、社会的にはようやく安定のきざしがみえてきたとはいえ、労働者の生活はいぜんとして苦しく、万一の生活上のリスクに備えることが困難であった。そういう労働者の生活実態のなかから万一に備えて、労働者自らの手による自主共済設立の声が高まっ

てきた。

　当時、すでに保険会社はあったが、生活に困窮している労働者は生活するうえで遭遇するリスクに対応することができなかった。そのことは、労働金庫の「終戦直後の労働者は銀行に預金はできても融資を受けることは難しく」(第2章第Ⅱ節参照) ということとあいまって、労働者自らによる金融機関（銀行・保険）設立への期待となっていた。

　そのような機運の高まりを背景として、1954年12月大阪で労働者の手による労働者のための共済事業が、火災共済を手始めに産声をあげ、翌55年5月には新潟で発足し、その後、燎原の火のごとく全国に広がっていくことになる。

■ 誕生したばかりの労働者共済運動が直面した試練

　しかし、発足したばかりの労働者共済事業は順風満帆とはいえず、大きな試練に直面することになる。1955年9月30日、新潟の労働者は共済事業を近隣の県にも広げようと北信越、東北ブロック会議を開催していた。この会議を契機として富山（56年1月）、長野（56年2月）と広がっていくのだが、会議が終了した真夜中（10月1日午前2時50分ごろ）に新潟市内を中心に焼け野原と化す「新潟大火」に見舞われることになる。

　この時点で、すでに組合員（加入者）は約1万名（件）、口数にして、19,000口という実績を有していた（当時、新潟の火災共済制度は、掛金年額200円、加入限度3口、支払い共済金は全焼1口につき15万円、半焼7万5,000円であった）。

　新潟大火により罹災した組合員は40名（件）、86口であったが、新潟の共済事業はスタートしたばかりで自己資本も万全でなく、支払共済金にして約1,000万円の不足金が生じるという事態に陥った。窮地に立たされた新潟ではあったが、組合員の信頼に応えるためにも、減額して支払うことや分割支払いをしないことを決定した。い

かに困難であろうとも、いまこそ県内労働者の友愛と信義と組織のちからに訴えて全額一括支払いをすることをきめ、県内有力35組合をつうじて労働金庫から融資を受け、1,267万5,000円（86口中半焼3口）を全額支払った。

スタートしたばかりの労働者共済運動のこのような迅速な対応は、罹災者を大いに感動させ、さらに県下の労働者のあいだに共感を呼び起こしただけではなく、全国の労働者に労働者共済運動の信頼性と必要性を認識させることになった。

そして、新潟大火をきっかけに非常事態や大災害に備えるために労働者共済運動の全国中央組織化の機運が高まってきた。1956年1月に誕生した富山でも同年、魚津大火に見舞われ、このときは所定の共済金の半額で支払いを打ち切らざるをえなかったことも、事業基盤の確立と運動推進のための中央組織の必要性の議論に拍車をかけ、1957年には、労働者共済事業の中央組織として「労済連（全国労働者共済生活協同組合連合会）」（全労済の前身）が、先行実施県18都道府県の参加のもと設立された。

労済連の設立の基本的な使命は、たすけあい運動としての共済事業の主体であるとともに、事業の基盤である勤労大衆の生活向上と文化的推進を目標とすることであると宣言し、そのためには労働組合、生活協同組合、労働金庫とつねに連携をとり、運動を推進するとした。そして、中央組織となった労働者共済運動は火災共済につづき、生命共済をスタートさせることになる。

こうして成り立ちを振り返ってみると全労済は戦後、生活に困窮していた労働者が災害というリスクに備えるために自主的につくった組織だということがわかる。したがって労働金庫を含めて、「労働者自主福祉運動」と呼ばれてもいる。では、「労働者」という言葉の意味合いは理解できたとして、もうひとつの「共済生活協同組合」というのは、何なのだろうか。

■ 共済生活協同組合としての全労済

　大阪をはじめ初期にスタートした共済事業は、福対協（労働者福祉対策協議会）」（現在の労福協）などの任意団体の事業であったが、1957年東京がはじめて生協（生活協同組合）として設立認可を得て以降、既存の労働者共済事業団体の生協法人化が進み、労済連も1958年、生協法（消費生活協同組合法）にもとづく法人として認可を取得した。

　そのように全労済は任意の「労働者福祉事業団体」として出発するが、法人格を取得することにより、「共済生活協同組合」となったわけで、正式名称の「労働者」と「共済生活協同組合」はそのような歴史的経緯によってつけられた。したがって今日でも全労済は

COLUMN

労働者自主福祉事業団体に組織する労働組合の連携

　2010年12月6日、東京都内で"連帯・協同でつくる安心・共生の福祉社会にむけて"をテーマにした「労働者自主福祉シンポジウム」が開催された。主催は、労働金庫業態に組織している14単組の上部団体「全国労働金庫労働組合連合会（略称／全労金）」と、全労済グループに組織している10単組の上部団体「全国労済労働組合連合会（略称／労済労連）」で、どちらも協同組合の労働者自主福祉事業団体で働く職員で組織している労働組合組織である。

　全労金と労済労連は、福祉事業団体の発展と労働運動を進める双方の役割を持つ組織として、この間、労働金庫と全労済が協同組合としての社会的責任を果たすことを目的に、「労働金庫・全労済グループの協同事業に向けた基本政策」「ろうきんと全労済の『新しい事業連携と協同』に向けた声明」を取りまとめるなど、事業体側に対する政策提言活動を積極的に進めてきた。

「労働者自主福祉」と「生活協同組合」の両面の性格を併せ持った組織となっている。

生協法人となった労済連は、1959 年の第 2 回通常総会で、労働者共済運動の健全な推進をはかるために各県に加入者 1 万名達成を提唱し、不測の危険に遭遇した場合に備える事業基盤の安定にむけた取り組みを開始した。

また、事業展開も 1962 年の総合（慶弔）共済の実施、さらに 1965 年には団体生命共済の実施など事業・運動の基礎を着実に築いていった。総合（慶弔）共済の実施にあたっては、企業による企業内福利に対抗する労働組合の共済制度として、労働者共済運動と労働運動の連携を訴え、未組織労働者の組織化を含めた組織強化を

このシンポジウムは、これらの政策実現とあわせて、新たな時代に求められる「労福協の理念と 2020 年ビジョン（2009 年 8 月策定）」が提起した"連帯・協同でつくる安心・共生の福祉社会"の実現にむけて、労働金庫・全労済の社会的役割を広く内外に示すとともに、福祉事業団体の役職員と会員・協力団体が「ともに運動する主体」であるという認識を共有し、理念と実践・行動を一致させた事業と運動を展開していくことを目的として開催した。それは、労働金庫と全労済が、労働組合の組織強化や社会的労働運動の推進を目的に、相互扶助の精神を具体化した労働者自主福祉運動として設立に至った背景があり、全労金と労済労連はこうした設立の原点・精神、歴史を継承し、協同組合の原則（1995 年 ICA 声明）に謳われている「倫理的価値」を信条とする社会運動としての労働金庫・全労済事業を展開していくことが重要であると考えたからである。

こうした全労金と労済労連の取り組みは、全国各地で「労働者自主福祉シンポジウム」が開催されるなど、福祉事業団体に組織する労働組合の新たな役割として注目されると同時に、労働団体と福祉事業団体の連携強化に不可欠な存在となった。

呼びかけた。

つづいて実施した団体生命共済は、団体の構成員がまとまって加入する、死亡、障害、入院に備えるための相互に助け合う生命共済であり、火災共済とともにその後、主力制度となった。

このように労働組合を核としながら事業基盤の基礎固めが進んでいくなかで、労済連結成以来の念願であった組織の全国統一にむけての検討が開始されることになった。当時、労済連は労働者共済運動の中央組織とはいえ、各県の連絡調整機関としての域を出ず、名実ともに労働者共済事業・運動のセンターとなるべき全国組織統合が内外ともに切望されていた。

そして、1970年代に入ると全国組織統合への動きは加速し、全国の統合に先がけて地域ブロックごとの統合や各県で取り扱いが異なっていた共済制度の統一化などの準備が進められ、1976年、全国組織統合（全労済）が実現の運びとなった。

そこでは、①運動方針の一本化、②共済制度の一本化、③損益会計の一本化、④機関・事務局運営の一本化の、いわゆる全国統合四原則を確認した。

全労済は発足当時より、労働組合を中心とした職域で培った基盤をもとに、助け合いの輪を地域へ広げようと模索していたが、地域では全労済の認知はまだまだ低く、なによりも地域向けの主力となる共済制度をもっていなかったこともあり、期待に応えられるような成果を上げることはできなかった。それが、1983年の地域向け共済制度である「こくみん共済」の実施を機に地域での推進は大きく進展することになる。

2. 全労済の各種共済と経営の現状

■ 生活リスクに対応する共済のラインナップ

現在では、組合員の生活全般にわたるリスクからくらしを守り、一人ひとりに合った保障設計ができるよう、①遺族保障、②医療保障、③障がい・介護保障、④老後保障、⑤住まいの保障、⑥くるまの補償の6つの分野に分け、生涯にわたり総合的にサポートする各種共済を提供している。(図 2-3-1)

図 2-3-1　全労済の保障の仕組み

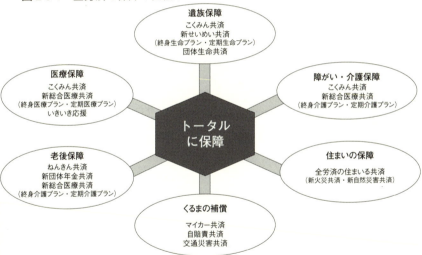

■ 事業概況

2014年度（2014年6月1日〜2015年5月31日）の事業概況についてみてみると保有契約は契約件数3,317万件、受入共済掛金5,959億円、契約高767兆円である。

主力共済の契約件数は、2015年2月に「全労済の住まいる共済」

として制度改定した「火災共済」「自然災害共済」がそれぞれ454万〜205万件、「団体生命共済」が562万件、「こくみん共済」が628万件、「マイカー共済」が215万件、そして、「個人長期生命共済」が109万件という状況である。

また、2014年度の共済金の支払額は、満期共済金や自然災害の支払いが前年に比べて減少し、204.5万件、3,217億円となり、割戻金375億円を合わせて、組合員への共済金、割戻金の合計は3,592億円となった。

さらに、主な経営指標としては、会員資本に異常危険準備金、価格変動準備金を加えた修正自己資本比率が20.8％、基礎利益も1,404億円と、共済事業として十分な支払保証資本、ならびに経営水準が維持されている。

なお、契約件数と受入共済掛金、並びに契約高、さらには共済金支払いの直近3年間の推移は図2-3-2のとおりである。

図2-3-2　全労済の契約高などの推移

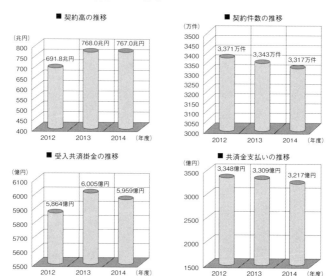

【第Ⅲ節】全労済

■ 全労済の組織

　全労済は「連合会」と「単一事業体」という二つの性格をもっている。連合会としての全労済は、①都道府県の区域ごとに設立された地域の勤労者を主体とする共済生協＝47会員、②都道府県の区域を超えて設立された職域による労働者を主体とする共済生協＝8会員、③生協連合会＝3会員、単一事業体とは、そのなかで運動方針、損益会計、共済事業、機関・事務局運営（前述した統合四原則に即した団体）などを一本化し、単一事業体として運営を行っている。（表2-3-1）

表2-3-1 全労済の組織

都道府県の区域ごとに設立された地域の勤労者を主体とする共済生協＝47会員
北海道労済　青森労済　岩手労済　宮城労済　秋田労済　山形労済　福島労済生協　茨城労済　栃木労済　群馬県労生協　埼玉労済　千葉労済　東京労済　神奈川労済　新潟県総合生協　長野労済　山梨労済生協　静岡労済　静岡労済　富山労済　石川労済　福井労済　愛知労済　岐阜労済　三重労済　滋賀労済　奈良労済　京都労済　大阪労済　和歌山労済　兵庫労済　島根労済　鳥取労済　岡山労済生協　広島労済　山口県共済生協　徳島県共済生協　香川労済　愛媛労済　高知労済　福岡労済　佐賀労済　長崎労生協　熊本労済　大分県総合生協　宮崎共済　鹿児島県労済生協　沖縄県共済
都道府県の区域を越えて設立された職域による労働者を主体とする共済生協＝8会員
全国交通共済生協　JP共済生協　電通共済生協　教職員共済　森林労連共済　全たばこ生協　自治労共済　全水道共済
生協連合会＝3会員
日本再共済連　日本生協連　コープ共済連

（出所：全労済ファクトブック）

全労済の組合員になるには、出資金が必要であり、出資金を納め組合員になれば各種共済の利用や運営に参加することができる。このように全労済は共済生協として、出資・利用・運営参加という三位一体の組織運営をとっている。この組合員主体の組織運営こそが株式会社とは異なる共済生協の特徴である。株式会社が株主の利益を優先するのにたいして、共済生協である全労済は組合員の利益を最優先する組合員どうしの相互扶助の事業・運動である。

　保険も共済も生活リスクに備えるためのものには変わらないが、共済生協は組合員が自発的に団結した自治のアソシエーションという特色をもっている。

3. 全労済の理念と諸活動

■ 全労済の理念

　全労済は50周年（2007年）を機に、原点に立ち返り、これまでの50年で培われた精神と、これからの50年を大事にする精神を再確認する全労済の理念、「みんなでたすけあい、豊かで安心できる社会づくり」を制定し、理念を将来にわたる最上位概念として、変わらぬ価値観、事業運営における基本的な価値・態度・信条として位置づけた。

　理念の「みんなでたすけあい、豊かで安心できる社会づくり」には、つぎのような意味が込められている。

「みんなで」　全労済に集う組合員、さらにはすべての勤労者・生活者を意味します。また、生協の理念である「万人が一人のため」という万人の意味を付しています。さらに、組合員の自主的参加を高めていくという意味を込めています。

「たすけあい」労働者のたすけあいからスタートした全労済創立当初からの礎であることを意味します。また、これからの50年も共済であること、そして共助の精神を持ち続けることが全労済の不変の存在意義であることを意味しています。

「豊かで」　経済的な豊かさとともに精神的な豊かさの向上を意味します。また、全労済の出発点である「労働者のためのより安い保障」から、より経済的な保障を得ることで精神的な安心を得るという共済本来の役割も意味しています。

「安心」　たすけあいの成果であることを意味します。さらに、社会不安の解消こそが現在から未来に向かって欠くことのできない変わらぬ価値観であることを意味しています。

「社会づくり」全労済が労働者福祉運動として始まった歴史的経過を踏まえ、個々の組合員の生活向上に止まらず、社会全体に貢献していく姿勢を意味します。また、共済というたすけあいの輪の広がりが運動となり、より良い社会の実現に向けて行動していくという、協同組合運動の趣旨も意味しています。

（出所：全労済ファクトブックより転載）

　全労済は目指すべき社会の姿として、「共生の社会」を展望している。そして「共生の社会」の実現のためには、自己利益を優先する競争社会で行われてきた一方通行の扶助ではなく、人と人とのつながりを大事にし、お互いにたすけあい、尊重することが、本当に豊かな社会へとつながっていくと考え、その実現のために全労済は事業・運動を担っていくとしている。

　次に全労済が取り組んでいる事業・運動の諸活動を紹介する。

■ 阪神・淡路大震災の取り組み

　1995年1月17日の地震発生後、全労済はただちに特別非常態勢を敷き、全国から延べ3,672名に上る職員を動員して調査活動を実

施し、9万3,958件、185億円の共済金・見舞金を支払った。(共済金:3万1,145件、20億円／見舞金:6万2,813件、165億円)

この際、全労済は、地震見舞金制度の支払い基準を改定し、支払い限度額の引き上げを行うとともに、特別措置として、組合員または組合員の同居親族が死亡した場合に「特別見舞金」として1世帯当たり1万円を支払い、また、火災共済に20口以上の契約があり、建物の損害が20万円を超え100万円以下の場合には、一律2万円の支払いを決定した。

また、全労済は、こうした大規模な自然災害から生活を守るための保障制度に関する公的な支援のしくみの構築が必要であることを痛感し、1996年7月に全労済、兵庫県、神戸市、連合、日本生協連、社会経済生産性本部の6団体からなる「自然災害に対する国民的保障制度を求める国民会議」を立ち上げ、2,500万人署名活動に取り組んだ。

この国民的な取り組みが大きな力となり、1998年5月には「被災者生活再建支援法」が成立し、まさに国と都道府県による公的な生活再建支援として、「全壊の場合、最高100万円の支援金」が支給されることとなった。そして、この制度はこれまでに2回の改正が行われ、2015年12月現在、最高で300万円の支援金が支給される制度となっている。

阪神・淡路大震災の経験は、全労済にとって、共済制度における保障強化の必要性もあらためて認識する契機となった。火災共済だけでは保障が十分でなく、風水害や地震による住宅損害を担保するためさらなる共済制度として、1997年10月に単産共済生協など、全労済グループ各会員の代表者からなる「自然災害保障制度運営委員会・準備会」を設立し、グループとしての実施形態や保障制度の内容等について協議を重ね、2000年5月に「自然災害共済」がスタートした。

■ 東日本大震災の取り組み

　2011年3月11日に発生した東日本大震災から早や5年が経過した。地震発生後、全労済は同日夕刻に本部防災委員会を開催し、「1号災害（全国域での支援体制をもって対応する大規模な災害区分）と認定するとともに、「全労済災害対策本部」を設置し、被災状況等の情報収集や被災対策方針の策定に着手した。そして、組合員のお見舞いと迅速な共済金・見舞金の支払いを目指して取り組みを開始した。

　現場調査はオール全労済として取り組み、全国からの支援動員数である総計5,719名（延べ35,685名）が被災地での調査活動にあたった。しかし、巨大津波や原発事故など未曽有の大震災だったことで、審査・認定の面でもこれまでの基準にない判断が求められた。このため、災害現場の実情を踏まえながら、新たな認定基準の策定、書類審査の積極的採用（原発エリアでの自己申告書、津波エリアのGIS＝地理情報システムでの判定、自治体の罹災証明書の活用等）や契約保全を含めさまざまな特別措置を講じて対応した。

　そして削減規定を適用せず全額を支払うこととし、2014年12月末時点の全制度合計で1,262億円を超える共済金・見舞金を支払った[1]。

　復興への道のりはまだ遠く、被災地では、今なお津波で住宅を失うなどして、仮設住宅での生活を強いられている方々や原発事故による放射能汚染で避難を余儀なくされている方々が多くいる。全労済は、今後も引き続きさまざまな支援の取り組みを展開していくとしている。

■ 生活保障設計運動

　全労済は組合員の生活を考えるにあたって、たんに国や会社など他人に任せるのではなく、組合員がどのように生きていくかを考え、組合員自らがその設計を行う必要があるという考えから「生活

保障設計運動」をすすめている。

　労働組合などの多くの職域協力団体においては、「保障設計運動」が福祉活動の柱として展開されていることもあり、日ごろから労働組合員に対応されている福利厚生担当者や執行部の方々にライフプランの考え方や関連知識に関する講座を開催、日ごろの活動にその知識を活かしてもらうために、全国で、「生活保障プランナー」を養成する取り組みを行っている。2004年8月の全国展開スタートから約10年を経過し、プランナー修了者は全国で、18,708名に達している（2015年5月末現在）。

　さらに、①保障の最適化と家計支出の軽減のための「保障設計運動」、②「生活保障設計運動」（保障計画・資金計画）の提案を発展させ、③「生涯にわたる安心の実現と豊かなくらしの創造」と「組合員の永続的な事業活用の実現」という「生涯生活保障設計運動」を21世紀の事業活動としてすすめている。

　全労済の保障についての考えは保険や共済などの私的保障を中心としたものではなく、社会保障などの公的保障や企業・団体内保障をベースに私的保障を考えるというものではあるが、社会保障や企業・団体保障が将来的に不安定な現在、生活リスクに対応する共済という形での私的保障の必要性はますます高まっていると考えられる。

■ 社会貢献活動

　協同組合原則（1995年原則）の第7原則には「コミュニティへの関与：協同組合は、その組合員によって承認された方策をとって、コミュニティの持続的な発展のために活動する」[2]という項目が追加され、協同組合は組合員の豊かなくらしのために奮闘するのみではなく、地域社会を豊かにするためにも取り組まなければならないとした。

　全労済も共済生協として、地域での事業・運動については積極的に取り組んできた。なかでも「防災・減災」「環境保全」「子どもの

健全育成」の活動を重点分野として取り組んでいる。

 防災・減災のための取り組みとして、「防災カフェ」がある。「防災カフェ」は、内閣府が国民の防災意識を高めてもらうため、出前講座として推進しているイベントであるが、これに全労済はジョイントして取り組んでいる。地震や台風などの自然災害にたいして、だれでも、ちょっとしたことで自分の身を守ることができ、被害を小さくすることができることを、「楽しく分かりやすく」をモットーに非常食の試食や専門家などによる講演会、防災科学実験ショー、防災ゲームなど、さまざまなイベントを組み合わせて子どもから大人まで、家族連れで参加できるプログラムとなっている。

 共済制度に関することでは、「全労済の住まいる共済（新火災共済・新自然災害共済）・エコ住宅専用」がある。「エコ火災」は社会に役立つ共済として、毎年の決算状況に応じて、環境活動団体へ寄付する共済である。通常の「全労済の住まいる共済」と同じ保障内容で掛金は割引になり、社会にも組合員にも優しい共済となっている。

 また、環境活動では、美しい地球環境を守り、協同組合らしさを発揮して活動をすすめるため、「全労済環境方針」を2000年8月に設定し、事業活動分野では、「エコ火災」の推進として全労済指定の「エコ設備」住宅の利用推進の取り組みや、マイカー共済の損害調査対応時に自動車の修理部品としてリサイクルパーツの利用促進を図ることや、審査資料のペーパーレス化を促進している。そのほか事務所の環境保全として、電気使用料の削減、コピー用紙や事務用品量の使用削減、グリーン購入の推進などに取り組んでいる。

 地域貢献助成事業としては、2015年は、「未来の子どもたちに豊かな自然を残すために、今と未来を生きる子どもたちのために」をテーマに、全国の環境活動および子育て・子育ち支援活動に関わるNPOや市民活動団体などから助成団体を募集し、319団体より応募があり、そのなかから73団体に総額1,971万5,390円を助成した。

この助成事業は、1992年より継続して取り組んでおり、活動の輪が広がることにより、人と人とのきずなが強まり、地域コミュニティの形成、発展、再生につながることが期待される。また、障がい者、高齢者を対象とした支援活動や災害対策の支援活動を実施している社会福祉法人などにも継続して支援を行っている。

■ **協同組合間の協同**

協同組合原則の第6原則では、「協同組合は地元の組織、全国組織、広域組織、そして世界的な組織を通じて協同して活動することにより、自分たちの組合員に最大限の貢献をするとともに、協同組合運動を強固なものとする」[3]とある。

労働金庫との協同は、第Ⅱ節「労働金庫」で紹介されているので省くが、労働金庫以外でも生協との事業提携として、コープ共済連およびその会員の地域生協とは、「CO・OP火災共済」「CO・OP生命共済)《新あいあい》」の制度提供などの各種取り組みをすすめている。

また、共済事業を実施している団体でつくる「日本共済協会」へも積極的に参加している。日本共済協会は、「協同組合が行う共済事業の健全な発展をはかり、地域社会における農林漁業者、中小企業者、勤労者などの生活の安定および福祉の向上に貢献する」とし、各種研究会の実施、共済団体の役職員のスキル向上と情報提供のための教育・研修会の開催、セミナーの開催などに取り組んでいる。

国際活動では、「国際協同組合同盟」（ICA）への加盟、その専門委員会である「国際協同組合保険連合」（ICMIF）に加盟し、国際的な相互協力の活動もすすめている。

■ **「Zetwork-60」の取り組み**

全労済は創立60周年を迎える2017年度までの中期経営政策「Zetwork-60（略称：Z-60)」を策定した（4カ年計画）。この

「Zetwork-60」とは、全労済の頭文字「Z」とつながり、結びつきを示す「Network」を組み合わせた造語であり、組合員の「共感・参加・信頼」を実現し、全労済の社会的役割が広く認知され、全労済の運動と事業を通じて、「人と人」「人と社会」「人と自然」の結びつきを高めていくことを表現している。また、創立60周年に向け、これまで培われてきた先人たちの思いと成果を受け継ぎ、原点に立ち返って全労済の理念と安定した事業基盤を次世代につなげていくとともに、役職員一人ひとりの働き方を見直し、全員が一丸となって新たな全労済に生まれ変わろうとする思いも込めている。

「Zetwork-60」の6つの約束

①組合員・協力団体の皆さまが納得・満足できる共済制度を提供し、簡単、便利でわかりやすく、確かな安心を届ける。

②組合員の皆さま一人ひとりの声を全労済の運動・事業に反映し、組合員満足を高めるしくみづくりをすすめる。

③組合員の皆さまが全労済の一員であることに誇りを持てる、協同組合らしい社会に貢献する取り組みを実践する。

④超大規模な自然災害の発生等、さまざまな経営リスクに対して、常に健全で安定した事業運営を可能とする態勢の構築と事業基盤の確立をはかる。

⑤組合員・協力団体の皆さまに信頼され続ける組織であるために、魅力的な人材の育成と前例にとらわれない内部改革に取り組む。

⑥全労済だけでは成し遂げることのできない課題の実現に向けて、協同組合間の幅広い連帯・連携の強化をさらにすすめる。

そして、「Z-60」政策である3つの改革、「事業構造改革」「組織改革」「意識改革」を断行し、最重要目標としている「事業の回復」と「常に健全な事業基盤の確立」を実現させることにより、めざす2017年度には組合員の「共感・参加・信頼」を得て、より魅力的

な保障の生協として成長した姿を実現するとしている。

　ここまで全労済の歴史、現状をみてきたが、創立当初の試練を協同の力で乗り越えて、今日まで着実に事業・運動は広がってきている。これから組合員の「共感・参加・信頼」を実現するとともに、さらに全労済の社会的役割を発揮していくためには、どうしたらいいか考えてみることにする。

4. 全労済の課題とこれから

■「共感・参加・信頼」を得るために

　全労済は生活者や組合員からどう見られているのだろうか。全労済協会[4]が実施したアンケート調査[5]から見てみることにする。この調査はわが国の各種協同組合に関する調査であり、また全労済は都道府県県民共済などとともに「共済生協」として分類されており、全労済単独の調査ではないのだが、全労済のこれからを考えるうえでは貴重な調査結果となっている。

　この調査によると全労済などの共済生協に対し、勤労者や生活者の認知は、「よく知っている」から「聞いたことがある」まで含めると90%以上と高いものの、「協同組合」だと認識しているのは34%程度にとどまっている。対象を加入者（組合員）だけを抽出して分析した結果では41%と上昇するが、それでも半数には至っていない。全労済は、「協同組合」であるということが、勤労者や生活者だけではなく、組合員にも十分には浸透していない結果となっている。また、「協同組合」そのものについて聞いたところ「営利を目的としない」団体であるということの理解も加入者（組合員）の間でも半数に及んでいないことも明らかになっている。

　この結果から、全労済としては、今まで以上に理念や目的を組合

員や広く社会に向けて発信していくことが、喫緊の課題であることがわかる。全労済の存在意義を明確に社会にアピールすることは、組合員の理解を深めるだけではなく、共感を生み出すことにもつながっていくことでもある。

　それは全労済などの共済生協の組合員の「加入の理由」として、「事業を利用したいから」についで、「考え方に共鳴した」と25%以上、組合員の4人に1人がそう答えていることでも明らかである。この数字をどう評価するかはあるが、少なくとも理念や目的が十分に伝わり、理解を得ることができれば、共感につながり共感は加入にも結びついていくことを示しているといえる。

　アンケート調査は、組合員の運営参加についても聞いている。全労済は組合員が地域や職域の運営に自主的に参加することで支えられている協同組合である。運営の主体はあくまで組合員であり、全労済も多くの組合員が職域や地域で運営参加や各種のイベントなどに参加している。しかし、調査結果では全労済などの共済生協の組合員の90%近くは、「総代会やイベント（セミナー・シンポジウム・勉強会・集会など）」には参加したことがないと答えている。一方、運営参加への参加意向では、「参加したい」と明確に答えているのは3.7%と少数ではあるが、「どちらかというと参加したい」が40%を超え、参加に前向きな層は45%と半数近くにもなる。では、参加意向はあるものの、運営や各種イベントに参加しないのはなぜなのか。

　参加を逡巡する理由としては、「仕事や学業が忙しいから」「人間関係が煩わしいから」「金銭的余裕がないから」「十分な情報がないから」が上位を占めている。この参加を逡巡する理由は、何も全労済などの共済生協に限ったことではない。地域・市民活動においても同じような理由で、参加を逡巡していることが、これも全労済協会の調査[6]で明らかになっている。

　このような参加を阻害する要因を配慮し、また、参加したいと思

いながらも参加に踏み込めないでいる組合員も参加可能な柔軟性のある仕組みづくりの考案が求められている。同時に、なぜ協同組合において組合員参加が望まれるのか、その理念や目的について組合員の理解を求めることも必要となる。組合員は参加をきっかけに全労済を身近に感じることになり、組合員と全労済の親和性が高まることにより、信頼関係もさらに強まることになるであろう。

組合員や勤労者、生活者を取り巻く環境は依然として厳しく、社会不安や生活不安が高まるなかで、人と人のつながりを大事にし、お互いにたすけあい、豊かな社会を実現するために全労済の果たすべき役割は、ますます重要になってくるだろう。「自己利益」優先

COLUMN

労働者自主福祉事業団体に働く労働者の労働組合に求められる役割

労働者自主福祉事業団体は事業体であるとともに、労働運動によってつくりあげられた労働者自主福祉を推進する運動体でもある。そうした運動と事業という2つの性格を有する組織である労働金庫や全労済に働く労働者で構成される労働組合に求められる役割について、大きく3つの点から考えてみたい。

1点目は、労働組合の本来機能である事業体（経営）に対するチェック機能の発揮と強化である。一般的には、企業の経営状況や事業活動に対する労働組合としての検証活動であるが、運動と事業を車の両輪として推進する全労済に対しては、経営状況や事業活動だけではなく、事業に対して運動の側面からのチェックも必要となる。事業体であるからには、これからも社会に存在し保障を提供し続ける組織でなければならない。一方で、事業活動にあたって運動や理念が忘れられるようなことがあってはならない。労働組合として、運動と事業という両面が担保されているのかという観点から活動を強化

の社会から、「共生の社会」の実現のためには、労働組合や労働者自主福祉事業団体、協同組合団体との幅広い連帯・連携の強化が求められる。そして、「共生の社会」は、組合員はもとより、社会的孤立や貧困などに瀕している社会的弱者といわれる人びとも、排除することなく包摂することを原則に展望されなければならないだろう。全労済運動・事業に社会的弱者をいかに包摂していくかは、これからの大きな課題でもある。

　それは、困った人びとがお互いにたすけあうことを原点とする全労済の「共助と連帯」の具現化への期待でもある。

していくことが不可欠である。

　2点目は、労働組合としての組織化と組合員教育の強化である。全労済に働く労働者は、一人ひとりが労働者自主福祉運動を推進する担い手である。中央労福協の「労福協の理念と2020年ビジョン」でも触れられているように、「事業団体と労働組合の関係があたかも『業者』と『お客さま』の関係に変容してきたのではないか」との指摘の一因には、労働者自主福祉運動の推進役として現場の最前線にいる者の意識や行動が、長い歴史の中で変容してきたのではないか、ということも考えなければならない。

　3点目は、全労済に働く労働者の労働組合として、他の労働組合組織との運動の強化である。これは、事業体と労働組合との関係ではなく、同じ労働運動を行っている仲間として運動の輪を広げていくことにほかならない。歴史的に見れば、労働者は自分たちの地位や生活向上のために協同組合という仕組みを採用し、日本では労働運動の一環である労働者自主福祉運動として取り組むことで、労働組合組織の強化につなげてきた。全国組織である労働金庫や全労済に働く労働者の労働組合として、各地の労働組合との連帯を強化することで労働運動全体の発展につなげていく。そうした観点からの取り組みがいっそう求められている。

注

1) 支払い件数の内訳　自然災害共済：96,365 件、地震等災害見舞金：195,574 件、慶弔共済：52,761 件、生命系共済：1,168 件
2)「協同組合を学ぶ」中川雄一郎・杉本貴志編　全労済協会監修「1995 年原則」（杉本訳）
3) 注 2 と同じ
4)「全労済、日本再共済連、全労済協会」全労済グループ基本 3 法人のひとつ
5)「協同組合と生活意識に関するアンケート調査」（2012 年）
6)「勤労者の生活意識に関する調査」（2013 年）

【第Ⅳ節】生活協同組合

1. 生協運動の歴史的系譜

■ **戦後における生協の再建と労働者福祉事業**

　日本の生協の歴史は19世紀後半に遡ることができるが、1920年前後には労働運動に関連した労働者志向の生協、従業員にサービスを提供する会社・工場付属生協、中産階級の人びとによって組織された市民生協という3つのタイプの生協が現れた。しかし、日中戦争から太平洋戦争へと戦争が激化するなかで、ほとんどの生協は窒息させられていた。労働者志向の生協は軍国主義的な政府によって解散させられたが、一方市民生協は1942年の食糧管理法により配給権を剥奪され、その施設の多くは空襲によって破壊された。生協運動の遺産は戦前の指導者によって継承されたが、生協は戦後ゼロからスタートしなければならなかった。

　終戦直後の食品や日用品の極度の欠乏の中で生存のための強い要求が噴出し、労働組合運動や他の社会運動が急速に拡大した。生協は労働運動とともに、隠匿物資の摘発と公正な分配を通じて食料不足に対処するために、生活必需品の民主的コントロールを求めて請願した。農家から食料を調達することを目指して小さな生協が町内会や職場で組織された。これらの「買出し組合」は全国各地で急増し、1947年には全国で6,500に達した。1945年にはすべてのタイプの協同組合を受け入れる連合組織になることを意図して賀川豊彦とさまざまなイデオロギーをもった協同組合指導者によって日本協

同組合同盟（日協同盟）が設立された。しかし、農地改革の結果誕生した多数の小規模自作農家を保護することを目的として 1947 年に農業協同組合法が制定され、その後産業政策に沿って個別の協同組合法が制定された。1948 年には消費生活協同組合法（生協法）が制定され、これに基づいて 1951 年に日本生活協同組合連合会（日本生協連）が設立された。翌年、日本生協連は ICA（国際協同組合同盟）に加盟した。

　1950 年代には、労働組合運動が飛躍的に拡大し、労使関係における団体交渉という主な機能を補完するために生協は労働者福祉事業を支援する役割を引き受けた。労働組合と生協間の共同行動を促進するために、1950 年に労働組合の連合組織と日協同盟によって労働組合福祉対策中央協議会（後に労働者福祉中央協議会と改称）が設立され、1951 年から 1953 年にかけて全国で都道府県福祉対策協議会が組織された。労働組合と生協は、労金や労済、勤労者住宅協会などの労働者志向の協同組合を設立するために協力した。最初の労金は 1950 年に岡山県で生協によって市街地信用組合として設立されたが、2 番目の労金は同じ年に兵庫県で労働組合の取り組みによって設立された。また、日本生協連は 1953 年の労働金庫法の制定に尽力するとともに、1957 年に労働者共済生協連（労済連、1976 年に都道府県労済と統合して全労済となった）の設立を支援した。

　1950 年代には、労働組合の後援の下、しばしば地方労政事務所の支援を受けて、地域勤労者生協が設立された。彼らは労働者の多様なニーズを満たすための事業を実施し、生協の第二の高揚期をもたらした。地域勤労者生協は、スーパーマーケットが出現する前に地方都市で一般の小売店に比べて比較的大きな店舗を運営し、多種多様な食品や消費財を提供した。生協は労働組合員を自動的に生協組合員として登録し、広範囲の消費者を引き付けることにより迅速な成功を獲得したが、これは小売業者からの強い反発を引き起こし、強烈な反生協運動につながった。

しかし、これらの生協の成功はマネジメント能力と組合員教育の欠如のために短命に終わった。とくに、1950年代後半に、より進歩的な小売業者によって導入された新興のスーパーマーケットと競争することができなかった。いくつかの生協は失敗から学んで消費者志向の政策を採用することにより、市民生協に転換した。

一方、職域生協は、労働組合の取り組みによって、しばしば使用者からの現物支援を得て設立された（例えば、経営者や従業員の出向や無料・低額料金での食堂・店舗のレンタルなど）。これらの生協は、労働組合員の生活必需品のニーズに応えるために労働組合によって支援され、国・県や市町村レベルでの公務員、小学校・中学校・高校の教員、炭鉱労働者や船員によって広範に設立された。職域生協は労働組合のストライキやその後の組織の分割に直面したとき、多くの困難が生じた。多くの場合、分裂した労働組合に対して中立を維持しようとしたが（日鋼室蘭生協など）、少数派組合との関係を断って使用者が支援する多数派組合に接近する傾向があった。一方、炭鉱の所有者はしばしば従業員のための社員食堂や売店を設置したが、炭鉱労働組合は低賃金の上に第二の搾取をするための「トラックシステム」であるとしてこれらの施策に反対し、購買会奪還闘争を推進した。その結果、その大部分は、炭鉱生協が所有し、運営する施設に転換した。

■ 高度成長期における日本型生協の発展

大規模インフラ（高速道路、新幹線、空港など）への投資や国内消費と輸出のための重化学工業の発展を通じて1950年代後半に高度経済成長が始まった。このプロセスは石炭から石油・原子力へのエネルギーシフトを伴い、また農村から都市への大規模な人口移動をもたらした。工業化と都市化は、生産、流通、消費パターンの革命的な変化とともに進行した。食品メーカーは加工食品の大量生産・大量消費のために流通システムを開発したが、深刻な健康問題を引

き起こす可能性がある食品添加物を多用するようになった。生鮮食品も農薬や抗生物質の幅広い利用により、ますます工業化された方法で生産されるようになった。

　消費者は、これらの化学物質、高インフレ、不当表示、空気や水の汚染に関心を持つようになった。このような状況は、より安全な食品やより良い環境をめざす消費者運動に勢いを与えた。1960年代と1970年代には、食品添加物、管理価格、不当表示、洗剤による水質汚染や湿疹・喘息の原因となる大気汚染に対して大規模な消費者キャンペーンが組織された。啓発された主婦は家族、とくに子どものために混じりけのない牛乳を確保するために多くの場所で共同購入による「10円牛乳運動」を開始し、牛乳を注文し、受け取るための班グループを結成した。60年代以降、これらの共同購入運動からさまざまな背景を持つ市民生協が誕生した。大学生協は、札幌、埼玉、名古屋、京都で職員と専門知識を提供することにより主婦の生協づくりを支援したが、東急労働組合は東京と横浜で生活クラブ生協の設立をバックアップした。

　既存の生協も市民生協に合流した。灘神戸生協は1977年に御用聞きを共同購入に転換したが、労働者志向が強かった横浜生協は60年代に班グループを採用し、1975年に他の生協とともに神奈川生協に合併した（1989年にコープかながわに改称）。鶴岡生協は、1955年に地区労働組合協議会と地方労政事務所の支援によって設立されたが、すぐに労働組合員に加えて主婦が参加する形態に転換し、第二次世界大戦前の生協の経験に学んで班グループを組織した。1985年までにすべての県庁所在地で市民生協が活動するようになった。

　日本生協連は、10円牛乳運動を促進するためのCO-OP牛乳、水と健康への影響を軽減するためのCO-OP洗剤・石鹸、管理価格反対運動を支援するためのCO-OPカラーテレビなど、消費者キャンペーンを反映した代替的な商品を開発した。このプロセスのなか

で、女性、とくに主婦が支配的な組合員構成、班グループを通じた共同購入、強力な社会運動の次元という特性をもつ日本型生協が誕生した。

1980年代には各県で多くの生協が合併して全県一円を活動エリアとする拠点生協が設立され、店舗のチェーン展開など事業面の新しい試みに乗り出した。生協法は生協の活動区域を県域に限定してきたが、経済・流通の広域化に伴いに地域生協は県域を超えて事業連帯を強化する必要に迫られ、商品の開発・共同仕入れ、物流やシステムの共同化のために事業連合を結成するようになった。1990年には生活クラブ事業連合、首都圏コープ事業連合（2005年にパルシステムに改称）および神奈川県を中心とするユーコープ事業連合が厚生省に認可された。また、この年に店舗事業を中心とする11の拠点生協によって発足した日本生協店舗近代化機構〈コモ・ジャパン〉は、店舗運営の近代化、人材育成やノウハウの交流、商品の共同仕入れを行った。

2. 日本型生協の特質と類型

2-1. 日本型生協の特質

日本型生協は戦後の高度経済成長期の経済的社会的背景の下で形成されたが、欧米の生協に比べてつぎのような特質をもっている。

(1) 主婦が主体

日本型生協の第1の特質は主婦が主体の組織であるということである。日本においては女性も家庭内労働を担いながら、農業、工業、小売業などに従事して家計を支えてきたが、高度経済成長の過程で大量の専業主婦層が生み出され、主婦の比率は1970年代半ば

にピークに達した。その後パートタイム労働を中心に女性の雇用率は上昇した。同時に女子の進学率も60年代から急速に伸長し、高等教育への進出もすすんだ。1960年代まで多くの生協では家庭会や婦人部が組織され、「世帯主が組合員、運営は男性、利用は女性」という組織構造のもとで、利用者である女性が生協の運営に参加する場として機能していたが、その役割は補助的なものであった。しかし60年代後半から団塊世代を中心とする主婦層は安全・安心の食品を手に入れるために共同購入に着手し、そのなかから多くの市民生協が生み出された。当初、組合員資格をもつのは夫というケースが多かったが、しだいに本人の名前で加入するようになった。

　主婦組合員は出資、利用、運営への参加によって生協の組織と事業の主体となり、組合員の大半、理事の過半数を占めるようになった。生協は主婦を主体とする女性組合員、消費者に支えられて発展したといえる。これは、ヨーロッパの生協において伝統的に労働運動とのつながりが強く、労働者の比重が高かったことと対比される特質である。

　しかし、女性の雇用率の増加とともに組合員における主婦の比重は下がり続けている。1980年当時主婦組合員は組合員全体の80%を占めていたが、2003年には48%に減少した。専業主婦を前提に組み立てられてきた運営参加システムや事業システムは見直しを迫られることになった。また、生協にも過少な女性経営幹部と過少な男性組合員というジェンダー問題が存在するということが自覚されるようになり、男女共同参画の取り組みが要請されることになった。

(2) 班と共同購入

　生協の班組織は戦前の関東消費組合連盟における試みに遡るが、生協の基礎組織として位置づけて実践したのは鶴岡生協であった。1956年に生協が組合員にセルフサービスの導入について説明するために地域や職場で小集会を開催したのが始まりで、今日では共同

【第Ⅳ節】生活協同組合

購入と結びつけて考えられている班組織が店舗事業の推進のために開始されたことは興味深い。

当時多くの生協ではイギリスの協同組合婦人ギルドに倣って生協の外郭組織として家庭会や婦人部が活動していた。新しい市民生協に班組織が広がるなかで組合員の運営参加が強まり、班の位置づけが高まっていったため、班を組合員活動の基本組織とする政策整理が行われた。班組織は組合員と経営執行部を結びつけるチャネルとして、生協の方針を組合員に伝達するとともに、組合員の苦情や提案をフィードバックすることが期待された。また、多くの生協で班は地区（店舗・支部）運営委員会、行政区（ブロック・エリア）委員会、総代会というピラミッド型の組合員組織の底辺をなし、組合員民主主義の基本単位となった。

一方、共同購入は班組織をベースとする商品の配達の仕組みで、組合員の担当が注文書と現金を集計して生協の配達担当者に手渡し、生協は1週間後に注文した商品を班（組合員宅）に届け、組合員は商品を班で分け合うという仕組みで、組合員は多くのアンペイド・ワークをするかわりに、安心安全の商品を購入することができた。

80年代に入って共同購入は情報通信技術の採用によって進化し、OCR（光学式文字情報読取装置）による注文書の自動集計、組合員の預金口座を通じた購入代金の自動引き落とし、配送センターでの自動仕分・ピッキングシステムの採用など、組合員の利便性と業務の効率性を高めるイノベーションの導入によって飛躍的に伸長した。共同購入は生協における組織と事業の一体化、民主性と効率性を両立させたビジネスモデルとして成功し70年代以降の日本の生協の発展を牽引してきた。ダイエーなどが共同購入を模倣しようとしたが、班組織というコアを欠いていたために失敗した。

しかし、生協の組織・事業構造は変化し始めている。組合員、とりわけ若年層の個人主義の高まりによって地縁型の班組織を維持することが困難となってきた。また、組合員の雇用率の上昇によって

在宅率は低下し、班長や受け取り担当者の負担が増加した。このような変化のトレンドのなかで個人対応の組織と事業のあり方が模索され 90 年代半ばからは個配という新たなビジネスモデルが出現し、共同購入を補完（共同購入に参加できなかった高齢世帯、赤ちゃんのいる世帯の加入）あるいは代替（共同購入から個配への切り替え）している。

(3) 社会運動的側面

日本型生協は消費者運動のなかから生まれたことから、消費者団体としての性格が強く、1950 年代から新聞、カラーテレビなどの管理価格反対運動、石油業界のカルテルを告発した灯油裁判、有害な食品添加物や化学物質、不当表示を排除する運動の先頭に立ってきた。また、消費者運動と提携した代替商品の開発や生産者と提携した生鮮食品の産直活動に取り組み、しばしばメーカーや流通業界にも影響を与えてきた。

また 70 年代以降は反核平和運動、ユニセフ募金と国際協力活動、環境保護と福祉・助け合い、まちづくりなどの運動に取り組んできた。このように日本型生協は強い社会運動的側面をもっており、とりわけ全国消費者大会など消費者団体の共同行動を組織・財政の面で支えてきた。これは、アメリカの生協がさまざまな消費者運動を展開し、ラルフ・ネーダーの運動と連携するなど、消費者組織としての性格が強いことと似ているが、ヨーロッパの生協の多くが事業者団体と見なされ、消費者運動などとの連携をもたないことと対照的である。

社会運動としての側面にも変化が生じている。90 年代後半から生協は組織を挙げて食品衛生法改正運動や消費者保護基本法の抜本的改正のための取り組みを行い、食品安全基本法や消費者基本法の成立を後押しするなど、「提言型」の運動によって社会経済システムの転換に向けて役割を発揮してきた。また、エコロジーやフェミ

ニズムなど新しい社会運動が台頭し、NPO や NGO に社会的関心が高まるなかで 90 年代以降生協の活動家によってワーカーズ・コープ（コレクティブ）、NPO 支援センターが立ち上げられたが、これらの組織は従来と異なり生協から独立して活動し、ネットワークによって生協と連携している。

2-2. 日本型生協の 3 つの類型

日本型生協は生い立ちの事情、社会経済の諸問題への対応の違いによって「メインストリーム型」「社会運動型」「21 世紀型」という類型を発展させてきた。「メインストリーム型」に属する地域生協は、各都道府県内の生協の合併によって設立された拠点生協を中心として、東北、関東、東海、北陸、近畿、中国・四国、九州というリージョン（地方）の生協によって設立された事業連合に加盟する生協とコープさっぽろおよびコープこうべである。北海道ではすべての市民生協はコープさっぽろに統合された。コープこうべは大阪北生協という姉妹生協とグループを形成してきたが、2010 年に改正生協法に基づいて合併した。

「社会運動型」は東日本を中心に活動する生活クラブ事業連合と九州地方を中心に動作するグリーンコープ連合に加盟する生協からなる。「21 世紀型」は関東と隣接する地域で活動する生協によって設立されたパルシステム生協連合会に加盟する生協からなる。それぞれの類型の 2014 年度における地域生協総事業高に占める比率は 84.4%、5.2%、7.4% である。

それぞれの類型の戦略的な方向性と組織構造は密接に連結している。「メインストリーム型」は各都道府県において単一の生協への合併とリージョンにおける事業機能の統合を通じて、消費者の大半を組織して規模の経済を達成することにより、多数派として社会・経済全体に影響を与えることをめざしている。「社会運動型」は少

数派である消費者によるよりラジカルな政策を追求し、オルタナティブな開発モデルを確立することをめざしているが、事業機能は事業連合に集中する一方、東京や神奈川では小規模な生協への分割を行っている。「21世紀型」は両者の中間に位置し、事業機能の大部分を連合会に集中する一方、エコロジーや社会的包摂を強調することで、現代的な生協モデルを提示しようとしている。

このような差異はメンバーのプロフィール、事業政策と社会運動に反映されている。「メインストリーム型」はそれぞれの地域の人口の大多数が組合員として加入することを目指しているが、「社会運動型」は高い意識を持っている少数派をターゲットにしている。しかし、両タイプは、強力な忠誠心を示していたメンバーシップの高齢化に直面しているのに対して、「21世紀型」は比較的若い組合員を結集することに成功している。

事業政策に関しては、「メインストリーム型」は店舗事業と宅配事業を両輪としており、特に店舗事業においては食品小売業における競合他社との厳しい競争に直面している。商品政策としては日本生協連や事業連合、単位生協のプライベートブランドである「コープ商品」、産直農産物とともにナショナルブランドを取り扱っており、単位生協から事業連合、日本生協連への商品の統合をすすめている。

「社会運動型」は、1970年代に共同購入のモデルの一つを確立し、ワーカーズ・コレクティブが運営する小さな倉庫型店舗を除き、もっぱら非店舗事業を行っている。

「21世紀型」は、1990年代に班組織の困難を打開するために組合員に個別に配達する宅配システム（個配）を開始し、主に非店舗事業を展開している。これら2つのタイプは商品政策としてはそれぞれの独自のプライベートブランドと産直に重点を置いているが、フェアトレードや包装容器のリユースなどの取り組みで差異化をすすめている。

【第Ⅳ節】生活協同組合

　社会運動については「メインストリーム型」は大半の消費者が懸念を共有している消費者の権利、環境、平和にかかわる運動に参加している。「社会運動型」は内外でGMO（遺伝子組み換え作物）に反対するキャンペーンを展開し、エコロジーやフェミニスト的な価値を標榜するローカル政党「代理人運動」を立ち上げている。

　このように3つの類型は独自の戦略や政策をもって各地で生協間の競争を繰り広げているが、全体として日本型生協の特徴を備えており、他の類型の取り組みから学んでいる（模倣している）事例もある。また、いずれも日本生協連に加盟しており、政府との関係、国際関係、調査研究の分野では一定の連携が行われている。

3. 生協運動の現状

　日本の生協は機能、活動区域によって分類される。機能別では、食品を中心とする商品やサービスを供給する購買生協、医療および福祉サービスを提供する医療福祉生協、共済という金融商品を提供する共済生協、住宅や宅地の販売・賃貸を行う住宅生協に分類される（表2-4-1）。活動区域では、購買生協は地域生協、職域生協、居住地職域生協、学校生協、大学生協に分類されるが、共済生協も主として職域で活動する全労済と地域で活動するコープ共済がある。

　各種生協はそれぞれ種別の全国生協連合会（大学生協連、全労済、住宅生協連、コープ共済連、医療福祉生協連等）を組織し、後者は日本生協連に加盟している。また、都道府県段階の生協間の共同行動のために県生協連に加盟している。そのほか、地域生協は複数県にまたがる共同事業組織として事業連合を結成している。現在全国で13の事業連合が活動しているが、商品の仕入れ、独自商品の開発、店舗・宅配事業の運営、人事・教育制度などの機能についての統合

の度合いは大きく異なる。生協の組合員数は2014年には2,780万人、世帯加入率49.3%に達している。

表 2-4-1　生協の種類

機能	活動区域	特徴
購買生協	地域生協	一定の地域内に居住する消費者によって組織された購買生協
	職域生協	同じ職場で働いている人によって組織された購買生協
	居住地職域生協	職域生協のうち居住地でも活動する購買生協（地域組合員3～7割）
	学校生協	小・中・高校の教職員などによって組織された購買生協
	大学生協	大学の学生と教職員により組織された購買生協
医療福祉生協	（地域）	医療や保健、福祉の事業を行う生協
共済生協	（地域・職域）	共済事業を行う生協
住宅生協	（地域）	住宅や宅地の分譲・賃貸事業を行う生協

地域生協は総組合員数の74%、総事業高の81%を占め、日本型生協の特徴を最もよく表していることから、以下に地域生協の推移を示す。地域生協の組合数は終戦直後の急増と急減を経て、1960年には200に減少していた。その後全国で地域生協の設立があいつぎ、1990年には215生協とピークに達したが、その後合併統合によって減少している。組合員数は1971年の80万人から急速に拡大し、2,000万人に達しており、総世帯数に占める比率も36%を超えている（図2-4-1）。

供給高も70年代と80年代に急増したが、班供給（共同購入）の伸びが店舗供給の伸びを大幅に上回り90年代に入って実額でも逆転した。90年代半ばから生協の供給高の伸びは停滞するが、個配供給の伸びがその他の供給の減少を補ってきた。個配供給は2006

年に班供給と逆転した（図2-4-2）。2014年度『生協の経営統計』によれば、地域生協の供給高に占める店舗供給、班供給、個配供給の比率は、それぞれ34.7％、22.3％、43.0％となっている。生協の小売市場占有率（シェア）は2.65％（食品では5.8％）と推定されているが、定期的な食品宅配事業者としては国内最大の事業者となっている（宅配ピザなどを除く）。

図 2-4-1　地域生協の組合員数・世帯組織率の推移

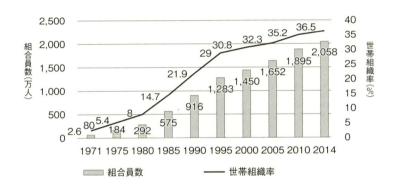

図 2-4-2　地域生協供給高の推移（10億円）

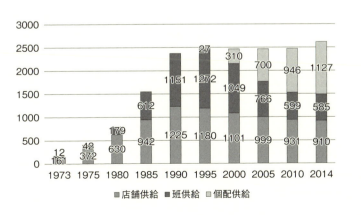

4. 生協運動の展望

■ 共益・共助から公益・連帯へ

　協同組合はICAの「協同組合のアイデンティティ声明」にあるように「共同で所有し民主的に管理する事業体を通じて、組合員の共通の経済的・社会的・文化的ニーズと願いを満たすために自発的に手を結んだ人びとの自治的な組織」である。すなわち、投資家ではなく、利用者である組合員が所有・管理する企業であり、組合員の利益すなわち共益のための共助組織としての性格を持っている。日本の生協が組合員の出資・利用・運営の三位一体性（同一性の原則）を重視し、組合員参加に熱心に取り組んできたことは国際的にも注目され、ICAでも高く評価されている。

　しかし、グローバル化と産業構造の変化、雇用機会の減少、人口減少・少子高齢化とともに生産基盤の劣化（耕作や用水管理の放棄、水産資源枯渇など）、生活インフラの喪失（商店、病院、郵便局の撤退など）、環境の劣化（森林管理・治水の劣化、鳥獣害の増加など）がすすみ、家族や村落などの伝統的な社会的紐帯も弱まる中で地域の経済・社会は大きな困難をかかえるようになった。正規と非正規、大都市と地方、ジェンダーやエスニシティをめぐる社会的断層も拡がり、格差の拡大とともに多くの人びとの「生きる場」の喪失、社会的排除が広がっており、政治や行政への不信による政治的分断もこのような問題の解決を妨げている。このような環境の下で、自助、共助、他助、公助による支えあいの連帯社会を作っていくために、生協は共益・共助の枠を超えて公益・連帯のために活動することが求められている。

　生協はすでに事業と活動の両面で公益・連帯の方向に踏み出している。生協が農業・漁業生産者とともにすすめてきた産直や地産地消の取り組みは、消費者と生産者の間の信頼を再確立するととも

【第Ⅳ節】生活協同組合

に、農水産物の取引を通じた地域経済振興に貢献している。また、「限界集落」や「食品砂漠」で広がる買い物弱者支援のために生協はさまざまな事業を展開しており、コープさっぽろの買い物バス、福井県民生協の移動販売車、さいたまコープの宅配受け取りのステーション、コープネット事業連合の夕食宅配の事例は経済産業省の『買い物弱者対応マニュアル』に掲載されている。

貧困の広がりのなかで増大している多重債務問題についての相談・支援事業は消費者信用生協、ライフサポート東京生協、グリーンコープ福岡をはじめ各地に広がっており、ワーカーズ・コレクティブや高齢者生協は就労支援・雇用創出のための取り組みをすすめている。医療・福祉については、医療生協の「健康なまちづくり」活動や地域生協のくらしの助け合いの会のような組合員活動を基盤として医療事業や福祉事業が成長しており、子育てひろばや学童保育の取り組みも広がっている。コープこうべの阪神友愛食品、生活クラブ生協のユニバーサル就労やワーカーズ・コレクティブ、生協と共同作業所との提携など障がい者支援の取り組みも広がっている。

地球環境に関しては、生協組合員の大気・酸性雨チェック、生き物チェック、環境家計簿、リサイクルなどの組合員活動とともに、店舗や宅配車両の温暖化ガス削減や省エネ化、生ごみのたい肥化などの事業が行われており、再生エネルギーの発電の取り組みも始まっている。阪神・淡路大震災を契機に生協と地方自治体との災害時物資供給協定は全国に広がったが、東日本大震災に際しての生協の迅速な救援・復興支援の活動は行政やメディアにも高く評価された。近年は生協組合員の認知症サポーターの育成が広がり、「地域の見守り協定」が多くの自治体と締結されている。

このような取り組みにおいて生協と非営利組織、労働組合などが地域でつながる協働の芽も出てきている。生協がNPO支援センター、社会福祉法人などの非営利組織を設立したり、提携したりする事例も増えてきており、その中には生活困窮者のための生活相談や

住宅支援、フードバンクが含まれる。自然災害への対応における協力も、被災地への物資、募金、ボランティアの派遣にとどまらず、生活再建支援法制定運動、自治体の震災復興サポートセンターへの人材派遣など、制度・政策への関与もすすめられている。

■ ICA「協同組合のブループリント」と日本生協連の2020年ビジョン

　1995年のICAマンチェスター大会で協同組合の定義・価値・原則を規定した「協同組合のアイデンティティに関する声明」が採択されたが、これは2001年の国連の協同組合に関するガイドライン、2002年の国際労働機関（ILO）の新勧告にも盛り込まれた。2009年12月の国連総会では13カ国の提案による2012年を国際協同組合年と宣言する「社会開発における協同組合」と題する決議が満場一致の賛成によって採択された。この宣言のなかで、あらゆる人びとの経済社会開発への参加、生活環境の向上、食糧生産、高齢化社会への対応、途上国への開発資金援助、あるいは国連のミレニアム開発目標の達成に向け、協同組合が一層の貢献をするために、協同組合の社会的認知を高めること（見える化）、協同組合の設立・発展を促進すること、そのために国の政策や法律等の環境を整備することを目標として掲げた。

　国連総会決議を受けて、各国の協同組合は2010年から2012年にかけて、協同組合の価値と役割、社会的貢献に関する認知度向上のための活動を強めた。協同組合の働きかけによりアメリカの上院では協同組合促進の決議が満場一致で採択され、イギリスのキャメロン首相は協同組合法の改正を約束した。韓国では協同組合基本法が制定され、簡潔な手続きで一般協同組合を設立することが可能となり、財務省の認可によって社会的弱者の雇用を促進する社会的協同組合が導入された。

　このような成果を踏まえ、2020年までの10年において世界の協同組合が飛躍的成長を遂げるための課題を示す文書として、2012年

図2-4-3　ICAブループリントの5つのテーマ

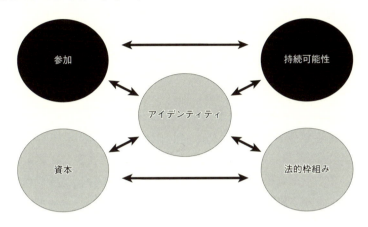

年10月のICAマンチェスター総会で「協同組合の10年に向けたブループリント」が公表された。

「ブループリント」は、国際協同組合年の成果を受け継いでつぎの10年に向けての協同組合のビジョン・戦略方向を示した国連、世界の協同組合に向けられた決意表明である。また、各国協同組合が新たな環境のもとでの協同組合のアイデンティティ声明を実践するための指針であり、協同組合の価値や原則を実践するための多くのヒントを提示している。

「ブループリント」は2020年の協同組合があるべき姿「2020ビジョン」として「経済、社会、環境の持続可能性において定評あるリーダー」「人びとに最も好まれるモデル」「最も急速に成長する事業形態」となるという目標を掲げ、ICAと世界の協同組合が、この目標に向かって運動を進めることを提起している。さらに、参加、持続可能性、アイデンティティ、法的枠組み、資本という5つの領域、テーマを提示している。これらのテーマは別個に存在するのではなく、お互いに密接に結び付いており、アイデンティティを中心

につながっている。日本の生協運動においても、数万人、数十万人を超える規模になった生協における組合員のガバナンスへの参加をいかに引き上げるか、経済・社会・環境の側面における持続可能性をいかに高めるか、協同組合のメッセージを伝えて協同組合のアイデンティティをいかに確立するか、生協の成長を支える法的枠組みをいかに確立するか、組合員による管理を保障しながら信頼性のある資本をいかに確保し活用するかは喫緊の課題である。

　日本生協連の2020年ビジョン「私たちは人と人がつながり、笑顔があふれ、信頼が広がる新しい社会をめざします」はICAのブループリントと多くの点で重なる問題意識、課題、行動を提起している。日本の生協や労働者福祉団体は、ブループリントに関する議論と実践を深め、その経験と意思をICAの論議に反映させ、世界の協同組合運動の発展に貢献することが求められている。

5. 協同組合の新しい展開——ワーカーズコープ

5-1. 労働者協同組合（ワーカーズコープ）とは何か

　一般的な雇用労働は市場の競争原理に基づき営利を追求するために、投資家が「出資」を行い、経営者が「経営」を行い、労働者が「労働」を行う。多少重なることはあるだろうが原則として投資家、経営者、労働者の役割が分かれている。しかし、ワーカーズコープは「出資」をした組合員が「経営」も「労働」も三位一体で担うのが特徴である。

　協同労働においてもリーダーと組合員（部下）の関係は存在し、リーダーの指示には従う。仕事をして社会に参加して、つながりを作るという意味でも一見して変わりはないように見える。根本的違いは、リーダーも組合員（部下）も同じ組合員として同等であり、

図 2-4-4　協同労働と雇用労働の違い

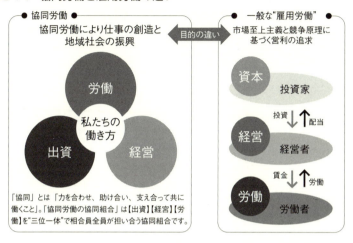

労働の主権性は一人ひとりの組合員にあり、一人一票の決定権と責任を有しているところにある。ワーカーズコープ・センター事業団の場合、1口5万円を出資する。1口出資後、2年以内に、各自給与の2カ月分（加入時の5万円を含む）を増資し、運転資金を自立的に創っている。出資金は脱退時、総代会での確認を経て全額返還する。「雇われ者根性の克服」という言葉が初期からワーカーズコープにはあるが経営の主体者としての自覚を醸成し、携わっていることについて、経営に参加する者として間違っていることについては主体的に発言したり、案を言えたりする対等・平等を基礎に据えている。

■ 日本労働者協同組合（ワーカーズコープ）連合会の概要

　ワーカーズコープ連合会にはセンター事業団、全国各地域で活動している労働者協同組合（地域労協）、労働者協同組合を志向する企業・団体が加盟している。各種全国集会の開催や「協同労働の協同組合」法制化などの政策提言や運動、日本の労働者協同組合を代表しての国際連帯活動などを行っている。

第2章 労働者自主福祉の担い手

図 2-4-5 ワーカーズコープの組織体制

現在就労者数は1万2,894人、高齢者生活協同組合員は4万5,799人が所属し、総事業高は312億7,487万円となっている（2014年3月31日時点）。

図2-4-6　全国事業実績の概要（2014年3月31日）

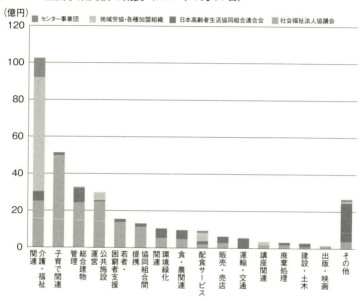

センター事業団は1982年日本労働者協同組合連合会（当時「中高年雇用・福祉事業団全国協議会」）の直轄事業団としてスタートした。1987年に、現組織であるセンター事業団に組織再編し、「センター事業団4つの目的」を掲げて日本における労働者協同組合づくりという新しい協同組合運動に挑戦してきた。建物管理・物流・公園管理といった委託事業から始まり現在は介護保険をはじめとした高齢者介護、コミュニティセンターや高齢者福祉センターなど公共施設の管理・運営、保育園・学童クラブ・児童館・児童デイサービスなど子育て支援、若者や障がい者・失業者などの就労支援などの分野に広がって活動している。

図 2-4-7　ワーカーズコープ連合会の概要

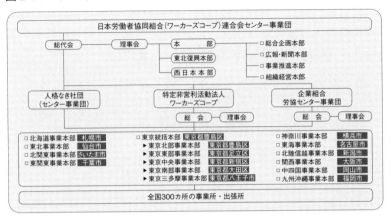

名称	センター事業団	労協センター事業団	ワーカーズコープ
法人格	人格なき社団	企業組合	特定非営利活動法人
代表者		藤田　徹	
設立年月日	1987年12月13日	1973年2月23日	2001年9月13日
組合員数	5,940人（2015年3月時点）		
出資金	14億4,695万円	9,260万円	―
2014年度事業高	37億5,596万円	47億1,478万円	95億2,614万円
センター事業団合算	計172億6,700万円（2013年度）		
業務内容	施設管理関連、緑化、食関連事業等	高齢者、児童、障がい者等の福祉関連事業	子育て・保育事業、生活困窮者支援、指定管理等公共施設の管理・運営事業

　ワーカーズコープ連合会全体では以下の事業に取り組んでいる。
　　子育て関連事業
　　コミュニティ施設関連事業
　　建物総合管理事業
　　高齢者・障がい者関連事業
　　自立支援・コミュニティ就労事業

食・農・環境事業
各種事業への取り組み
　協同組合連携事業
　緑化・環境事業
　福祉用具の取り組み
　安全で安心の除菌剤「クリーンキラー A（エース）」の製造販売
国際連帯
社会連帯活動

■ **ワーカーズコープの原則**

　ワーカーズコープは、1979 年 9 月に結成された中高年雇用・福祉事業団全国協議会が出発点とされているがその際に 7 つの原則が掲げられた。この間改定が重ねられたが、現在の原則は以下のとおりである。

---

7 つの原則

　協同労働の協同組合は、ともに生き、ともに働く社会をめざして、市民が協同・連帯して、人と地域に必要な仕事をおこし、よい仕事をし、地域社会の主体者になる働き方をめざします。尊厳あるいのち、人間らしい仕事とくらしを最高の価値とします。
1. 仕事をおこし、よい仕事を発展させます
2. 自立・協同・連帯の文化を職場と地域に広げます
3. 職場と地域の自治力を高め、社会連帯経営を発展させます
4. 持続可能な経営を発展させます
5. 人と自然が共生する豊かな地域経済をつくり出します
6. 全国連帯を強め、「協同と連帯」のネットワークを広げます
7. 世界の人びととの連帯を強め、「共生と協同」の社会をめざします

※ 2015/6/27 日本労働者協同組合（ワーカーズコープ）連合会第 36 回定期全国総会にて採択

5-2. ワーカーズコープの歴史

■ ワーカーズコープ発足の経緯（1970年代〜）

　ワーカーズコープは第二次世界大戦後、失業者の仕事をかちとるための要求運動をしていた全日本自由労働組合（全日自労）が母体である。戦後の復興にあたって、大陸から引き揚げた人や寡婦対策としての仕事を作ることを目的に、政府は特別失業対策事業を1955年に開始した。全日自労は日雇い労働者に対して日雇い保険を作る等の施策が行われていたなかで、労働組合を作って受け皿として活動を行ってきた。

　失対制度は1990年代半ばに打ち切られていくが、失業対策事業が縮小していくなかで、労働組合としての国や自治体との交渉で仕事を確保することには限界がきていた。そこで全日自労が母体になって1971年西宮市で高齢者事業団が設立されたのを皮切りに全国にある各支部を中心に高齢者事業団、中高年雇用福祉事業団（最盛期は約70〜80団体）を発足させた。それらの事業団は高齢者が就労する場所を作ることを目的とし、自治体に対しては要求闘争という関係ではなく、委託契約を結んで事業団が仕事をするという関係であり、特に土木建設、港湾業務、草刈という3Kと言われている仕事が主であった。

　それらの事業団のうち36事業団が集まって1979年9月に中高年雇用・福祉事業団全国協議会（以下全国協議会）が結成された。この団体が日本労働者協同組合連合会の出発点といわれている。当時、労働組合運動と事業団運動が併存する形で進める予定であったが、労働組合を主と考えるグループは事業団そのものを補完的な存在として位置づける傾向があり、意見の分裂などから最終的に全日自労から分離する形で創られていった歴史がある。

　協同組合にはICAの原則があるが、協同組合になる以前の全国協議会結成時点で以下の「事業団七つの原則」が作られており、労

働組合の要素を含めた形だが、労働者が自分で仕事を作って、地域に貢献することを明瞭に打ち出した原則で、ここからも協同組合的な活動が志向されていたことがうかがえる。

1. 良い仕事をやり、地域住民、国民の要求と信頼にこたえる事業を行います。
2. 自主、民主、公開の原則を確立し、経営能力をたかめます。
3. 労働者の生活と権利の保障をはかります。
4. 労働組合のはたす重要な役割を認識し、組合活動を保障します。
5. 団員の教育・学習活動を重視します。
6. 地域の住民運動の発展と結合してとりくみます。
7. 全国的観点にたち、力を合わせて発展させます。

　全国協議会は、当初各地域事業団からの会費に頼らざるを得ず、思うような活動ができなかったため、1980年代前半に全国協議会が直接運営する「直轄事業団」を各地に作っていった。それぞれは独立した事業団で、①全国のモデル事業団となる、②全国の人材養成センターの機能を果たす、③全国協議会の財政に寄与する、という3つの目的が定められた。

　一方、失業対策事業が終焉していくなかで、事業団そのものがどういう組織なのかを見つめ直すことも進み、生活協同組合の関係者からヨーロッパで広がる「ワーカーズコープ」が事業団の取り組みと類似していることを聞き、1980年代半ばにイタリア、ドイツ、スペインに調査団を派遣し交流を含め学び、1986年に七つの原則を改定し「『協同組合原則』を守り、労働者の生活と権利の保障をはかります」という項目を加え、労働者協同組合への転換を決めていった。

　そのような流れの中で、1987年に全国の直轄事業団と公共の仕事を中心として失業者の仕事確保に取り組んできた東京事業団が統

合し、日本での労働者協同組合のモデルとなるセンター事業団を設立した。直轄事業団で掲げられた3つの目的に「地域事業団の支援」を加え4つの目的が掲げられた。

■ 実践と研究の交流～協同総合研究所設立

1987年協同労働にかかわるさまざまな分野の人びとが集まり「いま『協同』を問うプレ集会」を実施した。1989年、1990年にも「協同を問う集会」が行われ、この取り組みは地域にも広がりをみせた。この中で、廃棄物・再資源化問題、高齢者政策、地域農業の再生などの具体的な課題をめぐって、研究と交流が始まる。それらは労働者協同組合だけの課題にとどまらず、協同組合や自治体労働者、市民の知恵と力を結集して取り組む課題として提起され、実践と研究の交流をより恒常的に進めて系統的に研究を発展させ、協同の運動をいっそう強い流れとするために、協同運動の実践家と、これと連帯して研究・活動を進めてきた研究者が中心となって1991年「協同総合研究所」が設立された。

■ 失業対策事業から協同組合間協働へ（1986年～）

失業対策事業が収束する中で1987年に発足したセンター事業団は市民が自らの手で地域に役立つ仕事を起こし、事業として成り立たせる力があるという事実を社会の中で創りだし、全国に広げていくことを目指していた。具体的には1980年代後半の労働者協同組合の事業は清掃・設備管理、物流仕分け、配達、給配食（施設給食）などで、生協からの委託事業中心の協同組合間協働が中心に展開されていた。このころの課題は大きく2つあった。

1つは働く仲間が「雇われ者意識」を超えて、どうしたら主体者になれるのか。もう1つは「よい仕事」の追求を中心に据えた「全組合員経営」の模索で、組合員一人ひとりを信頼し、その主体性、持っている力を全面的に発揮させる経営とはどのようなものである

かを試行錯誤していた。

　前者については事業が拡大する中で事務局スタッフが地域の人材をハローワークを活用し採用していたが仕事を求め雇われることを前提に来た人が、組合員として一口5万円の出資を行い主体的に働いてもらうまでには困難であり、後者の「よい仕事」の追求については、病院で清掃の仕事をしている人が針刺し事故にあい劇症肝炎になるといった事件が他の病院でおこり、大きな転換点となった。その事件を契機に「捨てるごみの向こうにも人がいる」というスローガンのもと、若手の事務局が病院の実態をまとめあげながらより安心安全な病院になるべきではないかという組合員からの提案が病院の事務長、看護師などとともに学ぶ学習会などの取り組みへと広がっていった。

■ 高齢者協同組合と地域福祉事業所の設立運動（1990年代後半）

　1990年代に入りバブルが崩壊すると病院や生協の経営が厳しくなり、経営が優先されるようになると単価がさがり、経営の厳しさから業務の質も悪くなるという傾向もおこり、またコスト優先の事業者に事業委託が変更されるようになってくる。仕事を起こして、仕事を作る協同組合が失業者を生み出していくという事態がおこった。このような中、1999年にセンター事業団は初めて経営危機を迎え、赤字の補てんをするために積み立てている資金（自立積立金）を取り崩すという経験をした。

　その際に議論を行い、自己資本を強化するために、自立積立金の中に不分割積立金の仕組みを作ることが確認された。具体的には協同組合は、組合員が出し合った出資金が事業の元手になるがワーカーズコープも、「事業に必要な資金は自分たちで出し合い、働いて残す」ことを基本に、(1)自立積立金の中に組合員には分配しない「不分割積立金」を創ること、(2)事業の運転資金確保のため組合員一人ひとりが自分の給与の2カ月分以上を目標に2口目以降も出

資する「増資運動」に取り組むことを決め、戦略的に生活と地域を拠点にした事業を作ることを目指した。

また、事業主体として高齢者協同組合と地域福祉事業所を設立した。前者の高齢者協同組合については組合員自身も高齢化しており、福祉と生きがいと仕事を高齢者が担うことを基本に据え、22単協が設立された。後者の地域福祉事業所については1998年、介護保険制度がはじまり、市民が自らの地域福祉を創造する担い手になることを目指し、ヘルパー養成講座を200カ所で開催し、4～5万人養成し、その講座の前後に労働者協同組合自体を知らない受講者にていねいに説明し仕事起こしの特別講義を行い、自分たちで出資・設立する福祉事業所づくりを推進していった。現在は在宅への訪問介護を基本に、通所介護、小規模多機能、高齢者の共同住宅・居場所など300カ所で事業を展開している。

■ 市民主体の「新しい公共」の創造（2003年～）

2000年になると介護保険制度が広がり、自治体から、介護予防の事業や全般的な地域福祉の事業の依頼が増加するようになった。そのようなさい法人格が、みなし法人、企業組合法人だと営利法人の扱いとなり地域福祉に関連する仕事を委託することができないということが起こり、非営利法人であるNPO法人格を各地で取得する動きが進んだ。高齢者福祉以外の分野でも協働が進み、具体的には東京都板橋区では商店街の空き店舗を活用し「おやこ広場」が開設されるようになった。このような公共サービスを民間が担うようになる動きは2003年地方自治法の改正による指定管理者制度導入により加速する。ただし行政側は財源を削減する意図があり、自治体によって運用が異なるため、市民が主体で運営するワーカーズコープの趣旨を理解してくれた自治体で取り組まざるをえず、受託できても人件費が出ないようなものは受託しない。このような経験から指定管理者制度の問題点や課題をまとめ「公共サービス改革提

言」も発表した。

2003年中野養護学校（当時）から障がいのある子どもたちにヘルパー3級講座開催の依頼を受けた。学校側はヘルパー講座を開催している会社に断られて、最後にセンター事業団に依頼があった。清掃現場で働いている若者たちと、生徒の親、学校の先生で講座のための実行委員「リアライズ」を立ち上げ開講した。校長からは「保護者が変わってくれた」というコメントもあった。その後東京しごと財団委託を受け、障がいのある人を対象にしたヘルパー2級講座等を開講した。準備運営したワーカーズコープ中部事業所では、講座修了生の社会的居場所「グリーンビーンズ」を立ち上げ、その後障害者自立支援法（当時）を活用した「就労継続支援A型」の事業所と就労訓練所としてカフェ「豆の樹」を開設した。これを契機に障がい者就労支援プロジェクトを設置し、障がいのある人の就労支援制度や緊急雇用対策事業等の就労施策を活用した障がいのある人の就労拠点・居場所づくりを展開した。千葉県芝山町での「若者自立塾」の経験を経て、全国22カ所で「地域若者サポートステーション」の制度を活用した若者の自立・就労支援事業を展開した。

■ 社会的排除に立ち向かう仕事おこしの本格化（2009年～）

2008年リーマンショック以降、失業問題が深刻化する中で緊急雇用対策の予算で、期間限定で緊急雇用財源の基金を活用した訓練（基金訓練）が3年間行われることになった。そのなかに、社会的事業者コースという枠があり全国でワーカーズコープが委託を受けて基金訓練講座（146講座）、求職者支援訓練（約50講座）を開催し就労困難を抱える人が受講した。「総合福祉拠点」を作る方針とも合わさり、生活保護受給者の自立・就労支援事業である埼玉県アスポート事業や新しい公共支援事業を神奈川県、宮城県2カ所で実施し、実績ができた。そのようななか、厚生労働省は「生活困窮に対する新たな支援体制」として2013年度より生活困窮者自立支援の

モデル事業をスタートした。2015年度には「生活困窮者自立支援制度」が施行された。ワーカーズコープは62自治体より受託することとなった。

■ 東日本大震災以降（2011年〜）

1995年阪神・淡路大震災においてワーカーズコープは人を派遣して、仕事を起こそうと試みたがうまくいかなかった。その時の経験を踏まえ、2011年3月11日に発災した東日本大震災においては、連合会の本部機能の一部を仙台に移転し、専務と副理事長を中心に若手の事務局員を派遣した。震災対応人材育成事業（起業型）、求職者支援訓練等を被災7自治体で展開した。共生型施設3ヵ所、産直事業所等の立ち上げを行った。

5-3. 協同労働を推進するネットワークと法制化

2012年は国連「国際協同組合年」（IYC）であった。IYCの目的は「持続可能な開発、貧困の根絶、都市と農村地域におけるさまざまな経済部門の生計に貢献することのできる企業体・社会事業体としての協同組合の成長を促進」し、「とくに、貧困の根絶、完全かつ生産的な雇用の創出、社会統合の強化」を図る（国連ミレニアム開発目標）となっており、協同組合とその運動が「共益」から「公益」へ軸を移し、「社会的経済・連帯経済」の中心的な存在となることへの期待が高まった。そのようななか、2012年には盛岡と埼玉で「いま、『協同』が創る2012全国集会」、2014年11月には「いま、『協同』が創る2014全国集会 in 九州・沖縄」が福岡で開催され3,000人が参加した。1987年より開催してきた協同集会の後、各地に協働のネットワークが設立された。そのなかには、ひろしま「協同労働」推進ネットワーク、協同労働の協同組合ネットワークちば、にいがた協同ネット、埼玉協同・連帯ネットワーク、などがある。

【第Ⅳ節】生活協同組合

　このような活動が広がるなかで、現在「協同労働の協同組合法」制定の提起が行われている。

　2000年にワーカーズコープの呼びかけにより「協同労働の協同組合法制化をめざす市民会議」が結成され、2008年には超党派議員による「協同出資・協同経営で働く協同組合法を考える」議員連盟が発足、全国800超の自治体で早期制定を求める意見書採択も行われ、協同労働の協同組合の法制化への期待が高まっている。

　国際協同組合同盟（ICA）第27回モスクワ大会（1980年）に出された「レイドロー報告」ではワーカーズコープについて「あらゆる種類の協同組合のなかで、おそらく一番複雑で、スムーズかつ成功裏に運営することの難しい協同組合である。初期のころ、失敗率が高かったことがこれを裏づけている。出資の造成、雇用労働者（非組合員）、所得の分配、残余財産の分配、出資金の払戻し、内部留保の積立などに関する多くの問題点や諸困難がある」と指摘しているが、一方で「労働者協同組合が大規模に発展すれば、新しい産業革命の先導役を務めることになるだろう」「労働者協同組合は、たんなる雇用や所有しているという感覚よりも、もっと深い内面的ニーズ、つまり人間性と労働とのかかわりに触れるものである」と評価している。これは冒頭述べた組合員の「出資」により雇ってもらうのではなく主体性が高まることがポイントであり、既存の営利企業やNPO法人との明確な違いとなる。すでに広島市では法制化に先行し2014年度「協同労働プラットフォーム事業」が制度化され、市民自らが出資して経営に参画し、生きがいを感じながら地域課題の解決に取り組む労働形態である「協同労働」が進みつつある。

　労働者協同組合は諸外国ではすでに法制化され、全世界で600万人の人びとが就労している。

　市民・働く者を協同のルールで結び、働く意志ある者、協同して仕事おこしの意志ある者ならだれにもその道を開くことを可能にする仕組みの「協同労働の協同組合法」の法制化が求められている。

【第Ⅴ節】NPO

1. NPOとは何か

■ 急増する非営利法人

1998年12月に特定非営利活動促進法（NPO法）が施行されてから、17年が経過した。NPO法が成立した直接的なきっかけは1995年の阪神・淡路大震災や1997年の日本海重油流出事故等においてボランティアやNPOが活躍したことである。そのさいマスコミなどでも大きく報じられたことにより、一般市民のボランティア活動への関心が高まった。このような社会的な気運を受けて、市民の社会貢献を法制度の側からも支援していこうと、1998年3月19日衆議院において、NPO法は全会一致で可決・成立した。NPO法によって規定される特定非営利活動法人（NPO法人）の法人数は2015年12月末現在5万を超えた。NPO法人の増加のペースは一時の勢いはなくなったが、「NPO」という言葉は市民権を得たと言っても過言でないだろう。

表 2-5-1　NPO法人数

年度	認証法人数	認定法人数
1998年度	23	-
1999年度	1,724	-
2000年度	3,800	-
2001年度	6,596	3

2002年度	10,664	12
2003年度	16,160	22
2004年度	21,280	30
2005年度	26,394	40
2006年度	31,115	58
2007年度	34,369	80
2008年度	37,192	93
2009年度	39,732	127
2010年度	42,385	198
2011年度	45,138	244
2012年度	47,540	407
2013年度	48,982	630
2014年度	50,089	821
2015年度(12月末現在)	50,641	931

　一方で近年注目される動きとしては公益法人制度改革（2008年12月1日より新制度に移行）により設立されることになった一般社団法人の急増である。その数は2016年2月15日時点で、35,699団体となっている（ちなみに、一般財団法人は6,473団体。公益社団法人は4,128団体、公益財団法人は5,272団体）。NPO法人は設立にあたって、一定の書類を添えた申請書を都道府県または政令指定都市に提出し、NPO法に定められた基準や手続きに従って審査し、不備や問題がなければ認証される届出制に近い認証制が採用されているが、一般社団法人と一般財団法人は一定の手続き及び登記さえ経れば、準則主義によって審査なく設立することができる。さらに事業により利益を得ること、または得た利益を分配することを目的としない法人や会員から受け入れる会費により会員に共通する利益を図るための事業を行う法人である場合は、NPO法人とほぼ同等の収益事業所得のみ課税される優遇税制を受けられる。さらに、規制による縛りがほとんどなく自由に活動ができる。今後一般社団法人は

一層設立が増えることが予想され、非営利法人について検討するさい、欠かせない存在となりつつある。

■ NPO法の目的

一般社団法人の検討は今後の研究課題として、ここではNPO法について改めて考えていく。NPO法の目的は「特定非営利活動を行う団体に法人格を付与すること等により、ボランティア活動をはじめとする市民が行う自由な社会貢献活動としての特定非営利活動の健全な発展を促進し、もって公益の増進に寄与することを目的とする」と規定されている。この一文には「ボランティア活動促進」という狭義の意味に加えて「市民による自由な社会貢献活動」という広義の意味も含まれている。

なぜこのような一文が含まれているかというと、市民活動を支える制度の検討は、阪神・淡路大震災以前より市民の側で議論されていたからである。市民の側が当初提案していたのは「市民活動促進法」という名称であった。市民側の原案ではボランティアをしたい、寄付をしたい、社会貢献活動をしたい、という市民の自発性をコーディネートする機関に法人格を与え、市民一人ひとりの社会貢献活動を促進することを重要な目的としていた。このような市民からの要望などを受け、国民生活審議会などにおいて、市民社会の変革に当たっては、社会参加活動が重要な役割を果たすとして、簡易に取得できる非営利法人格としての中間法人の必要性を明らかにしていた。

■ NPOであることの条件

NPOは、Non-profit Organizationという英単語の頭文字からとった略語で、直訳すると「非営利組織」となり、広義のNPOとしては学校法人、医療法人、宗教法人など営利を目的としない広範な組織形態がNPOに含まれる。逆にもっとも狭義のNPOとしては特定

非営利活動法人のみを指す場合もある。

このように定義が定まらないなかで、現在一般的に多く引用されているのは、レスター・M・サラモン博士を中心としたジョンズ・ホプキンス大学非営利セクター国際比較プロジェクトが提起するNPOが共有する主要なつぎの5つの条件である。

「正式に組織されていること」・・・その組織が定款や規約などを有しある程度、組織的な実在を有していることを意味する。
「民間であること」・・・政府や行政、その外郭団体等は含めず、組織的に政府から離れていることを意味する。
「利潤分配をしないこと」・・・NPOは収益事業も行うが、そのさいに得た利益については、出資者等に分配するのではなく、つぎの活動資金とする。その組織の所有者あるいは理事に組織の活動の結果生まれた利潤を還元しない。
「自己統治」・・・組織として自らの組織を管理することができる仕組みを有することをさし、理事会等の意思決定機関があることが必要となる。
「自発的であること」・・・その組織活動の実行やその業務の管理において、強制されて参加するのではなく自発的な参加があることを意味する。

この5つの条件のうち、利潤分配をしないこと＝非営利とは「利益を理事や会員など関係者に配分しない」という意味で、この部分が株式会社において配当という形で株主に利益を配分する行為と異なる。ただし、「非営利」は「無報酬」ということではなく、NPOは事務局を形成し、持続性を持った活動を行うため、当然有給のスタッフを雇用することもある。したがって、サービスを提供して収益を上げる必要は生じる。この5つに加えて、サラモン博士の条件には「非政治的」や「非宗教」も加えられることがある。日本の

NPO法ではそもそも宗教・政治目的の団体を排除しているが、政党が出資するシンクタンクや宗教団体から派生した社会活動団体などには5つの条件を満たしているものなどもあるので判断が難しい。また、町内会・自治会のような互助的なものも5つの条件を満たす可能性はあるが関係者の共益を追求する団体は、「公益の増進に寄与する」というNPO法人の法律上の条件からは外れてくる。

■ **NPO法人の特徴**

　日本のNPO法には、これらの5つの定義に加えて「公益の増進に寄与する」という目的が存在する。つまりNPO法人は株式会社など営利を目的としている組織と異なり、各組織が掲げる社会的使命（ミッション）の達成を優先するため、民間企業が参入しにくい通常の経済的観念からは非効率的なサービス分野であっても活動を行うという特徴を持つ。

　具体的な事例としては、災害時に現地に赴き被災者を救助する災害救助犬を派遣するNPO法人がある。災害はいつ発生するか予測することができないので、災害が発生したら、すぐに出動できる態勢を常に整えているが、利益を追求する企業などでそのような体制を維持することは難しい。災害時に災害救助に出動するためには、まず、自治体に出動できる旨を打診し、その上で、自治体からの出動要請があれば現地に駆け付けるという仕組みになっている。

　災害時の対応に慣れない自治体の場合は救助犬受け入れの意思決定が遅くなることがあり、自治体と普段から災害時協定を結び連携を図ることが急務である。災害救助に携わるNPO法人は専門性が高く、自衛隊や警察との連携を行っている団体もあるが、全国に複数災害救助犬を派遣するNPO法人が存在して、各団体が個別に自治体に救助に駆け付ける準備があると伝えていたため、受け入れる側が混乱してしまうことが何度となく起こっていた。このような課題を解決するためにNPO法人の側でも連携のための事務局を設け

る動きがあり、政府とも協議する全日本救助犬団体協議会などの中間組織（インターミディアリー）の役割が重要となってくる。

2. NPOの現状

■ 東日本大震災後の変化

　先述したとおり、NPO法は市民活動を支える制度を成立させようという市民からの働きかけと阪神・淡路大震災における一般市民のボランティア活動への関心の高まりを受け、議員立法により全会一致で成立した。ただし、寄附税制の未整備など市民側にとって満足のいく制度には程遠かった。このような中、大きな変化が生じた。きっかけは2011年3月11日に発災した東日本大震災である。4月27日に震災特例法が成立し、被災者支援を行う認定NPO法人への寄附を指定寄附金に指定することが可能になり、個人の寄附に関しても所得税における税額控除の選択が可能になった。この税額控除は、2011年税制改正の先行導入に当たるものとなった。6月15日には「特定非営利活動促進法の一部を改正する法律」（平成23年法律第70号）が成立し翌年4月1日に施行され、NPO法人と認定NPO法人の仕組みが変わることとなった。また6月22日には2011年度の寄附税制が成立し、30日から施行され認定NPO法人制度が拡充した。

　これらの制度改正の背景としては前述した2008年12月1日スタートの公益法人制度改革があるが、もう一つ大きなものとしてあげられるのは民主党の鳩山政権時代に総理肝いりで発足した「新しい公共」円卓会議によって取りまとめられた「新しい公共」宣言（2010年6月4日）である。この中で以下のような文言が記載されていた。

「新しい公共」を実現するには、公共への政府の関わり方、政府と国民の関係のあり方を大胆に見直すことが必要である。政府は、思い切った制度改革や運用方法の見直し等を通じて、これまで政府が独占してきた領域を「新しい公共」に開き、「国民が決める社会」を作る。

税額控除の導入、認定NPOの「仮認定」とPST（パブリックサポートテスト）基準の見直し、みなし寄附限度額の引き上げ等を可能にする税制改革を速やかに進め、特に、円卓会議における総理からの指示（税額控除の割合、実施時期、税額控除の対象法人）を踏まえて検討を進める事を強く期待する。

この流れを受け震災当時の菅直人政権においても「新しい公共」推進会議が開催され、新しい公共支援事業というNPO活動を支援する施策が全国で実施され認定NPO取得やファンドレイジングの啓発などが展開されていった。

■ 改正NPO法のポイント

内閣府NPOホームページには改正NPO法のポイントを以下のように記している。

①特定非営利活動法人に関する事務を地方自治体で一元的に実施

所轄庁の変更

2以上の都道府県に事務所を設置する特定非営利活動法人（NPO法人）の所轄庁事務は、その主たる事務所の所在する都道府県（従来の内閣府から変更）が、その事務所が1の指定都市区域内にのみ所在するNPO法人にあってはその指定都市が行う。

認定事務も地方自治体で実施

NPO法人のうち、その運営組織及び事業活動が適正であって

公益の増進に資するものは、所轄庁（都道府県知事又は指定都市の長）の認定を受ける。（従来の国税庁長官による認定制度は廃止）

②制度の使いやすさと信頼性向上のための見直し

申請手続きの簡素化・柔軟化

定款の変更について、所轄庁の認証を要しない事項（役員の定数等）が追加。また、社員総会の決議について、書面等による社員全員の同意の意思表示に替えることができるようになった。

会計の明確化

NPO法人が作成すべき計算書類のうち、「収支計算書」が「活動計算書」（活動に係る事業の実績を表示するもの）に変更。

③認定制度の見直し

認定基準の緩和

認定を受けるための基準が緩和。また、設立初期のNPO法人には財政基盤が弱い法人が多いことから、1回に限りスタートアップ支援としてPST基準を免除した仮認定（3年間有効）制度が導入。

認定の効果の拡充

認定特定非営利活動法人（仮認定を含む）への寄附者（個人）は、現行の所得税法上の所得控除の適用のほか、税額控除を選択することができるようになった。（地方税とあわせて寄附金額の最大50%）

注）認定制度の見直し（仮認定制度を除く）は、2011年度税制改正より2011年分の所得から適用

このような改正を受けて、認定NPOの数は大幅に増加することとなった。

つぎに内閣府が実施した「平成26年度特定非営利活動法人実態調査」をもとに、働く場としてのNPOについてみていく。調査対象は全国4,800法人（認定・仮認定法人はすべて含む）で、調査方法はオンライン調査を原則とし、紙媒体での回答も可とした。調査期間は2014年8月22日（金）〜9月30日（月）の40日間。回収率は1,343法人（29.9%）であった。結果は以下のとおりである。

図2-5-1 認定NPO法人数

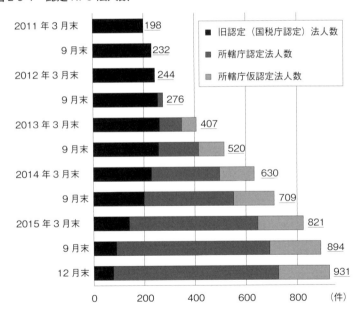

職員数では、認定・仮認定を受けていない法人、認定・仮認定法人ともに「6人〜10人」が多い。

	法人数	職員数			
		中央値	平均値	最小値	最大値
全体	1,338	7	16.1	0	681
認定・仮認定を受けていない法人	982	7	15.5	0	681
認定・仮認定法人	356	6.5	17.9	0	265

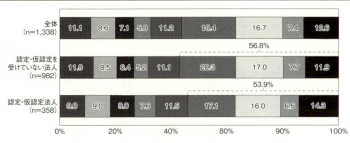

■0人 ■1人 ■2人 ■3人 ■4人〜5人 ■6人〜10人 □11人〜20人 ■21人〜30人 ■31人以上

有給職員数は「1人以上」で比較すると、認定・仮認定を受けていない法人（75.7%）、認定・仮認定法人（76.9%）であり、有給職員の雇用率は同程度となっている。

	法人数	有給職員数			
		中央値	平均値	最小値	最大値
全体	1,338	5	14.1	0	681
認定・仮認定を受けていない法人	982	5	13.8	0	681
認定・仮認定法人	356	4	14.9	0	265

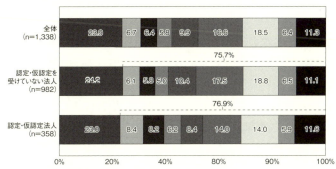

■0人 ■1人 ■2人 ■3人 ■4人〜5人 ■6人〜10人 □11人〜20人 ■21人〜30人 ■31人以上

常勤有給職員数は「1人以上」で比較すると、認定・仮認定を受けていない法人（66.6%）、認定・仮認定法人（63.2%）であり、常勤有給職員の雇用率は同程度となっている。

	法人数	常勤有給職員数			
		中央値	平均値	最小値	最大値
全体	1,338	2	7.0	0	516
認定・仮認定を受けていない法人	982	2	6.8	0	516
認定・仮認定法人	356	2	7.3	0	265

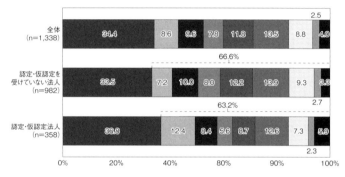

主な活動分野別に常勤有給職員の1人当たり人件費をみると、「200万円超～300万円以下」の割合が「保健、医療又は福祉の増進」で37.0%なのに対し、「保健、医療又は福祉の増進以外」で31.7%と差が開いている。

このような調査に回答するNPO法人は組織としてしっかりしている団体が多いことが予想されるため、認定・仮認定を受けていない法人、認定・仮認定法人ともに職員数、常勤職員数、常勤有給職員数ともに差が出なかった。一方常勤有給職員の人件費については、「保健、医療又は福祉の増進」とそれ以外では賃金格差が開いていることがうかがえるが、これは介護保険制度などで報酬体系が確立されていることなどが考えられる。

■ 労働運動とNPOの関係

　1970年代半ばまでは組織率が35%程度あった労働組合が2015年6月30日現在17.4%となり、組織率は低下の一途をたどっている。しかし労働組合員数は988万2千人にのぼり、日本においてはなお労働組合の影響力は健在である。この労働組合の中でも群を抜いた組合員数約674万9千人を誇る日本労働組合総連合会（連合）は、加盟する組合員の利益だけでなく、「働くことを軸とする安心社会」を掲げ運動を展開している。具体的に企業レベルの労働環境改善の活動を超えて、社会保障のあり方、団塊の世代の退職に伴う2007年問題、就労と出産・子育ての二者択一構造の解消のための仕事と生活の調和（ワーク・ライフ・バランス）の実現、労働組合に加盟していない非正規労働者への対応、あるいは労福協やその加盟組織と協力したライフサポートセンターといった社会問題に対して役割を発揮しようとしている。これらの取り組みに対しNPOとの協働が大いに期待されている。

　実際にライフサポートセンターでワンストップサービスを実施するには、専門性を持った地元NPOとの連携が必須であり、子育てや介護などの生活相談活動への協力が期待されている。NPO側のメリットとしては、連合などを通じて企業からリタイアする人材をボランティアとして迎え入れることや、事務局として連合の事務所を活用させてもらうなど場の恩恵を受けることが想定されている。

　子育て支援については、ライフサポートセンターの活動の一環として、「子どもを預かってくれる場所は？」「育児を負担に感じる」「子どもが言うことを聞いてくれず悩んでいる」等、育児・子育ての悩みに対する相談事業を行っており、千葉県では、千葉県労福協が中心となり、子育ての「応援を受けたい方」と「応援をしたい方」がお互い会員になって、助け合うボランティア組織NPO法人子育て支援グループ「ハミングちば」を立ち上げ、産前・産後や親が病気の時の手伝い、残業、出張、休日出勤の時の一時預かりや、

保育園の送迎などの助け合いをコーディネートしている。

　非正規雇用の問題においては、2008年12月末に日比谷公園に仮設テントが設けられ、仕事や住居を失った人を支援した「年越し派遣村」などは、NPOが行動したことに労働組合が呼応したことでメディアも大きく取り上げ、年末年始にもかかわらず多くのボラン

COLUMN

一般社団法人ユニバーサル志縁社会創造センターについて

「ユニバーサルな志縁社会」とは年齢、性別、国籍、障がい、文化などの違いにかかわりなく、「だれもが暮らしやすい社会」「だれもが参加できる社会」を意味する。そのような社会を創るためにNPO事業サポートセンターと地域創造ネットワーク・ジャパンはこれまでの活動実績を活かし、時代に対応する新しい組織を生み出すため2011年7月に一般社団法人ユニバーサル志縁社会創造センター（会長：加藤登紀子、代表理事：池田徹、古賀伸明）を立ち上げた。ＮＰＯ事業サポートセンターは阪神・淡路大震災を受け連合と市民団体がともにボランティア派遣を行った市民・連合ボランティアネットワークが母体となり、1999年6月に設立。地域創造ネットワーク・ジャパンは団塊シニアの地域デビューをサポートすることを目的に2007年に設立。この2団体が社会的経済セクターをゆるやかにつなげる中間支援団体を設立した。社会的経済セクターとは、農業（第1次産業）、環境、医療、福祉、文化、地域づくりなど、社会的課題を解決するために事業を行うものをいう。具体的には「誰一人として孤立しない・させない地域社会づくり」「身体的、精神的、社会的理由で働きにくさを抱えている人を仲間として迎え入れるとともに、だれにとっても働きやすい職場づくり」「高齢者、障がい者、都市住民など、さまざまな人による農業の再生」「ＮＰＯ・市民団体などが取り組む東日本大震災復興活動を支援」などを拡げるための活動を労働組合、協同組合、ＮＰＯ法人、社会的企業などと協働で展開している。

ティアや寄付が集まることとなり厚生労働省の講堂の利用まで実現することとなった。

連合における特筆すべき公益活動としては3月11日に発災した東日本大震災における「救援ボランティア」であろう。3月14日に「連合災害対策救援本部」を設置した。以降半年余りにわたって組織内・街頭での「災害救援カンパ」を展開し、同時に被災地への支援物資の提供などを組織内に呼びかけ8億円救援カンパが集まり、岩手・宮城・福島・茨城・千葉の各県に寄付を行った。3月末から岩手・宮城・福島の3県に延べ人数で約3万5,000人の「救援ボランティア」を派遣し、災害ボランティアセンターや地元のNPOなどと連携し活動を行った。このような組織力を生かした公益活動は今後も大いに期待される。

このようにNPOと労働組合の連携は全国各地でさまざまなかたちで始まっているが、連合の地方連合会も現状は地域のNPOを全面的に把握しているわけではない。ライフサポートセンターが実施するワンストップサービスの充実のためにも、連合とNPOの協働をサポートする一般社団法人ユニバーサル志縁社会創造センターと連携し、きめ細やかな活動の展開が必要となろう。

■ 市民セクター（非営利協同セクター）間の連携の必要性

先ほど述べた「年越し派遣村」などは典型事例だが、日頃から市民セクター間のネットワークがベースに存在しなければ、労働組合や生協が即応することは不可能である。さらに、ふだん同じ場に並ぶことの少ない労働組合のナショナルセンター同士が同席したのもミッションを掲げて活動するNPOの呼びかけがあったからこそである。社会問題に対してNPO法人が動けば即解決に結びつくわけではないが、NPOの利害を超えた自発的な行動は、社会問題に対して関心があるがなかなか動けない市民に対して、社会参加のチャネルを用意することになる。「年越し派遣村」は結果として市民の

自発的な参加を促すことにつながった好例であった。

■ 市民セクター（非営利協同セクター）形成のシナリオ

　このような社会問題は山積しているが、セクターを超えた連携により課題を解決している例はそう多くない。さまざまな社会問題に対して実際に課題解決のアクションが展開されていく第一歩としては地域の中間支援NPOが現場で活動するNPOとのつながりを構築しなければならない。そのためにも中間支援NPOは自分たちの組織維持のためだけに頑張るのではなく、ビジョンを持って活動し、結果的に現場のNPOに必要とされる存在にならなくてはならない。またその実現のためには、組織基盤の弱い中間支援NPOだけで動くのでは不十分である。労働組合や労働者自主福祉団体や生協など、力のあるサードセクターと協働していくことが不可欠である。

【第Ⅵ節】労働者福祉協議会（労福協）

1. 労福協の歴史と現状

1-1. 労福協の歴史

■ 生活物資をみんなで調達する──労福協のはじまり

　第二次大戦直後、食べるものも含めて生活物資が極端に少なかった時代、労働者の生活必需品をみんなで調達しようと、労働組合や生協などが中心となって1949年8月30日に労福協の前身が設立され、2014年には65年目を迎えた。結成されたときは「中央物対協（労務者用物資対策中央連絡協議会）」という名称で「この協議会を産業別単産および単産の上部組織（中央労働団体）の枠を超えたものとし…労働者の生活福祉問題解決のための組織」としてスタートした。翌年の9月12日に「中央福対協（労働組合福祉対策中央協議会）」に改称、「われわれはこの際、全国的労働団体の福利厚生部門の力を統一結集し、強力な連絡調整、指導のための機関として、ここに労働組合福祉対策中央協議会を設け…」と高らかに組織の理念を謳い上げている。1957年には「中央労福協（労働福祉中央協議会）」に名称変更、そして1962年に現在の「中央労福協（労働者福祉中央協議会）」となった。

■ 労働金庫・全労済の生みの親

　日本でも労働組合は、第二次大戦前から、さまざまなかたちで労

働者自主福祉活動に取り組んできた(『労働者福祉論・総論』教育文化協会刊、参照)が、第二次大戦後急速に発展するなかで、もう一度労働者自主福祉に光をあてた。1949年11月の総同盟第4回大会の方針は、「従来の団結強化の叫びは口頭禅の傾きがあったことを深刻に反省しなければならない(口先ばかりだったという反省)…組合員は一つの闘争が終結すれば組合に対する関心が稀薄となり」としたうえで、相互扶助の精神に立脚した自主的な共済事業と労働銀行の創設が決議されている。

1950年7月の総評結成大会でも「スト資金積立て、罷業金庫・中央労働金庫設立」の方針が掲げられた。さらに、1951年3月の総評第2回大会では、「豊富な闘争資金を持ちながら金融機能を持たない……いわんや労働者個人の生活資金の融資に至っては、銀行に預金を持ちながら、一切融資の途を絶たれているので、高利の質屋か闇金融にたより、益々生活の困窮に拍車をかけている」と、「労働銀行設立に関する件」が独立した議案として取り扱われている。

これらを推進するために中央労福協を中心とする「生活物資対策の充実と労働金庫の設立」という協議の場が作られ、労働金庫法制定(1953年)の大きな動力となった。そして、質屋と高利貸しからの解放を目指した「労働者の労働者による労働者のための銀行」としての労働金庫が全国に誕生していくことになる(労働金庫の項参照)。

また、労働者共済事業についても中央労福協の「共済専門委員会」で議論され、1954年に大阪で、翌年には新潟で先駆的に火災共済事業が立ち上がった。その直後に新潟大火災が発生した。新潟では共済事業の財政基盤がまだ十分整っていなかったにもかかわらず、全国の労働組合の協力で所定の給付を迅速に行ったことが共助としての労働者共済事業の評価を高めることになり、各県での共済事業が本格化していった。今日の全労済誕生の契機である(全労済

の項参照)。

　中央労福協は結成と同時に中央労福協の動向に呼応するように各都道府県に呼びかけ、つぎつぎに「労福協」が結成され、現在では47都道府県すべてに地方労福協がつくられている。

■ 連合の結成と労福協運動の再検討

　ところで、中央労福協結成40年目の1989年に労働戦線統一組織としての連合が結成された。連合結成はそれまでの中央労福協の存在やあり方に大きな影響を与えることになった。それは、中央労福協の役割の一つであった分立するナショナルセンター間の調整機能が必要でなくなったことに端を発しているが、それだけではなく、労働者自主福祉事業をトータルに推進する中央労福協の機能も連合がカバーしうるのではないか、という議論が労働組合や事業団体からも出されてきたためであった。中央労福協はあらためてその存在意義を問われたのである。

　しかし、その議論は立ち消えになった。連合結成後も止まらない組織率の低下、94年を境にした組合員数の減少傾向、パートや派遣、契約労働者などいわゆる非正規労働者の増大の前に、中央労福協はそれまでの中心課題であった組織労働者を対象とする労働者福祉から未組織労働者さらには国民的福祉へと運動の領域を広げていくことになった。そして、労働者自主福祉の活動体として、連合や他の組合と協力しつつ、独自の活動も展開する重要な組織としての意義をより強くもつようになったのである。それはまた、時代の要請でもあった。

1-2. 労福協活動の現状

■ 継承されるDNA

　このように中央労福協は結成当初から「上部組織の枠を超え、す

べての労働組合と福祉事業団体が参加して結束する」という明快な路線を打ち出したことが特徴である。つまり、労働運動面ではときとして組織間競合が発生するが、中央労福協は、全労働者的視点にたって、福祉の充実と生活向上を目指すという一点で統一を堅持していくことを方針として掲げた。現在でも中央労福協ではその結成当初の創業の精神がDNAとして継承されている。

■ **新たな運動へと発展**

　21世紀に入り急速に広がった貧困・格差社会、それを是正・解決していくためにわれわれはどう向き合っていくのか。中央労福協は、多重債務者の救済と生活再建、そのための金利引き下げ運動、悪徳な押し付け販売を規制する割賦販売法の改正運動、地方の消費者行政充実など、矢継ぎ早に課題に挑戦してきた。その結果は、高金利引き下げとグレーゾーン金利を廃止した「改正貸金業法」、販売会社とクレジット会社の共同責任を明らかにした「割賦販売法の改正」、消費者行政の一元化と地方消費者行政の充実をうたった「消費者庁」とそれを監視する「消費者委員会」の設置へと結びついた。

　また、生活保護基準の引き下げ反対、反貧困運動、後期高齢者医療制度撤廃、労働者協同組合法の制定運動など、広範な社会的課題に取り組み始めている。加えて、連合の地協再編、ワンストップサービスと連動したライフサポート事業（困ったときには誰でも相談できる拠点と体制づくり）も推進しており、すでに46道府県127箇所（2015年現在）に拠点が設置されている。

　以下、具体的な取り組み内容について概観する。

■ **高金利引き下げ運動の成果**

　2006年12月、出資法上限金利を20%に引き下げ、みなし弁済規定（利息制限法と出資法上限金利との間の金利差、グレーゾーン金利

と呼ばれている）を撤廃する「貸金業法等改正法」が成立した。中央労福協が連合をはじめとする労働団体・労働金庫だけでなく、弁護士や司法書士、消費者団体、NPO、市民団体と連携して取り組んだ341万人の署名、43都道府県議会、1,136市町村議会での意見書採択などの国民的運動が超党派の国会議員を動かした画期的な成果である。

　しかし残された課題も多い。多重債務者の相談体制やセーフティネットの拡充、多重債務に陥らないための「賢い消費者教育」など、労働者自主福祉運動が果たすべき役割も大きい。2008年度から始まった労働金庫の「気づきのキャンペーン」、低利の労働金庫への借り換えキャンペーンなども重要な運動である。

　「高利貸しのない社会の実現」は労働者福祉運動の原点のひとつでもあり、中央労福協はこの運動を通じて広がった法曹界や市民団体とのネットワークをさらに広げていくことにしている。

■ 悪徳商法追放運動〜割賦販売法改正

　多重債務に陥る原因の一つに、高価な宝石や着物、羽毛布団などを次々と契約書型クレジットで買わせる押し付け悪徳商法被害があった。そのため、中央労福協は貸金業法改正運動に取り組んだ労働界・消費者団体・法曹界と協同で、悪徳販売業者とクレジット業者の責任を明確にする法改正を求める運動を始めたのである。その結果は、265万人の署名、47都道府県・856市町村議会での意見書採択、街頭宣伝行動などを通じて、2008年6月の国会での「特定商取引法及び割賦販売法改正案」成立に結実させることができた。不当な勧誘行為や次々販売などによる被害の救済システムが整備され、クレジット業者に対する過払金返還などの責任ルールが確立されるなど、これまた画期的な法改正となった。

　クレジット業界には厳しすぎる規制との見方もあるが、むしろ、悪徳商法の温床とならず、消費者が安心して利用できるクレジット

制度にすることで、「クレジットを利用したほうが安心」という信頼感を高め、消費者と事業者が Win-Win の関係でクレジットシステムを発展させることができる。

　過払金返還ルールの創設により、消費生活センターで悪徳商法被害を解決できるケースが格段に増えることになるが、最前線の相談現場はあいつぐ予算・人員の削減で疲弊し、消費者行政の土台が揺らいでいる。その建て直しのため、中央労福協はつぎの課題に挑戦していくのである。

■ **消費者庁及び消費者委員会関連法案の成立**

　消費生活センターでは多重債務相談や悪徳商法被害の相談が激増しているにもかかわらず、最前線の相談現場は毎年予算・人員が削減され続けている。とくに、全国の消費生活相談員は不安定雇用で低所得の状態に置かれ、権限も位置づけられていない。せっかく創った被害者救済の仕組みを機能させるためには、消費生活センターの充実と、第一線で奮闘する相談員の処遇や身分の改善、権限の強化が不可欠である。そのため、中央労福協は消費者団体とともに貸金業法改正、割販法改正に続く課題として消費者の立場に立った消費者行政の一元化を求めてきた。

　そして、2009 年 5 月、消費者行政を一元化する「消費者庁」と消費者庁を監視する立場の「消費者委員会」を同時に設置する法案が国会で可決・成立し、9 月に消費者庁が設立された。今後、消費者被害を防止する観点からは、地方消費者行政・相談機能を強化していくことが不可欠である。消費者行政の土台である第一線の相談現場を国が恒常的に支援する仕組みの検討は急務である。中央労福協はこれまで培ってきた消費者運動とのネットワークを活かし、残されたこうした課題への取り組みに全力をあげていくことにしている。

■ 生活保護基準引き下げ反対

　中央労福協は、サラ金の高金利引き下げや悪徳商法追放（割販法改正）に取り組んできた立場から、格差・貧困社会の是正に向けた運動の大きな柱として生活保護制度の改善を位置づけている。多重債務対策もその根本的な解決には背景にある貧困問題の改善が不可欠であり、生活保護をはじめとする社会的セーフティネットの強化と一体的に取り組む必要があると考えているからである。

　生活保護制度は国民生活を守る最後の社会的セーフティネットとしてある。しかし、厚生労働省は2007年11月、低所得者の消費支出統計よりも生活保護基準の方が高いとして生活保護基準の引き下げ構想を発表した。中央労福協は、法曹界や市民団体とともに、「生活保護基準引き下げ反対」の運動に取り組み、この構想をいったん止めることができた。

　しかし、2012年末の政権交代時から「生活保護バッシング」が強まり、2013年には、消費者物価指数が過去3年間よりも下がっていることを理由に、生活扶助基準は2013年8月から3年間にわたり6.5％の引き下げが強行された。さらに、2015年からは住宅扶助、冬季加算も引き下げが強行された。

　生活保護基準は、生活保護受給者の問題にとどまらず、地方税の非課税基準をはじめ、医療・福祉・教育・税制など多様な施策の適用基準にも連動している。また、最低賃金とも関連していることから、中央労福協は各地方労福協を通じ、生活扶助基準の引き下げを他の諸制度に連動させないよう自治体要請活動に取り組んだ。さらに、法曹界や市民団体とともに、生活保護基準の切り下げを許さず、憲法25条の生存権を保障させる運動に参加し、取り組んでいる。

　2008年4月には市民団体と共同で「人間らしい労働と生活を実現する連絡会議（通称：生活底上げ会議）」を発足させ、市民団体、生活保護受給者などと連帯した取り組みを重ねている。この取り組

みは 2008 年以降、全国で「反貧困キャラバン」として全国の地方労福協が街宣行動や集会に参加するなど行動を盛り上げた。

■ 反貧困運動から生活困窮者自立支援制度へ

2008 年のリーマンショック以降、貧困問題は大きな社会問題として「年越し派遣村」などにより「可視化」され、社会保険・雇用保険制度（失業）と生活保護制度（最低生活保障）との間に新たな「第二のセーフティネット」の必要性の気運が高まった。当時、政権交代もあり「社会的包摂」政策の下で寄り添い型の就労支援モデル事業（パーソナルサポート）が開始された。新潟、長野、千葉、山口、徳島、沖縄の地方労福協はこのモデル事業を受託することになった。中央労福協は、縦割りではなく一人ひとりの事情に沿った就労支援策をモデル事業から本格的な制度とするよう要求を行ってきた。

この「寄り添い型」就労支援モデル制度は、2013 年 12 月生活困窮者自立支援法が成立し、2015 年 4 月から「生活困窮者自立支援制度」として全国約 900 の自治体で実施されることになった。この制度は、さまざまな事情により社会参加が困難であったり、生活に困窮している人びとに対して総合自立相談、就労準備支援・家計相談・学習支援等包括的な支援を行うものとなっている。生活困窮者自立支援制度の実施にあたっては、多くの地域では自治体の直営というよりは、社会福祉協議会をはじめ生活協同組合、多くの NPO などの市民団体に委託され実施されている。地方労福協でも、6 県 15 自治体（2016 年 4 月現在）で受託し、総合自立相談事業などが取り組まれている。

この制度は、まだ発足したばかりで各地域で取り組みの強弱はあるが、この制度をより実効あるものにするため、各地の労福協では、フードバンクなど NPO との連携を追求するとともに、中央労福協は、全国でこの制度を担う NPO などのネットワークに参加し

情報交換を強め、地域にその情報の活用を進めている。

■ 協同労働の協同組合法制化の取り組み

「協同労働」とは聞きなれない言葉だが、資本と労働と経営を一体的に運営する働き方を指している。ワーカーズ・コープとも呼ばれているが、日本では組織を位置づける根拠法がない。そのため、福祉・介護や子育て支援、環境・まちづくり、食農関連、ビル管理など多くの事業を展開しているものの、信用力の弱いNPOなどとして活動するケースが多い。

その根拠法「協同労働の協同組合」法を作ろうと、中央労福協に加盟する労働者協同組合連合会が中心となって「協同労働の協同組合」法制化をめざす市民会議が発足したのをはじめ、200名を超える国会議員による超党派の同議員連盟も結成され、議員立法による法制化の準備が進められている。

■ 地方労福協の活動について

中央労福協と各地方労福協の関係は、上部機関・下部機関の関係ではなく、それぞれが自主的に運営・運動しながら連携するいわばネットワーク組織である。もちろん、上記の「多重債務対策」「割販法改正」「消費者行政一元化」「生活保護基準引き下げ反対」「反貧困・生活困窮者自立支援制度」「ライフサポート事業」などの課題については、中央労福協の呼びかけに応じて各地域で、地方連合会や労働金庫・全労済・生協などと連携して精力的な運動を展開している。

とくに、ライフサポート事業については、それぞれの地域独自の事業も展開しており、名称が「ライフサポートセンター」「暮らしほっとステーション」「生活安心ネット」など地域によって異なっている。労働者福祉の拠点としての会館運営、多重債務相談、障がい者就労支援、無料職業紹介、高齢者家事サポートなどの自主事業

のほか、生活相談事業、子育て支援事業、若者・ニート支援事業など、国や自治体からの受託事業も行われている（各地方労福協の取り組みは本節2と第3章を参照）。

■ 中央労福協の運動スタイルの再確認
──「福祉は一つ」のかすがい役として

　貸金業法改正や割賦販売法改正は画期的であったといわれている。運動に携わった当事者自身の口からでさえ「思ってもみなかった成果」といわせたのは一体なぜなのであろうか。それは、これまであまりつきあいのなかった労働組合と弁護士・司法書士、消費者団体・NPO・市民団体など広範な人びとが連携したこと、そして300万人もの署名が集まったことを背景にして超党派の国会議員連盟が作られたことによるところが大きいといえる。つまり、さまざまな人びととのネットワークが出来たこと、過去いろいろないきさつがあった団体とも一緒に運動を進めたことによって実現したといえるだろう。

　しかしそれは、中央労福協の創業の精神そのものだった。これからも中央福協は「福祉は一つ」という創業の初心を忘れずに、どのような団体や市民とも「出自を問わず実現したい事柄で連携する合理性」を持ち続けたいと考えている。

　現在、中央労福協は金融事業化した「奨学金」制度の改善に取り組んでいる。学費の高騰、世帯収入の減少の中で今や大学生の2人に1人が「奨学金」を利用している。しかし、卒業と同時に「奨学金」という名の多額の借金を背負って、社会に出ていく若者は、その後の雇用状況によっては「返したくても返せない」者が増大し、若者の将来は結婚、子育て等に大きく影響し、さらには、社会保障制度をはじめとした社会の持続可能性にとっても大きな問題となっている。この奨学金問題は、個人の問題ではなく、国の人材育成（教育）政策、雇用問題等が内包されている。こうした観点から、

【第Ⅵ節】労働者福祉協議会（労福協）

中央労福協は、労働組合をはじめ加盟組織はもとより、生活協同組合、法曹界、市民団体等に呼びかけ、「奨学金」制度の改善に向けた社会運動を提起している。

このように、労働運動を中心としながら労働者自主福祉運動、消費者運動、NPO・市民運動とを結びつける「かすがい役」として、21世紀に果たすべき中央労福協の役割は日増しに大きくなってきている。

2. 地方労福協の活動事例

2-1. 沖縄県労福協——公労使一体の就労支援

沖縄県労福協の設立は、各県が1950年代から続々労福協を誕生させていったのとは異なり、全国でもっとも遅い1975年に設立された。それは、沖縄県が終戦直後から1972年の「本土復帰」まで米軍の施政下に置かれた歴史を反映したものである。しかし他県に遅れて出発したとはいえ沖縄県労福協の取り組みは、今日、行政等と密接に連携し、就労支援を中心とした社会的包摂の活動となっており、全国的にも先進的な取り組みといえる。

こうした取り組みの背景に、沖縄県の社会経済的状況が大きく反映している。その特徴は、沖縄県が、①恒常的に高失業率であり、②若年層（15～39歳）の失業率が全国一高い、③離婚率も全国一高く、母子家庭が多い、④非正規就業者率が全国水準を大きく上回り、⑤共働き世帯でも低所得で貧困世帯が多い、というもので、こうした状況の中で、沖縄県労福協は勤労者福祉の向上に向け、生活相談事業、子育て支援事業、就労支援事業を中心に活動を進めている。

2005年沖縄県労福協は、企業の枠を超え地域、関係団体を含め

た勤労者の自主的・主体的福祉運動・事業活動の展開が重要であるとの基本的認識のもと、「財団法人　沖縄県労働者福祉基金協会」に組織改編・法人格を取得し、行政との連携をしやすくし、具体的な福祉政策の実現に取り組むことになった。

　現在、沖縄県労福協は行政と連携しながら幅広く多様な就労支援活動に取り組んでいる。その取り組みの概要は以下のとおりとなっている。

(1) ワンストップサービス（暮らしの相談事業）

　2005年、沖縄県労福協は連合沖縄と連携し、中央段階の4団体（連合、労金協会、全労済、中央労福協）合意に基づく「地域に根付いた顔の見える運動」の提起に呼応し、地域における相談活動、ワンストップサービスセンター（ライフサポートセンター）を中部地協（沖縄市）に設置した。この相談事業は、退職者、弁護士、司法書士、NPO等との連携のもと多重債務など生活にかかわるあらゆる相談に対応するとともに、諸課題の解決に向けて支援を行っていくものである。

　この生活相談を中心としたワンストップサービス事業を踏まえ、2006年に働く人のための子育て支援、2009年には「ふるさと雇用再生特別交付金」（国の基金）を活用した就職支援センターを那覇市（南部）、沖縄市（中部）で開設した。これは、就職困難者の相談、子育て・介護世帯の就職支援を中心とした総合就職支援事業を生活相談機能に付加させたものである。

(2)「ファミリーサポート」事業

　2006年、後に「ファミリーサポート」事業につながる「子育て緊急サポート」事業が、厚生労働省の委託を受け開始された。この事業は、勤労者が育児をしながら働き続けることを可能にするため、育児に関する臨時的、突発的、専門的なニーズに対応したもの

である。具体的には、病気や病気回復期に集団保育になじまない子どもの預かりや、急な外出、出張などの宿泊を含む子どもの預かりなどさまざまなニーズに対応するもので、保育士、看護師、保健師および24時間の研修を終えた有償ボランティア（保育サポーター）などスタッフを登録し、利用者からの要望に応じて専門スタッフと利用者のマッチングをはかり子育てをサポートするものである。2015年現在、県内4地区を拠点に、15市町村からの業務委託（別途1市単独事業）として取り組まれ、預ける会員と受け入れ会員の合計は3,000人を超えている。

(3) パーソナル・サポート事業

沖縄県の高失業率という状況の中で始まった就職支援事業では、「就職」する以前に、さまざまな理由で「生活基盤そのもの」が不安定な人が多く存在することが明らかになってきた。「就職した経験がない」「履歴書が書けない」「資格がない」「住居がない」「食料支援が必要」など、就職困難者は、就職以前に、住居支援、食料支援など生活基盤の支援が必要となる場合が多い。

2011年内閣府は、就職困難者に対して個別的、包括的、継続的に「寄り添い」型の就労・自立を支援する「パーソナル・サポートサービス・モデル事業」を開始した。沖縄県労福協は、これまでの生活・就労支援の実績から、第一次モデル地域として全国5地区の一つとして、沖縄県を通じて内閣府から選定された。

内閣府による「パーソナル・サポートサービス・モデル事業」は、2015年の生活困窮者自立支援制度の発足により終了することになったが、沖縄県では、生活困窮者自立支援制度ではカバーできない要支援者のために、引き続き、沖縄県の独自事業（沖縄県パーソナル・サポート事業）として、伴走型の就労・自立支援を行っており、沖縄県労福協が受託している。

具体的には、沖縄県全体を対象地域として、グッジョブセンター

おきなわ（南部、中部の2カ所）内で「企業実習」「就職支援」「就労定着支援」「就職準備支援」「生活支援」等を通じて、相談者が就労し、自立するまでの支援を行っている。

(4) 生活困窮者自立支援事業

2015年4月から生活困窮者の生活支援と就労支援を総合的に行う生活困窮者自立支援事業が全国約900の福祉事務所設置自治体で開始された。

沖縄県労福協は、上記の沖縄県パーソナル・サポート事業とは別に、沖縄県、那覇市、沖縄市からそれぞれ委託を受け、生活困窮者自立支援事業を行っている。沖縄県からの委託では、離島町村を含む30市町村を対象地域として、「自立相談支援事業」「一時生活支援事業」「住宅確保給付金事業」「相談支援事業等従事者養成研修」などを実施している。また、那覇市と沖縄市からの委託事業は、当該市を対象に「自立相談支援事業」と「住宅確保給付金事業」をメイン事業として「生活保護申請サポート」「ホームレス巡回相談」などの支援事業を実施している。

(5) 被保護者就労支援事業・就労準備支援事業

この2つの事業は、生活保護法の改正により2015年4月から全国的にスタートした事業で、両事業を合わせて生活保護受給者の自立支援（日常生活自立支援、社会生活自立支援、経済的自立支援）を実施するもの。具体的には、生活保護受給者が主体的に就職活動を行い就労実現できるよう、「支援内容の説明・参加促進・アウトリーチ」「意欲喚起」「アセスメント・カウンセリング・プログラム作成・実施」「就職活動アドバイス」「ハローワークとの連携による就職支援」「就労マッチング」などの支援活動を行っている。

沖縄県労福協は、沖縄県・うるま市・豊見城市のが共同実施している「被保護者就労準備支援事業」を受託するとともに那覇市から

「被保護者就労支援事業」とともに委託を受けて実施している。

(6) グッジョブセンターおきなわ管理運営業務

　沖縄県は、雇用問題（高失業率等）を県内の重要な課題と位置づけ、沖縄県の「中期構想計画」に「総合就業支援拠点」構想を打ち出し、雇用問題の改善に取り組むとした。この構想に基づき、2013年4月に、公・労・使一体となった雇用対策の取り組みとして、就業支援をワンストップでサービス提供する「グッジョブセンターおきなわ」が本格オープンした。この「総合就業支援拠点」には、沖縄県、沖縄労働局、経営者協会、連合沖縄の4者で構成される「雇用対策推進協議会」が設置され、求職者や事業主等のニーズに対応し、支援事業を実施している。

　このセンターは、旧沖縄労金本店の建物を利用し、その中に常設の機関として、「ハローワーク」（労働局）、「沖縄県キャリアセンター」（沖縄県）、「沖縄県就職・生活支援パーソナルサポートセンター」（沖縄県）、「就労サポートセンター」（セミナー、講習会などの開催・労福協独自事業）などが入居しており、さらに「事業主向け雇用相談」「女性・子育て就労支援」など経営団体、市民団体とも連携し相談から就職までワンストップで総合的な支援を実行している。

　沖縄県労福協は、労働組合はもとより行政や経営者団体とも連携の取れる立ち位置を生かし、「グッジョブセンターおきなわ」に労福協の受託事業・自主事業の窓口を設置・運営するとともに、「グッジョブセンターおきなわ」の管理運営業務も担っている。

　沖縄県労福協の就労支援に向けた取り組みは、上記以外にも、「女性就業・労働相談センター」、65歳以下の障がい者の就労を支援する「就労移行支援事業（おおきなかぶ）」、生活資金貸付を行う「労福協支援基金」、生活困難者に食糧、日用品の支給・貸し出しを行う「労福協支援バンク」等の事業を地域のNPOとともに取り組

んでいる。

こうした、多様な沖縄県労福協の取り組みは、現在100名を超えるスタッフ・サポーターによって担われている。しかし、それゆえの課題も存在している。事業の財源が大きく行政からの委託費に依存していることから今後も行政との連携をはかることはもちろん必要であるが、恒常的な事業に向けては、安定した財源の確保が求められる。そのため自主財源の確保にとどまらず、労働組合をはじめ企業、NPOなど社会的資源を活用した幅広いネットワークの中で連帯施策が実施されることが必要となっている。

2-2. 静岡県労福協——たて・横に幅広くつながるネットワーク

■ 下からの支えが強固な組織体制

静岡県労福協（正式名称：一般社団法人静岡県労働者福祉協議会）は、現在、22の地区労福協、連合静岡、11の福祉事業団体等の計34団体の会員により構成されている。「労働者の福祉要求の実現を通じて、労働者家族の生活向上と安定をはかり、真に平和で豊かな暮らしを保証する社会を創る」ことを基本理念に、①地域・地区労福協への支援、②静岡県への行政要望、③福祉事業団体（関係団体）間の連絡・調整機能、④静岡県（行政）からの助成事業、⑤国際交流事業、⑥地域役立資金管理・運用、⑦県労福協の事業見直し、の7つの役割を果たしている。

他県の労福協と異なる大きな特徴は、その形成過程にある。1950年代から60年代にかけて、未組織労働者への支援の受け皿として、静岡労金の支店を単位にまず地区労福協をつくり、その後、県労福協を結成した。

その特徴のひとつは、結成当初から組織労働者にかぎらず未組織労働者対策にも視野を広げていたことである。これは当時の労働組

合リーダーたちがこうした発想をもっていたために実現した。もうひとつは、地区労福協が労福協活動の基盤となっていることである。連合地協よりもさらに細かい労金支店の単位ごとに地区労福協があるので、より現場に密着した活動に取り組むことができ、下からの支えが強固なしくみになっている。地区ごとに労金の支店を誘致しようと預け替えを行うなど、大手か中小かは関係なく、組合員の静岡労金への愛着が強いこともその要因となっている。

　さらに、静岡県労福協を支えるさまざまな機能の関係団体がある。たとえば、福祉基金協会（正式名称：公益財団法人静岡県労働者福祉基金協会）は、県内6カ所のライフサポートセンターでの生活相談、NPO活動助成、地震災害対策、調査研究などの幅広い事業を行っている。なかでも注目したいのは「NPO活動助成資金」である。これは、静岡労金の会員が静岡労金からの配当金の一部を、NPO支援を目的に福祉基金協会へ再拠出（寄付）したものである。この資金を活用して、静岡労金の「NPO事業サポートローン」を利用しているNPOを対象にした「NPO融資利息補給制度」や県内6カ所で開催される「NPOプレゼント講座」を実施している。

　ろうきんグリーン友の会、退職者福祉協議会が合体して結成されたライフサポートセンター友の会は、未組織労働者および退職者6万人の会員をもつ加入者組織である。会員全体の預金額は1,700億円、融資額は1,100億円であり、ここからの利用配当金が年間5,500万円にのぼる。おもにこの利用配当金により友の会が運営されている。2015年度からは友の会から各地区へ未組織労働者支援のための助成を行うこととなった。その助成金は、未組織労働者を対象にしたセミナー開催などに使用される。こうした加入者組織も資金面から各地区を支えている。

■ エネルギーの源泉としてのネットワーク

　静岡県労福協がこうした多角的な事業を展開できるのは、これま

での歴史的経緯にくわえ、横に広がるネットワークがあるからである。2005年ごろから、通称R4と呼ばれる非公式の4団体代表者会議が開催されている。この会議は連合静岡、県労福協、静岡労金、全労済静岡県本部のトップで構成されている。その下に、各団体のナンバー2を集めた事業団体責任者会議があり、さらにその下に、東部・中部・西部ごとに5団体会議を開催する。この5団体とは、連合、労福協、ライフサポートセンター、労金、全労済をさす。各レベルで横に連携しつつ、たての意思疎通も円滑にできる関係が築かれている。

　横のネットワークは、労働組合周辺にとどまらず、生協、NPO、行政、経営者団体など、幅広く拡大している。具現化された事例が「LWマガジン」や後述する「フードバンクふじのくに」である。「LWマガジン」は、県労福協、連合静岡、県経営者協会、NPO法人地域活性化支援センターの4団体により2007年8月に結成された「NPO法人L.W.サポート」が、2008年11月（第1号）から情報誌として発行しているものである。現在では年4回、25万部の発行のうち20万部は連合静岡組合員に直接配布される。当初の目的は婚活であったが、今では、静岡労金支店の紹介ページを差し込んだり、プレゼントコーナーや地元1,700の施設・店舗の割引などが人気になったりと、工夫を凝らし幅広い層に読まれている。

■ 地域役立資金の効果

　「地域役立資金」は、静岡県内の労働者自主福祉運動の発展に寄与する活動に役立てることを目的として2010年に創設された資金である。静岡労金会員に還元された利用配当金を静岡労金会員から再拠出してもらい、3年間で30億円を積み立てた。このうち19億円が県労福協、11億円が福祉基金協会に再拠出され、地域役立資金運営管理委員会で活用内容の検討や適切な運用管理が行われている。2012年度から本格的に事業を開始した。

30億円を積み立てるにあたって、R4の代表者会議メンバーがリーダーシップを発揮したのと同時に、静岡労金職員が各組合をまわって説得した。組合員からの反対の声はなく、再拠出した会員は全体の97.49%を占めていた。

現在、地域役立資金は地域社会への貢献に資するさまざまな場面で役立てられている。県労福協では、この資金を活用し、地区労福協の拠点をすべて整備することができた。これまでは労金店舗が地区労福協の拠点になっていたため、金融庁からの指摘を受けていた。さらにはすべての地区労福協で事務員を雇用することができたため、地区労福協役員を兼任している労金支店長の事務負担の軽減にも役立った。ただし資金上の制約から、それらの事務員には月5万円の業務委託費しか支払えないため、週2～3日の非常勤となっていることが悩みである。

そのほか、人づくり活動として、県労福協では2014年から労働者自主福祉運動の歴史伝承、歴史教育を目的に「語り部1,000人プロジェクト」を発足し、「語り部講師育成ゼミ」を開始した。福祉事業団体、連合静岡から10名が第1期生として参加し、9回の連続講座を受講した。同様に、人づくりの目的で2012年に創設した「ロッキー奨学金制度」では、県内6大学の大学生に給付型奨学金を授与している。2015年からは3大学を追加し、9大学計27名の大学生に20万円ずつ授与した。

もうひとつの拠出先である福祉基金協会は、地域役立資金を活用して勤労者総合会館3階を静岡労金から買い取り、「ALWFロッキーセンター」を開設した。ロッキーセンターは会議やイベントなどで勤労者等の福祉向上のために幅広く活用されている。

現在は地域役立資金の活用により多様な事業を展開しているが、10年後には資金が枯渇することが予測される。将来的に地区労福協の事務所、ロッキーセンターをいかに維持するかが課題となっている。

■「NPO法人フードバンクふじのくに」による生活困窮者への食料支援

先述した「NPO法人フードバンクふじのくに」は横のネットワークからつくられた先進事例である。全国の動向と同じく静岡県内でも生活困窮者が増加していることを背景に、10を超える団体が集まり、2014年5月にフードバンク活動を開始した。同年9月にはNPO法人の認証を受けた。構成団体として、静岡県労福協、福祉基金協会、県生協連、NPOサポートしみず、県ボランティア協会、青少年就労支援ネットワーク静岡、NPO POPOLO、ワーカーズコープ、連合静岡が参加している。職員は3名体制で、これにボランティアがくわわり、日常的な活動に取り組んでいる。

図2-6-1　食料寄贈から提供までの流れ

資料出所：静岡県労福協『NPO法人フードバンクふじのくに事業報告書』（2015年3月）

支援のしくみは、食品加工会社、スーパー・小売店、個人などから寄贈された食品を、フードバンクふじのくにを通じて、依頼を受けた福祉施設、行政・社会福祉協議会、包括支援センター、支援団体などに提供し、そこから食料希望者の手に渡る、というものである（図2-6-1参照）。

2014年5月から15年8月までの出庫件数は835件（29.4トン）、入庫件数は466件（31.1トン）であった。静岡市内にある事務所に食品が届くが、毎月100件以上の依頼を受けるため、入ってはすぐ

に出ていく状況である。こうした食品提供ができるのも、多くの団体からの支援があるからにほかならない。たとえば、生活協同組合ユーコープが毎週、定期的に食品を寄贈したり、しずてつストアが各店舗の店頭にフードBOXを常設したり、地元の食品企業が缶詰やみそ汁、レトルト食品などを寄贈したりしている。民間団体からの協力だけでなく、自治体にもそれが広がりつつあり、島田市や湖西市ではフードBOXを設置している。

　労働組合や福祉事業団体においても、フードバンク活動が浸透しはじめている。地区労福協が中心となって各地区でフードドライブ（食料品回収）を実施したり、各種のイベントがあるたびにフードBOXを設置したり、静岡労金からは食品を運搬する車両の提供を受けたりと、積極的な協力や意識の向上がみられるようになった。地区労福協は頼りになる存在であると自治体からの評価も高い。

　現在抱える問題は財政的困難である。これまでは、年間費用1,000万円の半分以上を福祉医療機構からの助成金で、残りを連合静岡、勤信協からの特別寄付、および賛助会費でまかなっていた。今後より一層、自治体との連携、さまざまな民間団体との幅広いネットワークが重要になることはまちがいない。

2-3. 新潟県労福協——問題解決の幅を広げる相談事業の充実

■ 相談を中心とする総合的な事業展開

　新潟県労福協（正式名称：一般社団法人新潟県労働者福祉協議会）は、1988年に結成されて以来、多くの事業に取り組んでいる。ライフサポートセンター（以下、LSC）をはじめ、よりそいホットライン（正式名称：寄り添い型相談支援事業）、パーソナル・サポート（以下、PS、2015年度から生活困窮者自立支援事業に名称変更）センターにみられるように最近の活動は相談事業が軸となっている。相談

事業は、地域住民のニーズを把握し、地域の問題解決につなげていくためのもっとも基本的な活動である。いいかえれば、相談事業の充実は、共助によるセーフティネット基盤が整備されているということでもある。

具体的には、2007年に開始したLSCは、現在では県内8カ所（新潟、上越、県央、長岡、見附、柏崎、上越、佐渡）に開設され、コーディネーターを1人ずつ配置している。相談者数は最も多い2011年には1,200名を超えた。近年、減少傾向にあり、2014年は943名であった。そのうち約4割を長岡が占めている。相談内容は開設当初は労働問題が中心であったが、現在では家庭問題、こころの問題など生活にかかわる相談内容が多くなっている。

よりそいホットラインは、社会的包摂サポートセンターが2011年の東日本大震災をきっかけとして東北3県を中心に開始した相談活動であり、その後、被災地以外にも拡大し全国で展開している。2012年当時、新潟県労福協ではPS事業に着手しており生活困窮者支援事業に実績もあることから、社会的包摂サポートセンターから、是非、相談拠点が空白となっている新潟県で実施してほしいとの要請もあり引き受けた。

2015年度からは新たなブロック編成として富山、石川、福井、新潟県の相談者を対象に、「よりそいホットライン北越地域センター」の名称で法人格のある新潟県労福協が受託団体となった。もっとも相談員体制がとりやすい条件のそろっている長岡市に地域センター（新潟コールセンター）として15名のスタッフと富山コールセンター（高岡市）で15名、合計30名のスタッフ等を新潟県労福協が雇用している。

■ パーソナル・サポートセンターによる生活・就労支援等

2008年のリーマンショック後の生活困窮者支援事業として始まったPS事業は、全国的には2010年にPS第1次モデル事業が開始

し、沖縄県労福協、第2次（2011年）に長野県労福協、山口県労福協、徳島県労福協などが手を挙げた。新潟県労福協では、2012年6月に新潟県の委託を受け第3次PS事業を開始した。

この事業を通じて、仕事や生活に困窮している相談者に寄り添い伴走し、関係機関と連携しながら、個別的かつ専門的に生活・就労支援を行っている。現在、県内3カ所（新潟、長岡、上越）にセンターを開設しているほか、福祉事務所を持たない10町村を対象にした同事業もあわせて県から一括して委託事業を受けている。2015年4月からの生活困窮者自立支援制度の本格的実施にともない、それまで新潟県が一括して新潟県労福協に委託していた13市は、2015年度から直営か地元市社協に委託し事業を実施するようになった。現在、PS事業の費用は県と市からの委託事業費、新潟ろうきん福祉財団および日本労働文化財団からの寄付等でまかなっている。相談員は常勤・非常勤で合計18名（新潟7名、長岡4名、上越4名、町村3名）の体制となっている。

具体的な支援のしくみは、まず相談を受けて、ハローワークなどの支援機関に同行したり、カウンセリングや法律相談を行ったり、就労準備のために履歴書の書き方や面接へのアドバイスを行ったりして、NPO、企業、行政などの地域の機関とも連携しながら問題解決へと導いていく。新規相談者数は、2014年度は978名であったが、2015年4月から2016年2月までの11カ月間ですでに1,210名にのぼった。県内全体の生活困窮者のうち相談者がどのくらいを占めるかということは把握するのが困難であるが、2015年4月からの生活困窮者自立支援制度の実施にともなって新潟市が市報に掲載するなど、県民が制度を知ることによって相談者は確実に増加している。さまざまなところへ相談に行ったが最後はここに来たという相談者も多くいた。相談内容も複数の領域にまたがっている場合が多く、経済的理由からの困窮やメンタルの相談が多くなっている。

PS事業の実施による利点は大きい。ひとつは、LSCからPSセ

ンターに相談者をつなげるケースもあり、すなわち事業の拡大によって問題解決の幅が広がったということである。もうひとつは、LSC での経験があるため、弁護士、司法書士など専門家と密接に連携して対応できているということである。これらのことからも、事業開始時から行政からの評価、信頼は高く、県民のニーズも大きい。

　反対に、現在抱えている問題点もある。ひとつは人材育成である。人材育成の一環として、毎月1回 PS センター相談支援員、よりそいホットラインの相談員、LSC のコーディネーターを集めた合同の事例研修会を実施している。相談員もコーディネーターも誰にもできる仕事ではなく、事業が充実していくにつれ、求められるレベルがより一層高くなっていくからである。しかし、いずれの事業も委託期間が1年間であり、事業が継続される前提がないと人材を育てていくことはきわめて難しい。

　もうひとつの問題は就労準備支援の受け入れ先の不足である。PS モデル事業のスタート時からみると就労を軸とした支援から福祉支援へトーンダウンしているように見受けられる。就労機会へと結びつけていくためには、中間就労の場としての社会的企業や受け皿となる企業が必要であり、政策・制度の実現や企業につなげるという意味で連合新潟への期待が大きい。

■「フードバンクにいがた」による食料支援

　先述の PS 事業を開始したことによって、米どころ新潟であってもご飯が食べられない多くの人たちがいることがわかり、フードバンクの必要性が明らかになった。最初は、PS 事業の相談員が自前で食料支援をしていたが、それでは継続が難しいため、新潟県労福協の会員でもあるワーカーズコープ北陸信越事業本部長の発案で2012年10月から「米1合運動」に取り組むこととなり、その活動は2013年6月まで続いた。

【第Ⅵ節】労働者福祉協議会（労福協）

　しかし、米だけでは十分な支援ができず、しかも食料緊急支援の必要性は新潟だけなく、長岡、上越エリアでも大きかった。すでに先行してワーカーズコープちばが活動している「フードバンクちば」のしくみを手本にして、ささえあい生協新潟、ワーカーズコープ北陸信越事業本部、新潟県労福協が呼びかけ人（団体）となり、2013年7月に「フードバンクにいがた」が発足した。将来的にはNPO法人化も検討している。

　食料支援の具体的なしくみは、まず食品メーカー、スーパー、民間企業、行政、個人などから食品の寄贈を「フードバンクにいがた」が受け、それを生活困窮者の支援団体、PSセンターなど約50施設・団体に提供するというものである。同時に、これらの団体と連携して、フードドライブや食育講座、炊き出し支援なども実施している。個人に食料を直接手渡すことはなく、原則として団体を通じて提供するため、食料支援を受けた延べ人数は把握できない。

　「フードバンクにいがた」の会員制度には、個人会員、団体会員、団体賛助会員の3種類があり、会費や寄付、食料持ち込み、ボランティアの面で協力してもらっている。運営にあたっては、助成金と会費以外に収入はなく、新潟県労福協が食品の備蓄倉庫を提供し、ワーカーズコープから職員1名が出て常駐している。

　労働組合や福祉事業団体もフードバンク活動に関与しはじめている。連合新潟をはじめ、JP労組、情報労連、全農林などは会費納入だけではなく、食料の持ち込みでも積極的に協力しはじめている。新潟県労福協も団体会員として協力しており、新潟労金や総合生協も同様である。しかし、単組までは難しい。

　そのほか、企業としては石山味噌醤油が大口の食料寄贈をしており、自治体としては唯一、燕市が団体会員として登録している。

　今後の課題としては、事業を継続、発展させていくためのヒト・モノ・カネである。他県のフードバンクに比べれば、規模は小さく組織運動としては不十分な面もまだみられる。とくに、ヒトの面で

いえば、いい仕事をするにはボランティアだけでは不可能であり、有償の労働が必要であるし、カネの面では、行政だけではなく民間団体の助成金を数カ所組み合わせるなどの工夫が必要になっている。

また、この事業を通じた地域づくりや就労支援との結びつきを目標としているが、まだ十分に実現するまでには至っていない。年10日間程度、学生の社会勉強として、在庫管理や配送の手伝いの場を提供することを2014年10月から始めた。将来的にはこうした活動を中間就労の場にもしていくことをめざしている。

■ ろうきん財団によるNPO等助成

ろうきん財団（正式名称：一般財団法人新潟ろうきん福祉財団）は、新潟労金の30周年記念事業として1983年に設立された。2013年には一般財団法人に移行し、2014年には「新潟県勤労者福祉厚生財団」から「新潟ろうきん福祉財団」へとわかりやすく名称を変更した。

新潟は労金が単金として残っている数少ない地域のひとつである。ろうきん財団の幅広い事業に示されるように、労金が軸となり地域のなかでソーシャルファイナンスの役割を果たしている。一般財団法人移行前から、ライフプランセミナーなどの県民の福祉向上や仕事にかかわるセミナーの開催、労金支店の周年事業と実施時期を揃えて開催する文化講演会、NPO等助成、大学生への奨学金として月額2万円（4年間で96万円）の無利息での貸与（2016年4月より貸与総額の半額を返還免除）、県民の生活実態等に関する調査研究といった多くの事業を継続している。

なかでも、NPO等助成に対する地域からの期待は大きい。この助成は、NPO等の市民活動団体の活動に対して、1団体上限100万円または所要資金の80％のいずれか低い金額を助成するというものである。このために労金から別枠で寄付された1億円を活用し

て2003年度から助成を開始した。これまでに246団体に対して合計額1億1,800万円を超える助成を行っている。これにくわえて、2013年からは特別助成として、NPOが公益性審査会等を経て利用している融資を対象に2.5%相当分（2016年3月1日現在）の利子補給も開始した。

　一般財団法人への移行をきっかけに、さらに事業が拡大された。労金60周年記念事業としての位置づけも含めて「自立した持続可能な地域社会創造事業」が立ち上げられた。その中心となる助成事業は、地域づくりを推進する県内の地域住民団体、NPO等市民活動団体、コミュニティビジネスを対象として、1団体上限200万円または所要資金の80％のいずれか低い金額を助成するというものである。ただし、3年間の継続助成が可能で、その合計額の上限は500万円である。現在、年間1,700万円の助成を行っている。このほか、高校生への奨学金給付事業（月額1万円、3年間で36万円）、ワーク＆ライフプラン・セミナー開催事業も行っている。

　新潟県の新しい公共支援事業の一環として取り組まれた「新潟県域市民ファンド」の立ち上げにより「にいがたNPO基金」がつくられた。これは、県内NPOが応援してほしい活動をエントリーして広く県民によびかけ、寄付者がそのなかから応援したいNPOを選んで一口1,000円から寄付する、あるいは寄付先を特定せずNPOを応援したい寄付者がNPO基金に寄付し、県内NPOへの助成を行うというしくみである。労金では2013年にNPO支援の一環として、寄付者がもっている労金の口座からNPO基金の口座に、毎月一口100円または年1回一口1,000円から振替手数料無料の自動引き落としで寄付できる「新潟ろうきん寄付システム」をつくった。将来的にこのNPO基金を、ろうきん財団が現在助成している1,000万円くらいの規模に育てていくことが目標とされている。試算では5,000人が毎月平均200円を寄付すれば、その額は1年で1,000万円に到達する。労福協や連合傘下組合の組合員をはじめ、多くの県

民の協力が必要とされている。

　そのほか、ろうきん財団によるソーシャルファイナンスは人づくりにも役立てられている。東部ブロック労福協が実施する福祉リーダー塾のまさに新潟版である「にいがた福祉リーダー塾」も、その財源の一部をろうきん財団が担っている。新潟県労福協とろうきん財団との連携によって2013年に開始した「にいがた福祉リーダー塾」は、次世代の労働者自主福祉運動を担う人材育成の場として大きな効果が期待されている。

第3章　「共助」から「連帯」へ──日本内外の先駆的事例

第3章 「共助」から「連帯」へ──日本内外の先駆的事例

はじめに

　社会のなかでは、さまざまな困難をもちつつ、人生をおくっている人びとが多数いる。前章でみたように、労働組合を軸とした共済や労働者自主福祉事業は主として労働組合員という枠組みのなかで、いいかえればメンバーシップという枠組みのなかでの「共助」によって、人生にふりかかるリスクをカバーしようとするものであった。しかし、組合員ではない多くの人びともまた、貧困、失業、障がい、要介護といったさまざまな問題をかかえている。社会運動としての労働運動はこのような人びとを放置しておくわけにはいかない。現実に労働組合を中軸としながら、「共助」から「連帯」へとむかうさまざまな試みが、日本の内外で展開されてきた。すでにその一部は、前章の労福協の項でも紹介しているが、本章では、労働組合や労働者自主福祉事業団体が1つの軸となり、テーマをしぼって、「連帯」の活動を展開しているケースを紹介する。最後の2つは、労働組合などとは直接の関係はないが、ほぼおなじ分野で活動している生協とNPOの活動事例である。

【第Ⅰ節】日本国内の事例

1-1. NTT労組東京総支部のNPO法人情報労連東京福祉センターのミニ・デイサービス事業——原点は組合員の年末福祉カンパ

■ **組織文化とひとり500円の年末福祉カンパが原点**

　情報労連東京福祉センター〔愛称：友遊（ゆうゆう）〕は、埼玉県の所沢市や新座市と隣接する東京・清瀬市の元NTTビルの1階にある。当時の全電通東京（現NTT労組東京）が、「労働組合も社会の一員だから、組合員の幸せだけでなく、社会や地域の人びとを幸せにするために労働組合の組織力を活かして貢献しよう」と、社会的価値ある労働運動を理念に掲げて福祉センターを設立したのは1998年12月であった。この年はNPO法（特定非営利活動促進法）が施行された年でもあり、翌1999年にNPO法人格を取得し現在の名称に至っている。

　福祉センターの原点は、当時の全電通東京が社会貢献活動の一環として行った、毎年、組合員ひとり500円を目標とした「年末福祉カンパ」の取り組みにある。約3万人の組合員の協力によって集められた1,500万円前後のカンパ金は、東京都の社会福祉協議会を通じて都内の福祉施設や福祉団体などへの寄付、ハンディキャブ車（車イス移送車）の購入資金に充てられるという形での、寄付を中心とした社会貢献活動が主であった。それぞれの労働組合には、長い活動の歴史やさまざまな体験から培われ、継承されてきた組織文化があるが、社会貢献活動という目的があったとしても、3万人もの組合員が毎年500円というカンパに協力し続けるという活動は、旧

全電通労組の築き上げてきた組織文化があったからできたことである。この組織文化が支えたひとり500円の「年末福祉カンパ」が、やがて「福祉センター」設立の原点となっていく。

■ 設立を促進させた「組合員ボランティア意識調査」

NTT労組の前身である旧全電通東京は、1996年に当時の全電通東京地方本部が実施した「ボランティアに関する組合員意識調査」で、①ボランティアに関心がある（80%）、②機会があれば参加したい（68%）という、組合員のボランティアに対する非常に高いニーズを踏まえ、「関心は高いが、ボランティアを体験する機会・場所がないではないか」という認識のもとに、地域で気軽にボランティア活動に参加・体験する場所の必要性を実感することになる。このボランティア意識調査結果でみえてきた組合員のニーズの高さは、前年1月の「ボランティア元年」ともいわれる阪神・淡路大震災での体験が少なからず影響していた。旧全電通東京は、この調査結果を分析し、そこから組合員のニーズに応えるための活動を具体化した。

■ 6つの理念

旧全電通東京は、福祉センター設立に際し基本的な考え方としてつぎの6つの理念を掲げた。

◇社会的に価値ある労働運動の推進（労働組合の社会貢献、地域貢献活動の実施）
◇労働組合が社会や地域貢献を目的としたボランティア活動を組織的・継続的に行う
◇21世紀に大きな課題となる、超高齢社会問題解決への寄与
◇組合員・家族ならびに退職者の会会員への高齢者福祉サービスの提供

◇組合員の関心が高いボランティア活動を地域において組織的・継続的に実施する
◇社会・地域における「コミュニティ」を再構築する

■ ミニ・デイサービスを中心に高齢者の元気を支える事業を展開

　福祉センターの事業のほとんどは、情報労連東京に所属するNTT労組東京など11組合の組合員によるボランティア（いまでは年間3,403名）とNTT退職者などの会員（2013年で3,200名）で行われている。主たる事業は高齢者の健康や自立支援、引きこもりや閉じこもり、孤独死の予防など、介護予防を基本としたミニ・デイサービスである。現在、清瀬市民を中心に約65名の登録会員が、週3回、健康体操や食事会など用意された多様な介護予防メニューを楽しみながら受けている。また、健康麻雀、趣味などの各種サークル活動支援やIT普及活動なども行われている。パソコン教室は延べ3,431人を超える市民が利用し、清瀬市の生涯学習拠点のひとつとなっているだけでなく、今では自治体からもパソコン教室を委託されるまでになっている。

　一方、財政をみると2013年度で総収入（約1,800万円）に占める事業収入（介護・高齢者福祉事業など）の割合が52%で会費収入40%と約半々となっている。また、寄付金も約84万円あり、会費や寄付金の依存度が高いのが課題となっている。また、事務局を担う2人の職員はいずれも清瀬市民で、雇用の面でも地元に貢献している。

■ 社会的な組織としての労働組合の役割発揮へ

　福祉センターは2008年に10周年を迎えた。設立時から福祉センターの事務局長を務めてきたNTT労組東京の内田豊福祉部長（当時）は、10年間継続できた要因として、①当時の全電通東京地本執行部の決断とその後の支援、②NTT労組・情報労連東京・NTT

など関連企業の理解と協力、③安定した活動拠点の確保、④地域のボランティアとの連携、⑤清瀬市や清瀬市社会福祉協議会の協力、⑥ NTT労組退職者の会やNTT退職OBの協力、などを挙げている。特筆すべきは2005〜2008年の3年間で2,500万円近い寄付金が寄せられていることである。これは組合員の「社会のために何か役に立ちたい」という意識の表れや福祉センターが掲げる理念が共鳴されたからだろう。そして何よりも、継続できた大きな要因は地域社会から信頼を得たからだという。福祉センターの存在が地域市民に定着したのは、組織内外の協力と支援を得ながら地道にコツコツと活動を続けた結果で、継続することの重要性を示してくれている。ある地域会員（83歳の女性）が事務所を訪れ「今後の生活や子どもたちへ財産分与した後の残りの100万円です。7年間お世話になったお礼として寄付します。こんなに楽しく有意義に毎日を過ごせるとは思わなかった」と涙しながら語ったというエピソードは、福祉センターがしっかりと地域に根ざし、信頼されていることの証だろう。

また、この10年の活動で明らかになった今後の課題として、内田事務局長は、①福祉センターの存在自体を知らない組合員が増えている、②組合活動がよくみえなくなっている、③清瀬という一部の地域に偏ってしまった、ことなどを挙げ、これらの課題を克服するために、①組合員への周知・宣伝、②組合員ボランティアの募集と参加促進、③活動エリア（地域）の拡大の検討、④事務局体制の強化、④財政面の自立的運営、などが必要としている。さらに内田事務局長は、自らの10年の実践と体験を通じ「労働組合の地域活動の重要性と必要性を強く感じた。地域のつながりが希薄になり、助け合いや支え合いがほとんどない地域社会、高齢者・子育て・障がい者・環境など、新しい地域コミュニティの創造にしんけんに取り組まなければならないと時代だと思う。労働組合はその原動力を十分持っている。社会的な組織としてその役割を果たす必要がある

し、地域もそれを期待していると思う。そのことが組合員・退職者の幸せにつながるはず」と述べると同時に、「連合が提唱する『生涯組合員』構想は、地域においても労働組合が頼りになる存在になることだ」と確信的に語っている。

　福祉センターは、今後の活動に多くの課題や問題点も抱えつつも、清瀬市を中心とした地域社会に根を張った存在になっている。「情報労連東京福祉センター」は労働組合が立ち上げたNPO法人である。労働組合が、組合員は職場で働く労働者だけでなく、地域に暮らす市民でもあり、生活者でもあるという認識のもとに、そのスケールメリットや人的資源、ネットワークを発揮したとき、地域や市民社会の新しいコミュニティを創造する担い手であることを証明する代表的な事例が、情報労連東京福祉センターのミニ・デイサービス事業である。

1-2. 電機連合神奈川の「社会福祉法人電機神奈川福祉センター」の障がい者就労移行支援事業「ぽこ・あ・ぽこ」
——「雇用の福祉」の実践をする

■ 障がい児をもつ1人の組合員の「声」から始まった

　「ぽこ・あ・ぽこ」とはラテン語で「少しずつ」「一歩ずつ」という意味だ。電機連合神奈川地方協議会（以下、電機神奈川）の「ぽこ・あ・ぽこ」の障がい者（知的障がい）就労移行支援事業[1]の始まりは、傘下組合の1人の障がい児をもつ組合員の「障がいを持つ自分の子どもに組合は何をしてくれるのか」という相談がきっかけとなっている。電機神奈川ではこの組合員の声を受け止めて議論を開始し、1972年に「心身障害児（者）対策委員会（現在は障がい福祉委員会）」を設置し、障がいをこえ「ともに生きる地域・社会」をめざすことにし、障がいをもつ親達の訓練機会の支援や、まちのバリアフリー運動を展開するとともに、電機神奈川内に福祉相談員

を常駐させ、組合員や地域からの相談活動など、遅れていた知的障がい者の就労支援を重点に取り組んできている。

　運動20年の節目にあたる1991年に、定期大会で社会福祉法人電機神奈川福祉センター（以下、福祉センター）の設立を決議し、4年後の1995年法人格を取得している。知的障がい者通所授産施設として「ぽこ・あ・ぽこ」を開所したのは翌1996年だが、当初は組合員からも「思いつきでやるべきことではない」などの発言や、障がい児をもつ親からも「労働組合が何をやってくれるの」といった懐疑的な声もあり、賛否両論があるなかでのスタートだった。しかし、労働組合のスケールメリットは資金づくりの面でも大いに発揮される。「コーヒー一杯の思いやり」というキャッチフレーズのもとに展開したカンパ活動で3,000万円（当時の電機神奈川の組合員数は約10万人）、電機連合本部からの1,000万円を加えて4,000万円の資金で福祉センター設立準備資金が集まった。

■「働く場の創出」「支援」「育成」の3要素

　福祉センターは、障害者自立支援法（1996年施行）のもと、多機能型事業所[2]として「就労移行支援事業」「就労継続支援事業B型[3]」へ移行するとともに、2003年からは福祉センター内の雇用促進センター事業をNPO法人化して「障害者雇用部会[4]」を設立し、現在は、知的障がい者を雇用する特例子会社[5]35社を中心に事業を展開している（2007年度は31名の就労者を出した）。福祉センターの土師修司理事長（当時）は、知的障がい者の就労支援の3要素は、「働く場の創出」「支援」「育成」の3点だという。もっとも大切なのは「働く場の創出」で、「福祉の現場がいくら崇高な理念を掲げても実際に雇用に結びつかなければどうにもならない。その意味でNPO法人障害者雇用部会はわれわれのセンターにとってかけがえのないネットワークであり財産だ」と語っている。

　福祉センターの財政面を2015年度の事業活動収支からみると、

福祉事業活動収入 606,698 千円で、その内訳は障がい者就労支援事業が 408,626 千円、地域福祉推進事業が 185,088 千円、法人本部が 12,984 千円となっている。事業収入の大部分は障害者総合支援法による自立支援給付費収入や介護保険給付費収入、神奈川県または横浜市及び川崎市からの補助金や委託費などとなっている。また福祉センターに直接雇用されて働く職員数は 2016 年 3 月時点でパートタイマーを含め 137 名である。

■ 組織的かつ継続的に現実に向き合う

「ぽこ・あ・ぽこ」は連合の機関誌（『月刊連合』2008 年 8 月号）が、「福祉から雇用へ〜橋渡し役は労組が適任〜」というタイトルで紹介している。この中で土師修司理事長（当時）は「賛否両論がある中でのスタートだった運動が、なぜこんなに長く続いているのか」というインタビューに、「高邁な理念もさることながら、やはり大切なのはお金だ。電機連合発の運動ではあるが組合費を使うわけにはいかない。そこで組合員にティッシュペーパーを年 1 回買ってもらって、その収益を運営費に充てている。このことは組合員全員この運動に協力しているという自覚を促す上でも有益な取り組みになっている」と述べると同時に、もう一つは専門家の常駐体制をあげている。「武士の商法という言葉もあるが、われわれは福祉については素人だ。それに組合の役員は入れ替わる。運動を続けるにはどうしても継続して関わってくれる福祉の専門家が必要だった。そして組織力だ。電機神奈川には大きな組合があり、各組合から障がい者福祉委員会に常任幹事を継続して出してもらってきたことも運動の継続に大きな力となった」と説明している。

「ぽこ・あ・ぽこ」の顕著な取り組みは、従来の障がい者雇用支援に見られる障がい者と育成側に対する支援だけでなく、雇用する側に対する支援も一体的に行っていることである。「何ができるのか」「問題が生じたらどこが支援してくれるのか」といった雇用す

る企業側の不安を解消するために、特例子会社の設立などのきめ細かい支援活動で、より多くの企業が障がい者雇用の門戸を開くことに努めていることである。土師理事長（当時）の「大切なことは企業が障がい者を雇って良かったといえるような状況をつくることだ」と述べている。

■ 今後の課題は処遇改善による自立生活支援

特例子会社の一つである（株）富士電機フロンティアは、1994年に設立され知的障がい者を中心に111名（2015年6月現在）を雇用している。前述した『月刊連合』の誌上で取締役の西村平和氏（当時）は、雇用する側の企業の課題として大きく2つ挙げている。一つは新しい事業の開拓である。その理由として「事業を発展させるのが企業だ。そのためには彼らの成長にあわせて開拓する必要がある。指導して成長させていく必要がある」、もう一つは処遇改善である。「労働組合に加入していない彼らの労働条件はわれわれに委ねられている。最賃だけ守っていればいいのか。差別なのか、正当な評価なのか、判断が難しく迷いもある。しかし、育ってくれた人間はきちんと評価したい。長所を伸ばし、処遇も上げてやりたい」と語る。

授産施設で働く多くの障がい者には最賃法は適用されない。平均工賃は最賃を大きく下回る低額となっている。また、多くの企業が障がい者の法定雇用率を達成していない。障がい者の実効ある雇用支援は、就労するスキル（技術や技能）を高める職業訓練・職能開発支援と同時に、雇用する企業側も支援して雇用を増やし、雇用された障がい者が納税者となり自立生活への道につなげていくことにある。電機神奈川福祉センターの事業は、そんな「雇用の福祉」にチャレンジし、障がい者を企業への雇用に結びつけるブリッジングの役割を果たしている。

■ さまざまな連携

電機神奈川が初期資金を拠出して創設された「福祉センター」は現在、創立時の「ともに生きる」、言い換えればインクルージョンの理念を維持しつつ、現在、さらに積極的な活動を展開している。就労移行支援事業では、「ぽこ・あ・ぽこ」以外に事業所が3カ所増え、対象としてはスタート時の知的障がい者に加え、発達障がい者も対象とした。就労移行支援事業は2年の利用期間で、一般就労を目指すことを目的としている。「ぽこ・あ・ぽこ」だけでも2006年10月から2015年3月末までの9年半で、就労移行から144名の利用者が一般就労を果たしており、単純計算で毎年15名程が就労している。

このように、多くの利用者が一般就労を果たす背景としてさまざまな要因があるが、就職後の定着率もきわめて高い。仕事の訓練だけでなく、人間関係にも配慮した支援活動の質の高さを示しているといえる。

図3-1-1　ぽこ・あ・ぽこ の組織体制

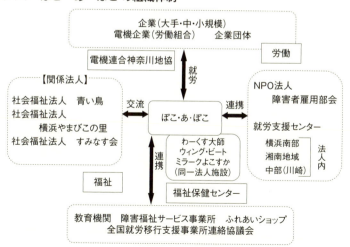

出所：2014年度「ぽこ・あ・ぽこ 事業報告」p.4 電機神奈川福祉センターホームページ所収（http://www.denkikanagawa.or.jp/works/works01.html）

一方、「福祉センター」と創立者としての電機神奈川との関係では変化も生じている。「ぽこ・あ・ぽこ」の活動が展開されるなかで、福祉サービス事業を展開する社会福祉法人としての自立性が高まっていることが1つの特徴となっている。しかしそのことは、社会福祉法人と労働組合の関係がなくなったということではない。いわば「おんぶにだっこ」といった依存関係から、相互のニーズと専門性にもとづいた自立的で、良好な相互関係に発展していることが特徴であるといえる。

　電機神奈川地協では法人の理事を派遣し、毎年の大会では、「福祉センター」の活動についての事業報告がなされたうえ、300万～400万円を法人に拠出をしている。電機連合本部も拠出金の一部を本部基金から拠出するというかたちで、この活動に協力している。さらに、地協傘下の労働組合が所属する会社側は既述の特例子会社をつうじて、「ぽこ・あ・ぽこ」等で訓練などを受けた障がい者を雇用することが多い。この特例子会社の責任者には労働組合の役員経験者が就任するケースもある。また、沖縄やサイパンなどへの旅行など、障がい者を対象とする電機神奈川のイベントにも福祉センターが協力している。

　「福祉センター」の側からは、労働組合が主催する各種の活動に協力が行われている。たとえば、相談活動のほか、認知症サポーターの養成講座の講師として、法人の職員が派遣されている。このような協力関係は、サポーター養成講座にみられるように、電機神奈川を超えて、神奈川労福協や連合の地協向けにもひろがっている。

　「ぽこ・あ・ぽこ」を運営する福祉センターは、労働組合が設立した障がい者支援の組織が発展し、その発展のなかで、ネットワーク的な新しい連携のかたちが生まれ（図3-1-1参照）、その連携によって、地域の公益性が支えられているという意味では、「新しい公共」の実践例でもあるといえる。

注

1) 就労移行支援事業：一般就労を希望し、知識・能力の向上、実習、職場探しなどを通じ、適性にあった職場への就労等が見込まれる障がい者に対し、事業所内での作業訓練や職場実習、就職後の職場定着支援などを行う事業。
2) 多機能型事業所：障害者自立支援法にもとづき、就労移行支援事業や就労継続支援事業、自立訓練（生活）事業など障がい者福祉サービス事業を組み合わせて行っている施設。
3) 就労継続支援事業B型：一般企業等への就労が困難な障がい者に対し、就労や生産活動の機会の提供をするとともに、その知識・能力の向上のために必要な支援を行う事業。B型は利用者が事業所と雇用契約を結ばないタイプ。
4) 障害者雇用部会：電機神奈川福祉センターが主催する勉強会から生まれたNPO。障がい者の雇用拡大をめざし「企業が企業を支援する」「企業から発信する」という理念のもとに、企業への相談・支援・企業セミナーや、企業福祉、教育の連携強化に向けた活動を行っている。
5) 特例子会社：一定の要件を満たし、認可された子会社が雇用する障がい者は、雇用促進法によって親会社の雇用率算定に加えられる。現在、特例子会社は全国で391社（2014年5月末現在）、就労した障がい者の定着率も90%を超え、1社当たりの雇用者数も増加している。

1-3. 山口県労福協「生活あんしんネット」の無料職業紹介事業——生活の安心は働く場の確保から

■ 相談活動からワン・ストップ型の生活安心事業の展開へ

　無料職業紹介事業「ジョブやまぐち」は、山口県労福協が2005年4月に立ち上げた「生活あんしんネット事業」の一つである。「生活あんしんネット」は、①無料職業紹介事業、②労働なんでも相談、③福祉・生活相談、の3事業を展開している。「生活あんしんネット」は、山口県労福協がそれまで取り組んできた「福祉なん

でも相談」の経験や成果と反省から進歩して立ち上げられたものである。連合山口の「なんでも労働相談」や労福協主体の「福祉なんでも相談」は、相談者の問題解決として一定の成果をあげることができたものの、失業や転職を余儀なくされた労働者に対しては、新たな雇用やスキルアップへの対応ができなかったこと、「福祉・生活相談」では継続した相談体制がないことや知名度が低く相談者も少ないことなどの反省に立ち、生活者・勤労者の生涯生活を守るため労福協を構成する連合や労働金庫、全労済などの加盟団体の総合力と弁護士や医師、税理士、社会福祉士などの専門家ともネットワークで連携した「生活あんしんネット事業」としてスタートした。

　無料職業紹介事業に着手した直接の要因は、2004年4月施行の「改正職業安定法」によって、市町村や公益法人なども無料職業紹介事業が可能になったことにある。当時も雇用情勢は厳しく、山口県でも倒産やリストラがあいつぎ、失業者が増大する傾向にあった。こうした状況を少しでも解消するために、山口県民が「いつでも、どこでも、誰でも安心して生活できるように」のコンセプトでスタートした「生活あんしんネット事業」の一環として無料職業紹介事業の開設に至っている。発足から2014年度までの10年間で487人が就職を決定している。

　この成果は、①困ったときに思い出してもらえる相談所に、②ハローワークと違った（ネット網にかからない人を対象に）、カウンセリング中心の「ジョブやまぐち」に、という山口県労福協の無料職業紹介事業の基本理念とスタンスにあると思われる。また、10年間の延べ相談者数は4,833人、新規登録者数は1,693人と、無料職業紹介事業「ジョブやまぐち」は「生活あんしんネット事業」の大きな柱となっている。

　一方、「生活あんしんネット」に関わるスタッフは、無料職業紹介アドバイザー（嘱託）1名、生活・福祉相談員2名（女性）、労働相談員1名（連合山口の労働相談アドバイザー）となっている。また、

スタッフの人件費は、労働相談員は連合山口が負担、無料職業紹介アドバイザーと生活・福祉相談員の人件費を山口県労福協が負担している。

■「生活あんしんネット事業」の効果

　無料職業紹介・相談、労働なんでも相談、生活・福祉相談の3つの事業を展開する「生活あんしんネット事業」は、今では山口県労福協の代名詞になった感さえある。これまでの事業成果として、①勤労者の生涯福祉に向けた活動推進、福祉事業団体の基盤強化に向けた活動の推進につながった、②連合・労福協を拠り所とした拠点づくりの形成ができ、顔の見える運動が展開されるようになった、③行政からの評価も高くなり、労働福祉施策に関する政策要請にも理解が示されてきた、などがあげられている。

　無料職業紹介事業では、その人数の多いか少ないかは別として、具体的に失業者や求職者を雇用に結びつけている。労働組合の第一義的な使命である雇用の確保を、労福協が担っているという事実は社会的に評価されるものであり、山口県労福協をはじめ、以下で見る徳島県労福協や石川県労福協の無料職業紹介事業も、労働組合や労福協が取り組むソーシャル・エンタープライズ（社会的企業）として大いに参考になる事例である。ハローワークや行政の就職・雇用相談とは違う、求職者・相談者に対するマン・ツーマンの懇切ていねいなカウンセリングは、「ジョブやまぐち」の最大の特徴となっている。

■ 求人開拓と「求人と求職のマッチング事業」が今後のテーマ

　山口県労福協によると、職業紹介・相談事業の今後の課題は、1人でも2人でも雇用に結びつけるための求人開拓事業と、求人と求職のマッチング事業がテーマだという。また、求人情報の問題点として、主な求人情報をハローワークに頼っており、偏った情報や、

求職者が求めている求人情報、アドバイザーが推薦できるような求人情報がすべて供給できていないことがあげられている。このことを少しでもカバーしていくためには、企業がどんなスキルや職能をもった人を探しているのかを、潜在求人（求人募集はしていないが、こういう人だったら採用したいという企業の潜在的な求人意欲）も含めて、地域の企業から開拓することが重要になると思われる。また、求人と求職のマッチングをはかるには求職側の労働者も、資格や技術・技能だけでなく、どんな仕事ができるのか、過去にどんな仕事をしてきたのか（職務を通じた具体的な成功事例など）を表現できるように、カウンセリングを受ける機会も必要である。その意味で無料職業紹介事業「ジョブやまぐち」が掲げるこれからのテーマは、産業や企業だけの雇用創出ではなく、無料職業紹介事業に取り組む市町村や労福協などが、地域の「第三の雇用創出」の担い手になるための共通の課題として位置づけることができる。

1-4. 徳島県労福協の「なのはな居宅介護サービスセンター」
——医療本位の介護から利用者本位の介護へ

■「福祉なんでも相談ダイヤル」から介護サービス事業へ

　徳島県労福協（公益社団法人徳島県労働者福祉協議会）は、「子育て広場」や「とくしま次世代育成支援センター」などの子育て支援事業のほかに、独自事業として居宅介護サービス事業に取り組んでいる。事業の名称は「労福協なのはな居宅介護支援センター・ヘルパーステーション（以下、「なのはな」）」である。この事業の立ち上げには、それ以前からの2つの活動がかかわっていた。一つは、介護保険制度（2000年4月）がスタートする2年前から、介護福祉の人材育成を重視し、ホームヘルパー（2級）養成講座に会員事業団体である全労済と連携して取り組んできたことである。もう一つは、「福祉なんでも相談ダイヤル」などの相談活動をつうじて、い

かに普段の生活を重視した利用者本位の介護サービスが求められているか、介護の現場の声を把握していたことにある。このような経緯の中で「生活」を重視した利用者本位の介護サービスを目標にかかげ、居宅介護支援事業の認可を受けて 2003 年 8 月から事業を開始したのが「なのはな」である。

■ 尊厳ある生き方ができる介護サービスを

「なのはな」は事業理念と目的として、あくまでも利用者本位の介護サービスの提供を基本につぎの 3 点を掲げている。

◇ 安全で安心して生活できるよう情報提供を行い、長年暮らしてきた生活域を守り、自分なりの生活感を持ち、尊厳ある生き方ができるよう、本人や家族の要望に合わせた介護計画の作成。

◇ 自分らしい生活が送れるよう、「制度の隙間」を最小限にするよう組織のネットワークを活用し、支援につなげていく。

◇ 利用者により多くの良質の事業所を紹介することにより、事業所の将来性と利用者のニーズをつなげていく。

これらの事業理念と目的のもとに、現在、「なのはな」では 3 つの事業、①居宅介護支援センター、②ヘルパーステーション、③有償サービス、を主体に運営している。居宅介護支援センターの主な事業は、介護サービス計画の作成やサービス事業者への連絡・手配、介護保険に関する申請代行や訪問調査などである。ヘルパーステーションは、ホームヘルパーによる利用者宅での排泄・入浴などの身体介護や、掃除・洗濯などの生活援助サービスである。そして有償サービスは、ホームヘルパーの資格を有している登録ボランティアと、無資格の登録ボランティアによる庭の草取りや大掃除など介護保険や自立支援法で適用にならないサービスである。

この 3 つの事業は、1 名のケアマネージャー、2 名の介護福祉士、16 名のホームヘルパー、登録ボランティア（有資格 19 名、無資格 1 名）によって展開されている（常勤スタッフは現在、管理者 1 名・介

護支援専門員1名・介護福祉士2名の4名である)。

■ 制度の矛盾を克服するのが課題

「なのはな」の事業規模を介護保険報酬金額ベースで見てみると、事業開始した2003年度の170万円台から、2008年度には7倍近い1,334万円にまで伸びており、財政的な面でも順調に推移していると言える。しかし、改正介護保険法の施行(2003年4月)に伴い、利用者は、負担増により従来のサービスが受けられなくなり、サービスの回数を減少せざる得なくなった。また、介護報酬の3%引き上げが国の追加経済対策に盛り込まれたものの、報酬の増額分が介護労働者の賃金増に充てられる現状にはなく、いぜんとして介護職の社会的評価と労働条件が低い実情にある。労福協事業の一環として公益性の高い事業をめざしている「なのはな」は、介護福祉士やヘルパーの資格取得を推進し、介護技術のレベルアップをめざしているが、事業所加算につながり、結果的に利用者の負担増を招くという矛盾に、どう立ち向かうのかが大きな課題となっている。これらの課題をどう克服していくかが、「なのはな」が目標とする事業母体の労福協から自立した事業経営の道にもつながると思われる。

■ 意識調査から浮き彫りになった介護・福祉現場の課題

「なのはな」の事業母体である徳島県労福協は、2009年1月に前年の4月から7月にかけて徳島県内の医療・介護・福祉現場で働く人を対象に実施した「介護・福祉現場に働く人の意識調査」の調査報告書を発表している。報告書によると、回答者の半数近い人がホームヘルパー2級、介護福祉士の資格を有し、約2割近い人がケアマネージャーなどの介護専門員である。「前の職場を辞めた理由」の設問では、①職場の人間関係、②賃金が低い、③資格や能力が活かせない、の順であった。また、「職場の労働条件」の設問では、「やや不満、非常に不満」が約半数の46%で、「満足・やや満

足」と回答した割合は 20% 強に過ぎない。さらに、「仕事に就く前に抱いていたイメージと実態の差」では、約 6 割が「思ったより大変」と回答しており、介護・福祉現場の「低賃金・重労働」という現状が浮き彫りになっている。

　こうした調査結果は、現在の介護制度全体に共通する課題であるだけでなく、社会保障制度であるはずの介護保険制度が、国の政策の不備に加え市場競争にさらされていることを物語っている。介護労働者が日本社会にとって、必要不可欠な魅力ある職業として社会的評価を高めるためには、介護・福祉現場で働く人の労働条件の改善と向上が喫緊の課題となっている現在、「なのはな」の事業理念と目標こそが重視されなければならない。その意味でも、徳島県労福協の居宅介護サービス事業の継続・発展が期待される。

1-5. 徳島県労福協「とくしま次世代育成支援センター」
――労福協のネットワークで安心の子育て社会づくり

■ **仕事と生活をサポートするセーフティネットの構築**

　徳島県労福協（公益社団法人徳島県労働者福祉協議会）は、全国的なレベルでみても多様な社会的事業に取り組んでいる労福協の一つである。現在、取り組んでいる事業は、スキルアップや資格取得を支援する「ジョブカレッジとくしま」、無料職業紹介事業の「ジョブとくしま」、夜間・休日の労働相談にも応じる「仕事なんでも相談室」「なのはな居宅介護支援事業」および「なのはなヘルパーステーション事業」、若年者の自立と就労を支援する「地域若者サポートステーション事業」、生活困窮者一人ひとりの状況に寄り添い支援する「生活困窮者自立支援事業」「障がい者のための自動車運転免許取得支援事業」や「定住外国人の就労・社会参加支援事業」などである。

■ 努力義務の中小企業の届出が10年間で大幅に増加

　徳島県労福協の子育て応援ネットワークの最大の特徴は、支援センターを基軸に、徳島県労福協が展開するジョブサポート事業（ジョブカレッジとくしま・ジョブとくしま・仕事なんでも相談室）をはじめ、四国労働金庫、全労済などの事業団体、徳島県の公労使三者で構成する（公財）徳島県勤労者福祉ネットワークのファミリー・サポート・センターや徳島生活あんしん倶楽部、勤労者福祉サービスセンターなどの3事業などをネットワークでつなぎ、それぞれの事業機能を総合的に駆使した、文字どおり行政・民間・市民セクターの三者が協働で展開している福祉ミックス型であることにある。わずか2人のスタッフで支援センターを運営・コーディネートできるのは、徳島県労福協がこれまでの運動で培ってきた社会的信頼とネットワーク力があるからである。

　支援センターの主たる事業としては、①「モデル行動計画」策定の手引き作成と周知啓発、②一般事業主行動計画策定促進、③徳島県が「子育てに優しい職場環境づくり」に積極的に取り組んでいる企業として認証する「はぐくみ支援企業」の認証促進、④啓発セミナーの開催、⑤先進事業所の事例集や啓発パンフレットの作成と配布、⑥子育てママの就職支援セミナー、⑦仕事と子育ての両立に関する意識調査、⑧徳島県とネットワーク関連団体による次世代育成支援連絡会議の開催など、多岐に及んでいる。

　これらの取り組みの結果、10年の時限立法である次世代育成支援対策推進法が期限切れとなる2015年3月末時点で、届出が努力義務とされている100人以下の県内の中小企業（届出義務があるのは常時雇用している労働者が101人以上いる企業）277社が行動計画を届け出ている。この成果は、99.9％が中小企業という徳島県の実情に合わせた「モデル行動計画」のもとに、10年間で延べ2,000件を超える中小事業所を訪問し、地道に啓発活動や指導を行ってきたスタッフの努力によるところが大きい。

さらに行動計画を策定・届出し、一定の要件を満たすと、厚生労働大臣の認定（くるみん認定）を受けることができ、徳島における認定企業は2015年3月末時点で40社に達し、認定率（認定企業数／一般事業主行動計画策定届提出企業数）で全国1位となっている。支援センターを運営する徳島県労福協も、2013年3月に県内20番目の認定事業所となり、自らが制度の導入はもとより制度を利用しやすい職場環境を推進し、他事業所への働きかけにも説得力を持たせている。

　同法は両立支援のさらなる取り組みを促進するため10年間延長され、新たな認定制度（プラチナくるみん認定）も創設されることになった。支援センターでも、新たな10年に向けて、女性の活躍推進や男性の育児休業取得促進など、国の方針を見据えた事業展開を行っていく。

　一方、支援センターの運営費は徳島県の一般財源から拠出されており、2005年度から2年間は800万円だったが、以降、一律減額され2014年度は551.7万円になっている。徳島県労福協では、意識調査等、委託事業外の取り組みを実施する場合は、自主事業として経費を上乗せしているが、運営上は厳しさが増している。

■ 企業との連携強化、人口減少問題への主体的・総合的な対応を

　徳島県労福協は、支援センターがこれから強化する課題をつぎのように考えている。第1は企業とのさらなる連携協働である。10年間の事業活動をつうじて、企業との連携協働が進展し、とくに周知啓発セミナーは、事業受託当初数年は、行政や学識者による講演が主体で、労福協加盟団体、組合など、労働者の参加が大半であったが、2011年度に県内の経済団体から「はぐくみ支援啓蒙活動のためのパネルディスカッションを開催したいが、どのように進めたらいいだろうか」と相談を受けたことをきっかけに経営者の理解が進み、以後、「ワーク・ライフ・バランス推進」「男性の育児休業取

得促進」「ポジティブ・アクション推進」「インターンシップ・職場体験学習推進」「仕事も子育ても自己実現もできる職場」など多彩なテーマで、県内の経営者や管理職、制度を利用した社員によるパネルディスカッションや事例報告などの具体的・実践的な周知啓発セミナーが開催できるようになり、企業関係者の参加も飛躍的に増えた。しかし、両立支援の取り組みが企業の生産性を上げるという認識が経営者に広く浸透するところまでには至らず、今後も粘り強い働きかけが必要である。

　第2に全県的な周知啓発の推進である。10年間の取り組みを経ても県南および県西への事業展開はじゅうぶんとはいえず、全県的な事業に拡大していく必要性は大きい。第3に、小規模事業所への働きかけである。届出が努力義務の100人以下の中小企業のうち、さらに小規模の30人以下の事業所は、両立支援に取り組みにくい傾向がある。しかし、小規模事業所こそ、両立支援に取り組むことで人材の確保や従業員の働く意欲の向上などのメリットを直接的に受けられることを提言していくことが必要である。第4に、仕事と子育ての両立支援だけではなく、介護との両立支援、また、晩婚化に起因する子育てと介護の両方を担う従業員の両立支援の必要性を周知啓発し、行政や企業が対策を講じることである。この問題は、今後ますます大きくなっていくことが予想される。

1-6. 石川労福協のライフ・サポートセンター ——生涯組合員構想へのチャレンジ

■ 全国に先駆けて設置された「ライフ・サポートセンター」

　石川労福協（一般社団法人石川県労働者福祉協議会）は、1963年に設立され、現在は、連合石川や北陸労働金庫石川県本部、全労済石川県本部、石川生協連など8つの団体で構成されている。石川労福協の「ライフ・サポートセンター（以下、LSC）」の設立は、2000

年の定期総会で労働者福祉事業の再構築に向けた構想を具体化するため、「21世紀福祉運動強化委員会」を設置し、足かけ2年の議論を積み重ね、その結論として既存の地区労福協を再編し、新地区労福協の名称を「地域ライフ・サポートセンター（地域LSC）」と定めたことから始まる。

その設立の趣旨は、現役労働者と退職者が労働金庫や全労済等の各事業団体と一体となり、①スポーツ・リクレーションおよび文化活動、②暮らしの相談ネット、③事業団体の利用拡大、④地域社会への貢献、子育て支援とボランティア活動を4本柱とし、会員相互の連携および生涯を通じた付き合い（生涯組合員構想）を目指すとしている。そして2002年12月～2003年5月までの短期間に、県内9カ所に金沢地域・加賀地域など、それぞれの地域名を冠した地域LSCが設立されている。

■ 連合石川と連携した事務局運営と独立した財政基盤

県内9カ所に開設されているLSCの中には、設立当時の連合石川の地域協議会（9地協）単位に設置され、うち3つのLSC事務局は今も各地協職員が兼務するなど、連合と労福協が連携した一体的な運営体制になっている。各地域のLSCは、石川労福協ライフ・サポートセンターの指導のほか、地域ごとに自らで選出構成する役員体制において自主的に活動を行っている。

LSCの財政は石川労福協の財政から独立しており、各加盟団体は労福協の会費とは別にLSCに会費を拠出している。2014年度実績で見てみると事業団体（4団体）で1,975万円、労働団体（連合石川）が100万円である。このほか石川労福協から350万円を他会計からの繰入金収入として計上している。収入総額は2,400万円となっている。一方、各地域のLSCの活動予算は、規模によって幅があるものの100万円から400万円の交付金が基本となっている。このほか、各地域の当該自治体からの補助金も活動資金となってい

る。(2014年度では総額403万円)。LSC構想を全国に先駆けて立ち上げた労福協と加盟事業団体の一体感が、労福協の会費とは別に事業団体の新たな会費負担を可能にした。

■ 部会が事業活動の具体的な企画

　石川労福協のLSCの活動は、前述した4本の活動の柱を具体化するために、「相談部会」「地域貢献部会」「団体支援部会」「ジョブ部会」「スポレク文化部会」など、6つの部会が設けられ、そこで具体的な活動計画が企画される仕組みになっている。各地域LSCの活動報告からその特徴を紹介すると、事業や活動頻度にバラツキが見られるものの、地域の勤労者や退職OBを対象としたスポレク活動、労金・全労済の事業推進に関するイベントやセミナーをはじめ、文化、ボランティアなどの活動が報告されている。なかでも、労金や全労済の事業推進に関する活動は各地域LSCで年間を通じて実施されており、LSC設立の目的の柱の一つである「事業団体の利用拡大」に大きく寄与している。

■ 連合地協活動の活発化と市民・行政の見る目が変わった

　石川労福協のLSC活動は、組織内部や地域社会にどんな成果と影響をもたらしたのだろうか。まず、組織的な評価として3点をあげている。①地域LSCの発足で、現役組合員と退職者の一体的な活動を展開することにより、連合地協の活動も活発になった、②活動は広く市民にも門戸を開いているので、活動が地域で「目に見える」ようになり、連合地協・LSC・労金・全労済の存在がアピールされた、③「労福協」「LSC」の認知度が組織内外に広まりつつある。つぎに社会的な評価としては、①LSC発足後間もない時期に、石川県から要請を受けて受託した厚労省の子育て支援施策「緊急サポートネットワーク事業」を、9カ所の地域LSCが地域拠点となって展開したことにより、県や市町村だけでなく県民の見る目がよい

方に変わったと判断している、②子育て支援に引き続き、「福祉なんでも相談事業窓口」や「ジョブいしかわ」などの無料職業紹介事業などで、未組織労働者や県民の利用度が高まっており、この面でも行政だけでなく県内各層・各界からも一定の評価を得られている。

■ **労働運動と労福協運動の一体化**

　労働運動と労働者福祉運動は同義語のはずである。しかし、労働運動と労福協運動となると運動的な面でさまざまな課題があるのも事実である。石川労福協は、LSC運動がこの課題を克服してくれるのではないかと期待を寄せている。地域LSCの役員は全員非専従で無報酬のボランティアである。LSCが果たした大きな役割は、元気な退職OB組合員が地域で生き生き活躍する機会と居場所を提供したことにある。しかも、現役組と退職組が地域で一体となった運動基盤の構築は、これからの労働運動と労福協の連携のあり方を実証した。これまでのように組合員の定年は会社や組合とも縁の切れ目、労働金庫や全労済との縁の切れ目ではなく、地域をステージにした活動の場をつくることが、生涯組合員構想の具現化であり、労働金庫や全労済が勤労者の生涯のパートナーとなりうることを目に見えるかたちにしたといえる。

1-7. 連合中越地協が力を入れて支援しているNPO法人「地域循環ネットワーク」——学校給食の残さを利用したエコフィード・システム

■ **連合中越地協が提起・実践する地域（社会）運動**

　連合中越地協（連合中越地域協議会）の金子博事務局長（2009年ヒアリング当時、以下同様）は1994年に家庭から出る生ごみの堆肥化・肥料化をめざして市民有志のボランティア団体「みずばしょう」の立ち上げに参画し、連合中越地協が事務局を担当した。生ごみ回収

への参加が800世帯を超えたときに、学校給食からも年間300トン近い調理残さが発生することを知り、「学校給食の残さも回収して利用できないか」という声の高まりのなかで、1997年に「地域循環ネットワーク」（2年後にNPO法人を取得）が設立される。当初は地元の小・中学校9校の協力を得てスタートしたが、その後、徐々に協力校が増え、その実績をもとに長岡市に政策提言を行い、1998年度からは市の委託事業として旧長岡市内の全小・中学校と保育園などに回収対象が拡大し、2014年度には、合併後の長岡市内の144の全小・中学校と保育園で回収を行ってきたが、後述するように畜産農家の経営戦略や社会環境の変化に配慮し、2016年3月末で終了となっている。

回収された給食残さは、「食品残さ再生利用作業場」で飼料化され、提携している地元の畜産（豚）農家（4軒）に運ばれる。理事長（2009年ヒアリング当時）を務める金子事務局長は、「畜産はもともと暮らしから発生する有機物を利用して育てられていた。しかし今は、都市化や畜産業界の規模拡大などで、消費地から遠い山間地などに隔離され、食する肉がどうやって生産されるか見えなくなった。この運動は、畜産農家と消費者を新たに結びつけると同時に、『人間は動物であれ植物であれ、生き物を食して生きている』という当たり前のことを、もう一度消費者に認識してもらいたいという思いも込められている」と語る。

■ 障がい者も参加する多様な資源循環活動メニュー

NPO法人「地域循環ネットワーク」は、個人会員284名、企業・団体会員115団体、特別会員20名（いずれも2007年3月末現在）の会員で構成されている。年間で6,500人という高校生から60歳代までの幅広い年齢層の交代制によるボランティアによる「学校給食調理残さ再生利用事業」のほかにも、市民参加型の多様な資源循環活動と自然環境保全にも取り組んでいる。「わりばしリサイクル（わ

りばしメイト)」活動には、精神障がい者や知的障がい者も参加しており、市内の協力飲食店や事業所から年間 400 万本のわりばしを回収する。回収されたわりばしは市内の製紙工場でパルプ原料再生利用や炭原料として再生利用される。「エコグリーンクラブ」活動では、家庭生ごみを乾燥処理したものを回収し、学校給食調理残さ再生利用事業と同様に提携している市内の家畜農家に飼料として活用されている。会費制による会費と回収した乾燥物を飼料として買い上げた分をあわせて畜産農家から肉を購入して、半年に 1 回食肉として還元してきた。

　このほかにも、2004 年 10 月の中越大地震によって崩壊したままの状態にある山里の整備や植樹活動を行う「里山・里道整備事業」、廃食油を灯油あるいは軽油と混合して燃料にリサイクルする「廃食油再生利用事業」、わりばしのほか、竹・もみ殻などを原料に炭をつくり市内の飲食店に販売する「かぎの炭焼き工房事業」などがある。これらの事業と活動は地域の雇用創出にもつながっており、精神・知的障がい者 180 人が参加する「わりばしリサイクル事業」をつうじて、これまで 7 人が市内の企業に雇用された。

■ 小・中学校の環境・食育教育に貢献

　「地域循環ネットワーク」活動は、市内の小・中学校の子どもたちの生きた環境・食育教育にもなっている。日々の生活のなかで生ごみ回収作業やわりばし炭をみた子どもたちから「勉強したい」という声が高まり、課外授業を行ったり、ボランティア体験を兼ねて生ごみのリサイクル方法やわりばしの再生利用方法について研修にくる学校が増えており、いままでに理事やスタッフが総合学習での講師も務めるようになっている。「地域循環ネットワーク」の活動は、子どもたちの環境・食育教育にも直結し、市民のボランティア活動の醸成にもつながるソーシャル・キャピタル（人間関係資本）と市民セクターによる新たな公共をつくり出している。

■ 行政と市民セクターのパートナーシップ

 2006年度の事業報告書から組織運営と財政面をみると、「地域循環ネットワーク」は会員から選出された9名の理事による理事会と、市民から応募のあった6人（常勤2人、パート4人）の事務局スタッフで運営されている。経常収入2,650万円の内訳は、会費が約300万円、寄付金が480万円（おもに市内の企業からの寄付）、長岡市からの委託事業費が1,300万円となっている。支出の75%は事業活動費で、人件費も含めて管理費は300万円にすぎない。このようななかで収支差額350万円を計上しているのは、「地域循環ネットワーク」が市民のボランティアを中心とした市民参加型をミッションとするNPOだからである。また、人口30万人を超える新潟県の有数の都市である長岡市の生ごみ収集委託事業費が、年間1,300万円という少なさも行政と市民セクターのパートナーシップや協働のあり方を考えるモデル事業にもなっている。

■「NPO地域循環ネットワーク」と「連合中越地協」の有機的なつながり

 「地域循環ネットワーク」の設立と活動は、前述した「連合中越地協」の金子事務局長の存在とリーダーシップが大きく影響している。地域に根ざした「顔の見える連合運動」を地協の推進計画にしっかりと位置づけ、労働組合の社会運動の一環として、資源循環型地域社会の構築に積極的に参加していこうという戦略が明確だったからである。

 また、NPOである「地域循環ネットワーク」には、連合中越地協として組織的な参加はしていない。この理由を金子事務局長は「互いの主体性を尊重するため、組織同士としては距離を置いている。有機的なつながりのある相互連携の関係である」と語る。したがって、会員となることも各組合の組合員個々人の判断に委ねられている。ボランティアも動員ではなく、あくまでも市民としての自主的な参加が尊重されている。しかし、このような組織間に距離を

置いた関係は、むしろ連合中越地協にたいする市民の信頼を生み、いまでは署名活動などは連合の組合よりも多く集まるという。この背景にはボランティアによる学校給食の調理残さの回収（市内 11 ルート）や、わりばしメイト、エコグリーンクラブ活動などで深まったコミュニティのなかでの連帯のきずながあるからだと思われる。

　さらに、「地域循環ネットワーク」は、地域社会にどのような影響やインパクトをもたらしたのだろうか。金子事務局長にたずねてみた。ひとつは、04 年の中越大地震のさいに全国から駆けつけたボランティアの力を、多くの市民が実感したことが影響しているという。そのことが「金はなくても人は動く」というボランティア文化の高揚につながったとみているようである。二つ目には、環境問題にたいする市内の事業所や企業経営者の意識改革に少なからずインパクトを与えてきたことだという。社員食堂のわりばしも「洗いばし」に変更する企業もしだいに増え、会員として脱退する企業もほとんどないという。

　また、今後の課題や事業構想としてつぎのような点をあげている。①事業活動の継続には人材の育成が不可欠であり限られた予算のなかでの人への投資、②財政基盤の強化、③「ながおかライフサポートセンター」との多様な連携、④新規事業を展開するための資金の調達、⑤地域の学舎としての「自然環境学校」開設の検討などである。

■ 新たな事業とボランティアの変化

　地域社会にかかわる運動は、時の経済状況や産業構造等に大きく規制され左右されることは言うまでもない。

　労働運動しかり、政治活動しかり、とりわけ市民活動は地域社会のニーズに応え、状況変化に対応できる「力づくり」が試されている。さまざまな課題に対して、的確な対処と提起を続け、持続可能な仕組みづくりが求められている。

地域循環ネットワークの活動の一つである「てんぷら廃食油再生利用事業」は、限られた量の廃食油（元来、廃食油減量に英知を働かせているもの）をめぐって、稼働率の低い再生利用プラント事業者が、しのぎを削って競争するよりも、経済的に持続できるプラント（事業所）に集約した方が、雇用・採算性にメリットが生じる。2015年8月をもって地域循環ネットワークは廃食油再生利用事業に終止符を打ち、採算性が見込める事業所に引き継いだ。市民活動で培われたノウハウが民間企業に移行され活かされれば、NPOとしては、大いに社会貢献になるのである。

　学校給食の調理残さ再生利用事業は、連携している畜産農家が経営戦略を大きく舵切りすることから2016年3月で終了した。畜舎周辺に不特定多数のボランティアが入り込むことで、養豚に悪影響がある伝染病進入の心配があることや、TPP交渉の動向いかんによる畜産業界の将来像など農家固有の課題にも十分に配慮した対応が求められている。

　新たな事業も誕生している。冬期間に多く使用されている「使用済みの使い捨てカイロ」の再生利用事業である。使い捨てカイロの成分は8割が粉炭、2割が鉄粉である。使用済みカイロの処分は、全国的には、自治体により、炭を重視した「焼却ごみ扱い」と、鉄を重視した「埋め立てごみ扱い」に二分している。使用済みカイロの中身を再生利用してもらう活動が4年目に入った。市民・事業所の参加と協力で回収されている。1袋30グラム程度のカイロの中身が年間4トンを超える（約13万3千個）再生事業に成長している。

　一方、参加ボランティアの層にも大きな変動がある。年金の65歳満額支給は、裏返せば65歳まで、ボランティアより、多少でもお金の稼げる仕事探しを求める人たちが増えている。言葉を換えれば、ボランティアどころじゃない働らかなくては、となる。ではボランティアが減少しているのか？　そうではない。メンタル面を中心とした、何らかの事情で直ちに働けない多くの若者が、居場所と

して、また、就労準備の場として、地域循環ネットの活動に参加希望している。これらの人たちが社会で働くための「就労準備の場」が圧倒的に不足しているためである。これらの受け入れは、たんに場の提供だけではなく、サポートできる知識・経験がある人的配置ができなければ無責任な受け入れとなる。人的配置が十分でないために、ボランティアの受け入れを制限せざるを得ないのである。人的配置には専門性と財源が必要となる。現在、行政（長岡市）の要請により、生活保護受給者と生活困窮者の就労準備支援の受け入れを行っている。

　NPOは地域循環ネットワークに限らず、ときとともに変化する地域社会のニーズに応え、状況変化に対応できる指導力と能力を発揮して、社会的弱者に寄り添う運動と事業提起をめざしている。

　連合中越地協では、2011年6月から毎週火曜日に幹事会構成組織からボランティア1名を学校給食の調理残さ再生利用事業にボランティア体験と学びを目的に派遣してきた。また、現小林事務局長が地域循環ネットワーク理事長を引き継ぎ、機関としては黒子役に徹し、知恵と汗を出して、「地域に顔の見える連合運動」推進の柱として活動が継続されている。

1-8. 茨城労福協──「出会いサポートセンター」結婚支援事業

■ 開設の経緯

　少子化対策として、茨城県では2001年度から全国に先駆けて「男女の出会いの場づくり」を県計画「エンゼルプラン」に位置付け、具体的には「エンゼルパーティ」「出会いの場コーディネーター養成講座」「結婚・子育てエッセー募集」等を実施してきた。さらに2005年度から2014年度を計画期間とする「新エンゼルプラン」を策定し、結婚・出産・子育てに関する総合的な施策を展開してきた。しかし、成婚組数の確保など具体的成果については不十分

であった。結婚支援の必要として少子化が挙げられるが、その要因は以下の4つが考えられていた。

50歳になった時点で、1度も結婚したことがない人の割合は、2010年には男性の20.1%、女性の10.6%であった。

平均初婚年齢は、2012年には男性が30.8歳（前年比0.1歳上昇）、女性が29.2歳（同0.2歳上昇）と晩婚化が進んでいる。

女性が第1子を出産した平均年齢が2012年は30.3歳と前年から0.2歳上がって過去最高となる。

1人の女性が一生のうちに産む子どもの数の指標となる「合計特殊出生率」は、2012年は1.41で前年よりも0.02ポイント上昇したが、欧米諸国と比較して低い水準にとどまっている。厚生労働省「第14回出生動向基本調査」（2010年）によると夫婦の完結出生児数は、戦後大きく低下し、第6回調査（1972年）で2.20人となった後は、第12回調査（2002年）の2.23人まで30年間にわたって一定水準で安定していた。しかし、第13回調査（2005年）で2.09人へと減少し、第14回の調査ではさらに1.96人へと低下している。

表3-1-1　夫婦の完結出生児数の推移

調査（調査年次）	完結出生児数（人）
第1回調査（1940年）	4.27
第2回調査（1952年）	3.50
第3回調査（1957年）	3.60
第4回調査（1962年）	2.83
第5回調査（1967年）	2.65
第6回調査（1972年）	2.20
第7回調査（1977年）	2.19
第8回調査（1982年）	2.23
第9回調査（1987年）	2.19
第10回調査（1992年）	2.21

第11回調査(1997年)	2.21
第12回調査(2002年)	2.23
第13回調査(2005年)	2.09
第14回調査(2010年)	1.96

注：対象は結婚持続期間 15 〜 19 年の初婚どうしの夫婦
　　（出生子ども数不詳を除く）

　一方で、茨城労福協（社団法人茨城県労働者福祉協議会）は労働者の結婚対策として「いばらき結婚相談センター」を 1997 年から運営してきた。県内の市町村から負担金を集めながら、公益法人として県内で唯一全県的な結婚相談事業を展開していた。具体的には県内 5 カ所に相談センターを設置していた。このような背景から、「いばらき結婚相談センター」の組織・ノウハウを継承する形で、茨城県は茨城労福協と共同で「社団法人いばらき出会いサポートセンター」を 2006 年 6 月に設立することとなった。

■ **運営体制**

　組織体制としては、県内 5 カ所にセンターがあり、全センターにおいて、「検索」「ふれあい」が可能となっている（会員の情報は各センターがオンラインで共有）。

表3-1-2　各センターの会員構成

	県北センター(日立市)	本部センター(水戸市)	鹿行センター(神栖市)	県南センター(牛久市)	県西センター(結城市)	計
登録会員(人)	310	1,393	221	706	216	2,846
%	10.9	48.9	7.8	24.8	7.6	

※ 2015 年 8 月 25 日現在（男 1,683 人、女 1,163 人）（男女比 59.1:40.9）

　事業推進体制としては、運営方針の決定は理事会で行われる。理事会は理事長 1 名、副理事長 1 名、理事 9 名となっており、監事は

2名となっている。

予算等の議決は社員総会で行われる。社員は茨城県、茨城労福協、茨城県市長会、茨城県町村会、一般財団法人茨城県労働者福祉基金協会となっている。

推進体制としては、職員が22名でこれに加えて土日対応の補助員が5名。全体を事務局長が統括している。

センターは基本的にすべての曜日で営業する。ただし、年末年始、盆休み、国民の休日は休業。県北、鹿行、県西の3センターは、当分の間平日火曜日も休業となっている。水曜日は全センター19時まで夜間営業し、退勤後の利用に対応している。水戸、県南センターは木曜日も19時まで営業している。

事務員は常勤（週5日）、相談員は非常勤で週2日から3.5日勤務。相談員は利用者数に応じ弾力的に配置されている。

表 3-1-3 「いばらき出会いサポートセンター」の体制

	スタッフ	休業日
本部	事務員2名、その他1名	12月29日〜1月3日、8月13日〜16日、国民の祝日
水戸センター	相談員8名 平日2-3名、土日各4名	12月29日〜1月3日、8月13日〜16日、国民の祝日
県北センター	相談員2名（補助員2名） 平日1名、土日各2名（相談員1名＋補助員1名）	毎週火曜日、12月29日〜1月3日、8月13日〜16日、国民の祝日
鹿行センター	相談員2名（補助員1名） 平日1名、土日各2名（相談員1名＋補助員1名）	毎週火曜日、12月29日〜1月3日、8月13日〜16日、国民の祝日
県南センター	相談員4名 平日1-2名、土日各2名	12月29日〜1月3日、8月13日〜16日、国民の祝日
県西センター	相談員2名（補助員2名） 平日1名、土日各2名（相談員1名＋補助員1名）	毎週火曜日、12月29日〜1月3日、8月13日〜16日、国民の祝日

表 3-1-4　2014年度収支概要

収入内訳	単位:千円
茨城県	21,281
労福協	5,000
市町村	3,500
基金協	1,000
会員	10,196
企業	3,078
諸収入（国の交付金）	4,838
計	48,893

支出内訳	単位:千円
人件費	25,755
事務所管理費	10,548
会議費	313
事業費	4,988
計	41.604

　2006年6月のセンター開設以来、民間婚活業者とのトラブルは一切発生していない。民間婚活業者が当センターの賛助会員になっているような実態もある。

「いばらき出会いサポートセンター」の取り組み

　「いばらき出会いサポートセンター」では出会いのために以下の3つのチャンネルを提供している。
① 「会員登録制」によるパートナー探しのサポート
② 「マリッジサポーター」の行う婚活活動の支援
③ ふれあいパーティの開催による出会いの提供

　以下にそれぞれの仕組みを説明する。

このうち「会員登録制」によるパートナー探しのサポートは、データベースを活用し、人を介さないでセンターに来訪し、iPad等で検索をすることで相手を探す方法でこれまで成婚組数は2015年8月末までで1,261組となっている。以下に成婚までに5つのステップが存在する。

ステップ1： 会員はセンターを訪れ、タブレットによる検索で自分で相手を選択。相手を紹介するサービスは行わない。

ステップ2： 選んだ相手にお見合いの意思があるか、センター相談員が申込プロフィールを相手に郵送。

ステップ3： お見合いの意思がある場合、センター相談員がお見合いをセッティング。5センターのいずれかでお見合い。

ステップ4： 双方がお付き合いしたい意志有りの場合、センターから双方の連絡先(電話番号)を初めて連絡し交際スタート。

ステップ5： 結婚が決定したら退会となる。

また、入会者数や登録会員数の推移はつぎのとおりである。

新規入会者数の推移：2005年(開設前年度)246人→ 2006年度(開設年度)947人(3.8倍)

登録会員数の推移：2006年6月(開設時)815人→ 2015年5月現在 2,960人(3.6倍)

となっている。このように入会者増、成婚数の増など実績を上げているポイントは以下の6つが考えられる。

①入会登録料が10,500円で3年間有効と非常に低額。追加料金無し。

②県が運営に関与している安心感。

③取組が広域的である。会員の情報は各センターがオンラインで

共有しており、県内全体を対象とし、5カ所のセンターの全てにおいて、同じ結婚支援サービスを受けることが可能。対象範囲が狭いと地域の事情（男女比等）に左右されやすく成果が出にくい。

④サポートセンターに対し、毎年全市町村から負担金（2014年度は350万円）が拠出されており、全市町村に「結婚支援担当課」が設置されており、チラシの配布や広報誌等への掲載をセンターから依頼できるようになっている。年1回県主催で「市町村結婚支援担当課長会議」が開催され、その機会を利用し市町村負担金の要請や情報交換を実施している。センターは「ふれあいパーティ開催マニュアル」を用意しており、市町村がパーティを開催するさいには、必要に応じてセンターの職員を派遣しノウハウ提供を行う。

⑤成婚者数を毎月算出し、成婚数が上がる度（100組ごと）にマスコミに資料提供を行う。これによりマスコミも協力的である。

⑥時機をみて利用者へのアンケートを実施し、その結果を踏まえ営業日、営業時間の見直しを2回行った。またより利便性の高い場所へ2つのセンターは移転した。

マリッジサポーターによる支援も大きな役割を果たしている（以下のカコミ参照）。マリッジサポーターとは県から委嘱された婚活支援ボランティアのことで、婚活する時間が少ない人、自分で結婚相手を探すよりも経験者から相手を紹介されることを好まれる人などを積極的にサポートする。これまでの成婚組数は2015年8月末現在で152組となっている。

マリッジサポートセンターは、いばらき出会いサポートセンターとは別組織であるが、県が委嘱に関与していることから相互に連携して結婚支援事業を展開している。具体的にはマリッジサポーターはプロフィールを預かるさい、あわせて出会いサポートセンターの紹介を行っている。一方、出会いサポートセンターも適宜マリッジサポーターの利用を勧めるなどして相互に連携している。またいばらき出会いサポートセンターはマリッジサポーターの活動を財政的

に支援している。具体的には後述する5つの地域活動協議会へ運営費及び事業費を年間50万円ずつ補助している。

　茨城県とマリッジサポーターの関係としては、県内の結婚支援者が一堂に会する「いばらき結婚支援研修会」を毎年開催する。マリッジサポーター表彰も併せて実施している。新規委託者を対象に活動方法の基礎知識等に関する初任者研修会を開催している。結婚相談会等で福祉関係施設利用が無料化になるよう働きかけも行っている。

表3-1-5　マリッジサポーターの活動

地区	サポーター数	定例会		イベント
		回数	開催日	
県北	203人	23回	毎月（第1金曜日）	パーティ（2回）
県央	191人	16回	2カ月毎（各10日）	パーティ（2回）
鹿行	110人	9回	不定期	パーティ（2回）
県南	274人	15回	2カ月毎	パーティ（5回）、結婚相談会（2回）
県西	152人	16回	毎月（第3水曜日）	セミナー・パーティ（4回）
計	930人			

※サポーター数は2015年7月31日現在男性551人、女性379人

　ホームページで広報している。2008年度からはパーティの企画・運営を行う担当職員（1名）を配置。参加者の年齢、趣向に対応し、バラエティに富んだ内容のパーティを開催する方針。例えばコミュニケーション能力の向上を目指し、おしゃべりカード（トランプ型の質問カード）を用いた会話の練習をする「みんなでしゃべらないと！」をほぼ毎月開催している。

マリッジサポーター制度の目的・概要

地域において出会いの仲介・お世話を行うボランティアを「マリッジサポーター」として県知事が委嘱。20歳以上で県内在住が条件。任期は2年間で更新は可能となっている。

募集

マリッジサポーターの募集は県や市町村の広報誌への募集記事の掲載で行う。また女性団体や業界団体への働きかけも行っており、県や市町村のイベントで「募集チラシ」を配布している。

委嘱

毎月末に県知事が委嘱。活動のツールとしては名刺と活動マニュアル、名簿が配布される。

活動内容

マリッジサポーターの活動内容はお見合いのお世話（身上書のマッチングといばらき出会いサポートセンターのパンフレットの配布等のPRとなっている）。

組織的な活動

県全域の組織として「いばらきマリッジサポーター連絡協議会」が存在し全県を対象としたマッチングイベントを年1回開催している。地域組織としては県北、県央、鹿行、県南、県西の5地域に地域マリッジサポーターが事務局の「マリッジサポーター○○地域活動協議会」が存在し、月1回から2カ月に1回程度定例会を開催。各マリッジサポーターが持っている身上書を持ち寄ってマリッジサポーター間でマッチングを実施。また「ふれあいパーティ」や結婚相談会の開催なども行っている。

■ 成果と今後の目標

行政と労福協、マリッジサポーターというボランティア等の力を活用し、これまで1,432組の結婚を成立させてきた。

表3-1-6　出会いのための3つのチャンネルによる成婚組数の推移

	2006	2007	2008	2009	2010	2011	2012	2013	2014	2015	計
成婚数	41	97	137	166	171	179	193	178	204	66	1,432
月平均	4.1	8.1	11.4	13.8	14.3	14.9	16.1	14.8	17.0	13.2	13.2

※2015年は8月末現在

　今後の成婚組数目標としては、2018年度に2,000組達成を目指している。そのために、さまざまな媒体を活用し、いばらき出会いサポートセンター事業について効果的なPR展開、現状電話で予約を行っているが、Webを通じた予約システムや愛媛県で行われているようなビッグデータ活用によるマッチングシステムの導入、ふれあいパーティ参加カップルの成婚数の把握の改善などに取り組んでいく。

■ まとめ

　行政が地域課題を直視し、労福協、市民ボランティアと連携し、メディアなどのリソースも活用することで、少子化の課題に対して具体的な事業を推進し、数値的な成果が出ていることは評価できる。継続的なイベントなどの開催によりソーシャルキャピタルとしての経営も増大が予想されるので、今後はこの成果がどのような社会的効果につながっているのかの分析なども行い、本事業で培われたマリッジサポーターや登録会員などのリソースを活かして、婚活以外の子育て支援や教育問題、高齢化対策など他の地域課題についてどのように活かしていくかを考えていくことなどが期待される。

1-9. 山形県内の労働団体と自治体が連携して創設した「ふるさと奨学ローン」——地域人材の育成への貢献

■ ふるさと奨学ローンの創設経緯

　ふるさと奨学ローン制度は、労働金庫の地域社会への貢献を目的とした教育資金融資制度である。ただし、この制度は労金単独で創設できたわけではなく、連合山形およびその関連団体が創設に向けて働きかけ、とくに自治体との協議には連合山形が前面に立ったのが大きな特徴である。

　山形県経済社会研究所（現在の連合山形総研）が1991年の年報において、山形県に帰郷して就職する人材を教育ローンで優遇する制度を提言したのが最初のきっかけとなった。1992年に入ると、連合山形および山形県労福協が山形労金に対して人材育成奨学制度の創設を要請し、県労政課に対しても協力を要請した。さらに、連合山形、山形県労福協、山形労金が中心となり「山形県21世紀人材育成協会」発起人会を開催すると同時に、準備会およびワーキンググループの設置を確認し、具体的検討に入った。

　検討にあたって最大の問題となったのが基本財産であった。1992年11月に、連合山形から県知事に1993年度2億5,000万円の出捐を要請し、連合山形自体も1993年10月には連合山形からの100万円の出捐および役員派遣を決定した。

　財団法人の設立許可にともなう申請手続きを経て、1993年11月には、ふるさと奨学ローン利用者への利子補給を行うための「財団法人山形県勤労者育成教育基金協会」（以下、教育基金協会という）が設立された。

　1993年の設立当初、教育基金協会の基本財産は10億5,600万円であった。山形県から2億5,000万円、県内市町村から2億5,000万円、山形労金（現在の東北労金）から5億5,000万円、その他福

祉事業団体（連合山形、山形県労福協、全労済山形県本部、労信協、住宅生協、山形県生協連、勤労者福祉センター）から600万円の出捐があった。これをもとに帰郷就職する学生に利子補給を行うというのが制度の根幹であった。ただし、金利情勢の変動による影響を受け、2007年度からは基本財産の取り崩しを行い、一時期10億460万円まで減少した。

　教育基金協会は2013年11月に20周年を迎えた。現在でも、「山形県内の地域社会に有為な人材の育成と、若者の県内就業を促進し本県の産業経済の発展に寄与するとともに、教育資金を利用した勤労者等の経済的負担軽減」を目的として、利子補給事業およびこの法人の目的を達成するために必要な事業を行っている。

■ ふるさと奨学ローンと利子補給の制度内容と実績

　ふるさと奨学ローンの利用対象は、高校、専門学校、短大、大学に入学、在学する学生の保護者であり、子どもの学資金および修学のための生活資金を融資する。融資金額は最高1,000万円まで、融資期間は最長10年である。

　利子補給制度は、子どもの学校卒業後、山形県内に就職、就業した場合、それ以降の利子に対して、元金300万円を限度に、年2.0%の利子相当分が補給されるというものである（限度額・補給利率は2014年4月現在）。利子補給は基本財産の果実により運営されている。

　毎年、卒業者に対して、事務局から利子補給申請の案内を送付する。利子補給の認定にあたっては、理事から1名、評議員から1名で構成される審査会が年3回行われる。そのさい、県内の事業所に勤務しているかどうかが認定基準となり、雇用形態は問われない。申請者は基準さえ満たしていれば、利子補給が認定される。

　ふるさと奨学ローン利用件数累計は、2014年5月時点で10,034件、227億5,469万円である。利用実績の推移をみると、1990年代

は順調であったが、2000年代に入ると停滞ぎみになり、直近では年間8億円程度にまで減少した。

　また利子補給金の交付累計は、2013年11月時点で延べ13,418件であり、3億2,936万円である。2000年代前半までは増加が続いていたが、それ以降は減少傾向になっている。

　利子補給認定者をみていくと、創設以来の累計の卒業者7,230人のうち、2,596人である。各年の認定者のうち、6割前後がその年の卒業者であり、3～4割がそれ以前の卒業者である。2000年代初めをピークに徐々に卒業者および利子補給認定者は減少しており、卒業者に占める認定者の割合も低下している。卒業者全員に対して利子補給申請の案内が送付されているので、県内就職した人がすべて申請したとすれば、卒業者に占める認定者の割合は、ふるさと奨学ローン利用者の県内就職率をあらわし、それ以外は県外就職あるいは無職ということになる。県内就職率は、2000年代前半までは4割前後で推移していたのが、2000年代後半以降になると3割程度まで低下している。この制度だけでは、若者の県内就業を促進するという本来の事業目的を以前のように達成するのが困難になってきているといえる。

■ 制度の問題点

　若者の県内就職に結びつけることができない利子補給制度の問題点として、利子補給利率の低さがあげられる。創設当初は年2.5%で開始したが、1996年6月には1.5%、2005年4月には1.0%と引き下げられた。対象限度額も当初300万円であったが、2006年4月から200万円に引き下げられた。毎年1,000万円以上の利子補給の交付を行っていたため、基本財産の果実での運営が財政上厳しくなっていたからである。たとえば、ローン利用者に返還される補給額が7.5万円の場合（対象額300万円の2.5%）と2万円の場合（対象額200万円の1%）とでは3倍以上も差があり、利子補給制度を活用

する魅力が薄れることになった。

　ただしその後、2014年3月の労信協の解散により、教育基金協会へ残余財産3億8,500万円の寄付があった。それによって、まずは2007年から取り崩していた基本財産を設立当初の金額に戻した。残りの約3億3,000万円を特定資産とし、2014年4月から利子補給利率を年2.0％、対象限度額を300万円に引き上げた。懸念していた利子補給事業の継続も可能となった。短大、専門学校の卒業生がでてくるのが2年後なので、その頃から効果が出てくるだろうという。

　魅力的な条件が整備されつつあるなかで、さらにふるさと奨学ローンおよび利子補給制度を普及させるために、2014年7月に教育基金協会事務局は県内の全市町村の学校120箇所を訪問し、精力的に情報提供の活動を行った。進路指導の教員に対して、生徒の父母にこれらの制度の情報を提供するよう依頼した。学校のみにとどまらず、各市町村の労政担当者に対しても、広報誌への年1回以上の広告掲載を要請するなど、日常的に周知活動に取り組んでいる。

　不便という点からあげられるもうひとつの問題は、ローン返済期間の短さである。現在のふるさと奨学ローンは固定金利で最長10年の融資期間である。かりに子どもの大学在学中は利息分を返済しないとすると、残り6年間で完済しなければならない。利用者からすれば返済期間が10年では短いため、変動金利で15年にすべきでないかという関係者の意見もある。

■ 新たな事業への取り組み

　教育基金協会事務局は、今後、利子補給事業だけでなく、山形県内の地域社会に有為な人材の育成、若者の県内就業の促進を目的にした公益事業も展開するという積極的な考えを打ち出している。しかし現在のところ、公益事業として認定されているのは利子補給事業のみなので、県からの委託事業は収益事業として行っている。

県からの委託事業としては、2013年度には2014年、2015年の2年分の県内求人情報をまとめた。2014年分はすでに求人が終了している時期に委託事業を受けたため、30社くらいの情報収集しかできなかった。2015年分については、73社の企業情報が掲載された求人情報誌「やまがた企業ガイド2015年版」を作成した。

こうした求人情報誌は、県および労働局とタイアップで作成している。県の委託事業をつうじて、県だけでなく労働局とも連携が進んでいる。2013年12月に県と労働局主催の就職ガイダンスを開催し、3,000～4,000名の学生が集まった。県内から110社ほどの企業が参加し、そのうち求人情報誌への掲載を同意したのが73社だった。求人情報誌は、ふるさと奨学ローンの利用者はもちろんのこと、県内の高校、大学、各自治体にも配布している。高校の教員からは参考になると評判がよいという。

2014年度の県の委託事業は、①求人情報誌の作成、②高校生・一般向けの労働法ガイドブック、③委託事業で雇用した者の研修教育の充実、の3つの内容である。②は2013年度に山形県労福協が委託事業として受けた内容だが、2014年度は受けられなかったため、教育基金協会が③とセットで引き受けることになった。教育基金協会が労働法ガイドブックの作成までを行い、県労福協あるいは連合地協の担当者が実際に学校に出向いて学生に対して授業を行っている。

■ 山形らしさの特徴

山形らしさの最大の特徴は、東北他県ではみられない自治体とのつながりの深さである。しかも、そのつながりは連合山形結成以前に生まれ、連合山形および周辺の団体がそれを引き継ぎ、深めていった。これまで県や市町村との関係を重視した労働者自主福祉運動を充実、拡大してきた。そうした連携活動の積み重ねが、ふるさと奨学ローンや利子補給制度のような、地域人材の育成に貢献する制

度を誕生させたといえる。

　ただひとつの問題は2003年の東北労金への統合が及ぼす影響である。これによって山形独自の運動が縮小していく可能性が懸念されている。懸念を払拭するために、たとえば利子補給制度の利用者をフォローアップする必要はあるだろう。1回のみの利用でなく、その他の活動への参加をうながすようなアウトリーチのしくみをつくることである。事業団体の全国統合化により地域に顔がみえづらくなった運動から、地域の隙間をうめてつなげる運動への転換が求められている。

※ 本事例は、連合山形総研・連合総研編『連合山形を中心とする地域活動の展開——山形県内の地域活動に関する共同調査研究プロジェクト報告書』「第4章地域の人材育成に貢献する労働者自主福祉事業〜「ふるさと奨学ローン」を中心に〜」（2015年）から転載した。

1-10. 生活クラブ風の村——介護からユニバーサル就労へ

■ 生活クラブ風の村とは

　生活クラブ風の村（以下、風の村）は、千葉県内で活動する生活クラブ生活協同組合（以下、生活クラブ虹の街、設立1976年）を母体とする社会福祉法人である。1994年に生活協同組合（以下、生協）として全国初めて介護事業を開始し、1998年に社会福祉法人格を取得した。2000年に本格的な個室ユニット型の特別養護老人ホーム（以下特養）として注目を浴びた「特養風の村」を建設した。2004年に社会福祉法人たすけあい倶楽部から社会福祉法人生活クラブに名称変更し、この頃から事業が多角化し、現在は高齢者介護のほか、保育園、学童保育、障がい児支援、児童養護施設、医療、生活困窮者支援など20分野で事業を展開し、70の事業所で1,500

人の従業員が働いている。

■ なぜ生協初の介護事業（たすけあいネットワーク事業）を始めたか

　わが国は、1990年代から生産年齢人口が減少を始めており、2005年をピークに総人口が減少しはじめ、2060年には人口が8,600万人になると予想されている。風の村理事長の池田徹氏は生活クラブ千葉（生活クラブ虹の街）を立ち上げ生協の運営に従事してきたが、大きな問題意識としては「社会の変化に対応し、常に人びとの期待に応えなければ、組織は存在意義を失ってしまう」「今後の最大の社会変化要因は少子高齢社会の到来であり、それに対応した事業・活動が不可欠」というものがあった。そのようななか、生協のサバイバルレースを予見し、減少する子育て世代のニーズにこたえるとともに、高齢者のニーズに対応する新しい事業を開発しなければならないという問題意識のもと、生協として全国に先駆けて介護事業を始めることとなった。

　介護事業を始めたことで、生活クラブ虹の街は多様で複雑で厳しい「地域」と向き合うことになる。というのも日本の生協は組合員以外が生協の店で買い物をすることなど事業を利用することは原則禁止されている共益の組織であった。生活クラブ虹の街も例に違わず法的にも、自主的にも、組合員以外の利用を禁止していた。しかし、介護事業に関しては組合員以外の利用制限が撤廃され、地域の誰もが事業を利用することができるようになった。地域の実像と出会うことで組合員の「共益」だけでなく地域社会全体の「公益」組織へと舵を切った。

　ただし、いきなり方針を変更したわけではない。池田氏の生協観を変える出会いがそこにはあった。スペインのEROSKIという10数万人の組合員を擁する生協を訪問したがその生協は組合員以外の利用が無制限であることに池田氏は大変驚いた。「出資金を払わなくても利用できるのになぜ10万人以上も組合員がいるのか」と尋

ねたところ「利用は誰でもできるが、組合員にならないと運営・決定に参画できない」と返事があった。日本では生協を利用するために組合員になるのに対して、スペインの生協では運営・決定に参加するために組合員になる。スペインで衝撃を受けた池田氏は、生協は地域の公器であるべきなのではないかという思いを強くし、介護事業に進出したことで地域社会全体の「公益」組織を目指すこととなり、現在では風の村の拠点がある地域では後述する地域包括ケアの担い手としての活動が始まっている。

■ 生活クラブとは

日本には、およそ500の生協があり、生活クラブは、その一つである。生協は営利を目的としない事業を行っており、営利を第一の目的とする一般の企業とは異なり、組合員の「出資」「利用」「運営」によって成り立っている。

生活クラブの始まりは1965年、「まとめ買いして安く分け合おう」と、200人あまりの母親たちが集まって牛乳の共同購入を始めたことである。脱脂乳や加工乳などが主流の当時、よけいな手を加えていない確かな品質の牛乳を手に入れるため、酪農家と共同出資をして、直営の牛乳工場も設立した。そこで、牛の餌から飼育環境、生産者、原乳の品質管理、収乳・製造日、製造・洗浄工程、容器や価格まで、すべてを把握することによって、きわめて安全性の高いものづくりの仕組みをつくりあげた。食品添加物や薬漬けの食べ物が増え始め、食べ物の安全性に対する消費者の不安が高まっており、安全な食べ物を自分たちの力で作り出して共同購入しようという運動は多くの人びとの共感を得て、着実に仲間が増えていった。

共同購入とは、購買力を結集して、品質の高いものを適正な価格で購入する運動のことで、1個より100個、100個より1,000個まとめることで、メーカーへの影響力を高めていった。また、生活ク

ラブは生協の主流の販売形態であった店舗とは異なる「班」という形態を編み出した。「班」とは戸別配達では採算が取れないため、7-8人で班を作り、配達された商品を班員が分け合うという仕組みである。生活クラブが飛躍的に発展する原動力となり、他の生協も「班」の供給形態を採用することとなった。90年代には「班」から戸別配達に販売の主力が移っていったが、「班」が生み出した隣近所のたすけ合い、支え合いの関係が、ソーシャルキャピタルを育み、後述する「たすけあいネットワーク事業」の基礎となる。

■ 千葉県流山市に生活クラブ虹の街設立

池田氏が生活クラブ虹の街を立ち上げることになったきっかけは、生活クラブ創立者岩根邦雄氏に指名されたことである。池田氏は『月刊地域闘争』という雑誌の編集で取材したさい、生活クラブにほれ込み1971年11月に生活クラブ東京に就職した。1年くらい経った頃に、職員評議会という組織ができ職員の多くがこの組織に加入したが、池田氏はこれに対抗して少数の仲間と労働組合を結成し、岩根理事長をはじめ理事の経営方針に反発を強めていた。10人程度の労働組合の副委員長、つまり反主流派のリーダー格であった池田氏に岩根理事長は「千葉に行ってくれ」と要請した。池田氏にとっては青天の霹靂であったが、けっきょく千葉立ち上げを引き受けることとなる。当時千葉県流山市の市議会議員北角虎男氏が生協づくりを始めており、生活クラブがそれを引き継ぎ1976年6月10日、1,003名の組合員で生活クラブ虹の街設立総会を開き、池田氏は専務理事に就任した。職員2名で倉庫もなく東京の練馬センターから班まで届けるのに1時間半かかるなか、事業を開始した。配送センターができたのは翌年9月であった。

■ 原点となる「せっけん運動」

生活クラブ虹の街は、自然環境に悪影響を与えたり、世界の人び

との格差や差別を助長したりするものを扱わないという姿勢を大切にしているが、その原点は「せっけん運動」であった。その中から直接請求運動が生まれ、更には廃食油を回収してリサイクルする、障がい者とともにつくり障がい者が一緒に働く手賀沼せっけん工場が誕生した。その過程を以下にみていく。

 1980年滋賀県で琵琶湖富栄養化防止条例が施行された。その当時千葉県にある手賀沼は富栄養化が進む日本一汚い湖沼で、最大の原因は大津川、大堀川という2つの河川を通して流れ込む家庭雑排水、中でも合成洗剤が問題であった。そこで生活クラブ虹の街は手賀沼周辺の市町村でも琵琶湖と同様の条例を作りたいと考え、地方自治法に基づく直接請求運動を起こした。直接請求とは1カ月以内に有権者の50分の1以上の有効署名を集めることで、市民が直接、議会に条例案を上程できる仕組みである。生活クラブ虹の街が事務局となり37団体が参加して「手賀沼を守ろう！ 合成洗剤追放市民会議」という市民団体を結成した。4年前に設立したばかりの生活クラブ虹の街には荷の重い役割であったが、他の団体、個人との幅広いネットワークを大切にし、直接請求を成し遂げ、貴重な経験となった。

 直接請求で培われたエネルギーを継続的な活動に引き継ぐために、直接請求運動に取り組んだ団体・個人に呼びかけ、さらに障がい者団体や個人の参加を得て、せっけん工場建設準備会を結成した。せっけん工場のモデルも滋賀県琵琶湖にあり、準備会メンバーが現地のせっけん工場を見学し話し合いを重ね、手賀沼せっけん工場が誕生した。工場建設にあたっては周辺の市民から資金を集めることを考え、手賀沼せっけん共有者の会（以下、共有者の会）という市民組織を作り、一口1,000円の一株共有化運動を展開した。参加者は2,000人を超え、およそ1千万円の出資金が集まり、これに生活クラブ虹の街が出資した1千万円を加え、さらに銀行から借入金を加えて工場がスタートした。

共有者の会は出資だけでなく、原料になる廃食油を回収するステーション、生産した粉せっけんを販売するせっけんセンターの開設にも取り組み、廃油回収ステーション、せっけんセンターは14の市町村、最盛期せっけんセンターは400カ所にのぼった。この運動はのちに、手賀沼についで汚れていた印旛沼流域でも展開され2つ目のせっけん工場となる印旛沼せっけん情報センターも設立した。現在は2つのせっけん工場はNPO法人せっけんの街として名称をかえ活動を継続している。

■ **たすけあいネットワーク事業**

1994年高齢化率14%を超え日本は「高齢社会」と呼ばれることになったが、この年に、生活クラブ虹の街は「たすけあいネットワーク事業」と銘打ち介護事業をスタートさせた。首都圏の生活クラブではワーカーズコレクティブ（以下、ワーカーズ）による会員制のたすけあい活動（高齢者に限らず、家事援助を中心に地域のさまざまなニーズに応える活動）が活発に行われており、千葉県でも組合員有志による10の「たすけあいワーカーズ」が活動していた。しかし、生活クラブ虹の街は、ワーカーズに介護事業を委託するのではなく、全国の生協で初めて生協直営の介護事業（ホームヘルプサービス事業）を実施することとなった。

具体的には「ケアグループ」という組織内組織を立ち上げ、事業展開を行っていった。行政区を基本に組合員有志によるケアグループを結成し、ケアグループごとに設立総会を開催し、メンバーの互選で代表者を選ぶ。グループ規約を作るが、身分は生活クラブの職員とする。資金がないので、代表者の自宅を事務所として利用した。ケアサービスやコーディネーターの業務に対しては時給を支給していたが、代表者の手当てはごくわずかで、膨大なシャドーワークが発生していた。

介護保険制度ができる前であり、1999年までの7年間に22のケ

アグループが誕生した。制度がないなか、行政区で事業基盤を作っていく意味では有効であったと考えられる。毎月1回のケアグループ代表者会議が行われ、この時の代表者やケアワーカーの多くが、今も多くの事業所で職員として活躍している。

当時の老人福祉制度は措置制度であり、ホームヘルプサービス事業は市町村の直営もしくは、社協、福祉公社などの半官団体が市町村の委託を受けて行っていた。生協のような民間団体が同じことをやろうとしても補助金はいっさい出ず、利用者からの料金しか収入はない。ケアワーカーに相応の時給を支払うためには最低でも1時間2,000円程度の料金設定が必要であったが、市町村が実施するホームヘルプサービスは低所得者の場合無料であり、よほど所得が高い人でない限り、数百円程度の自己負担で利用することが可能であった。そのため、利用料金は1時間1,000円で、初年度のホームヘルパーの時給は1,000円とし、1円も残らない仕組みからスタートした。翌年からは時給を900円にし、1時間当たり100円だけ残るようになったが、赤字にならないための工夫が必要となり、ホームヘルプサービス事業開始に合わせて、コープ共済と呼ばれる日本生活協同組合連合会の共済制度に参加し、生協組合員向けの共済事業に取り組んだ。

組合員に対しては超高齢社会を迎えるにあたり、食の不安とともに老いの不安に応えることの必要性と介護事業の基盤を固めるために共済の必要性を伝え、予想を超える加入者を得て、初年度の収益は2千万円を超え、94年から99年まで続いたホームヘルプサービス事業の赤字の一部をコープ共済の収益が補てんすることとなった。

■ 高齢者福祉施設設立から他分野の福祉事業へ

たすけあいネットワーク事業が始まった翌年、高齢者福祉施設「風の村」建設準備会(以下建設準備会)が発足した。メンバーは生

活クラブ虹の街の組合員と職員で福祉の専門家はいなかった。キャッチフレーズは「自分が住みたいと思える施設をつくる」というもので、利用する側の視点で、どういう施設がよいかを検討した。建設準備会はハードとソフトの参考にするため各地の先進的な施設を見学し、5年間かけて「風の村憲章」「風の村ケア大綱」「風の村ケア方針」を完成させた。生活クラブ虹の街の組合員からは設立されたら「ボランティア活動をしたい」「喫茶店を手伝いたい」「親を風の村に入居させたい」「職員として働きたい」などの声があり、組合員にボランティア活動やオンブズマン活動などに参加してもらい、会費収入の一部を寄付する機能を持つ支援団体「たすけあい倶楽部を支える会（以下支える会）」を1998年10月に設立した。

　2000年に全室個室ユニットケアの特別養護老人ホーム「風の村」が開設されたが、2004年には社会福祉法人たすけあい倶楽部と生活クラブ生協たすけあいネットワーク事業を統合し、「社会福祉法人生活クラブ」として新たなスタートを切ることになる。社会福祉法人生活クラブ発足後、「食・環境事業の生活クラブ」は生活クラブ虹の街、「福祉事業の生活クラブ」が社会福祉法人生活クラブ風の村、そして支える会はボランティアコーディネートを通じて2つの生活クラブをつなぎ、三者が連携して誰もが安心して住み続けられる街づくりに貢献していくことが取り決められた。「支える会」は会員数1,957名、財政支援の総額2,144万1,000円と規模は大きくなっていたが、事業統合のタイミングに合わせて5年5カ月で活動を終え、生活クラブ・ボランティア活動情報センターに改編された。この後、事業統合や事業開設などを通じて千葉県内に、特養ホーム・デイサービス・ショートステイ・訪問介護などの社会福祉事業のほか、保育事業や障がい者支援事業、児童養護施設の運営など広く展開していくこととなる。

第3章 「共助」から「連帯」へ——日本内外の先駆的事例

■ **ユニバーサル就労から生活困窮者自立支援制度へ**

　風の村には「ユニバーサル就労」という就労形態が存在する。ユニバーサル就労とは、さまざまな理由で働きづらさを抱え、就労が困難な人を職場に迎え入れる活動で2007年から開始された。一般的な雇用形態が合わない人にも、短時間や週に1、2日だけなど、各自に合わせた多様な働き方を考え用意し、現在70名程度の人が介護補助や清掃などに従事している。専門的な仕事の中にも比較的単純な事務作業が含まれていることもあるため、業務を分解することで、一人ひとりに合った業務を切り出していく。すぐに一般就労が難しい人も職場に通い業務をこなすことで意欲やスキルが向上しステップアップにつながっていく。

　ただし、一人ひとりの能力と分解された業務をマッチングするためには、一人ひとりの希望やスキルをていねいに見極め、その人に合った仕事をつくらなければならない。そのために風の村ではユニバーサル就労支援室という専門部署を設け、職場見学や実習も取り入れながら、就労につなげる機会づくりのコーディネートを行っている。特徴としてはコミューターという就労形態を作ったことで、最低賃金以上で雇用することは困難な人も不当に搾取することなく職場に迎え入れることができるようになった。

　また無償コミューター、有償コミューター、最低賃金保障、一般賃金の4段階が用意されておりコミューターには必ず本人や家族も同席する場で個別支援計画をつくり、ステップアップのための具体的な目標を明確にする。そして一定期間ごとにモニタリングを行い、目標を達成した場合つぎの段階にステップアップする。これらの取り組みは全国でも話題になり、厚生労働省生活困窮者自立支援制度における就労訓練事業の制度設計にあたってユニバーサル就労のシステムが参考とされた。

【第Ⅰ節】日本国内の事例

■ **地域包括ケアと生活クラブ安心システム**

「地域包括ケア」という言葉は2005年に発表された「2015年の高齢者介護」という厚労省の報告書の中に使われており、2010年地域包括ケア研究会の報告書で地域包括ケアの5つの構成要素（医療・介護・介護予防・生活支援・住まい）が打ち出された。この時点ではまだ地域包括ケアは「高齢介護」が中心に据えられた考え方であったが、2013年3月に出された第2次報告では、5つの要素すべてが地域包括ケアの実現にとって不可欠とされ、医療・介護の連携をはじめ、住まい、生活支援の重要性が強調されるようになり、2014年医療介護総合確保推進法の制定で地域包括ケアの最新の概念が確立した。そこで言われる地域包括ケアとは目の前にいる「困っている人」を支えることである。地域の公器を目指す風の村はその実現のために「生活クラブ安心システム」をつくりあげ、これまでの制度・事業所・職員の都合による支援の在り方を根本から見直し、住民主体・利用者主体のシステムに組み替えていった。そのさい「生活クラブ安心システム」には2つの原則がある。

1つは、生活クラブ風の村の事業所が属する日常生活圏域内において、何らかの支援が必要な高齢者を利用契約の有無にかかわらず支援すること。

もう1つは利用契約を結んだ人をできる限り支えきること。具体的には在宅生活を最後まで支えきることを目指している。

これらを実行するには国が設定した制度に基づくサービスを実施するだけでは対応しきれない。たとえば、デイサービスの利用者が「具合が悪いのでお休みします」とキャンセルの電話があったさいにこれまでは「お大事に」と返答して済ましてきたが、元気でデイサービスに通っている利用者にサービスを提供し、具合が悪くて通えない利用者をケアしないことは本末転倒でないか。もしかするとデイサービスに来られない利用者は、日中家族が働きに出ていて一人で自宅にいて辛い状態にあるかもしれない。生活クラブ安心シス

テムはこうしたケースでは制度外であるため無料で誰か職員が自宅を訪問する。つまり制度の有無にかかわらず支えるのである。

■ **共助の文化で連携を**

　風の村は特別養護老人ホームを設立するため社会福祉法人を取得したが、社会福祉法人は、法人税や固定資産税の原則非課税という優遇措置を受けている。それは社会福祉法人の高い公共性と非営利性に基づくものであるが、高齢者介護や障がい者支援など株式会社を含めて参入が認められている分野で社会福祉法人のみが非課税になっていることに合理的な理由を見出すのは困難となってきている。地域には高齢者だけでなく、さまざまな理由で孤立している人が大勢いる。風の村では、2010年から地域福祉支援積立金という制度を設けて、法人税の課税相当額を別建てで積み立てて、内部的にはユニバーサル就労の一部などに使いつつ、地域のNPO等への助成を行い地域福祉に資する活動を応援している。地域包括ケアシステムは「目の前にいる人を支えきる」ことであり、そのためにも「共助」の文化が内在する生協や公共性が期待される社会福祉法人がポテンシャルを活かすことが時代的にも求められており生活クラブ虹の街と風の村から学ぶことは多い。困っている人をあらゆる手段を駆使して支えていくためにも労働組合も含め協同組合間で学び合い連帯していくことがこれからいっそう求められる。

1-11. よりそいホットライン──全国規模に展開される相談システム

■ **「よりそいホットライン」とは**

　「よりそいホットライン」(一般社団法人社会的包摂サポートセンター)とは生活苦、心の悩み、暴力被害など、さまざまな悩みに「24時間365日いつでも、誰でも、どこからでも、何でも、無料で相談できる電話相談」で2014年度の1年間で相談につながった数は約29

万件であった。

　2011年10月仙台において東日本大震災で被災した福島県、宮城県、岩手県の3県を対象に被災自治体の首長経験者と全国で各分野の支援を行ってきた実践者有志による自主事業「何でも電話相談」として事業が開始された。2011年度補正予算により2012年3月11日から国の補助事業として選定され現在は厚生労働省社会・援護局（被災3県を除く全国対象）及び復興庁（被災3県対象）の補助金を得て寄り添い型相談支援事業として全国を対象に展開している。

■「よりそいホットライン」の背景

　運営主体となる一般社団法人社会的包摂サポートセンターの代表理事・前宮古市長の熊坂義裕氏は医師であったので震災の際は負傷をした方々等への治療していたなかで心のケアの重要性を感じ、物理的にもコスト的にも今後電話相談の重要性が増すと考えていた。電話相談を考えたさいに、紹介されたのが、NPO法人全国女性シェルターネット事務局長として全国の拠点と連携し20本の電話で24時間50日相談を受けた、内閣府事業「パープルダイヤル」に協力してきた遠藤智子氏だった。遠藤氏が「よりそいホットライン」を立ち上げるさいにこだわったのは専門ダイヤルの設置である。ホームレスや生活困窮だけでなく、外国語対応、性暴力、セクシュアルマイノリティ、自殺対策の専門ダイヤルを設けることを提案した。また「共助」にも通じるが障がい者支援や女性支援におけるシスターフッドの考え方などで取り入れられている「支援をする専門家は当事者」というコンセプトに基づき当事者（ピア）による対応も基本に据えられた。労働組合との関係性としては事業開始段階から中央労福協と複数の地方労福協で地域センターの設置・運営をはじめ協力関係にある。

■「よりそいホットライン」の概要

　一般社団法人社会的包摂サポートセンターの運営は、東京に事務局を置いて中央本部としての機能を果たしている。

　役員は熊坂義裕（元宮古市長）をはじめとする被災地の自治体首長と戒能民江（お茶の水女子大学名誉教授）など専門家で構成されている。

　主たる事業である、よりそいホットラインは、「なんでも相談」に関しては相談員は1,300人以上、弁護士、司法書士、臨床心理士、社会福祉士等の専門家が300人以上協力し、必要に応じて相談者に助言・支援を行っている。「専門相談のライン」には、「自殺対策全国民間ネットワーク」や「全国女性シェルターネット」等の専門的な知見を有する団体が全国ネットワークを駆使して支援にあたっている。

　電話番号はフリーダイヤル「0120-279-338」（岩手・宮城・福島県からは「0120-279-226」）で携帯電話や公衆電話からもかけられるようになっている。音声ガイダンスが流れ、下記の相談したいことを選んで該当する番号をプッシュする。

①　暮らしの中で困っていること、気持ちや悩みを聞いてほしい方
②　外国語による相談（Helpline foreigners）
　　英語、中国語、韓国・朝鮮語、タイ語、タガログ語、スペイン語、ポルトガル語、ベトナム語、ネパール語
③　性暴力、ドメスティックバイオレンスなど女性の相談
④　性別や同性愛などに関わる相談
⑤　自殺を考えるほど思い悩んでいる方
⑧　被災者の方で困っている方
　　被災地の若年女性の方

　通話による聞き取りが難しい方のための対応もファクシミリで行っている。

■「よりそいホットライン」の特徴

　「よりそいホットライン」の目的は「近年、地域、家庭、職場のつながりが薄れ、社会的に孤立し、生活困難に陥るリスクが増大している。とくに東日本大震災の発生により、被災地をはじめ、全国的に社会的排除のリスクが急速に高まっている。また、生活困難の事象が多様化する中で、さまざまな支援にたどり着くことができず、生活困難が深刻化する例もみられる。このため、生きにくさ、暮らしにくさを抱える人びとに対し、いつでも電話による相談を受けて悩みを傾聴するとともに、必要に応じ、面接相談や同行支援を実施して具体的な問題解決につなげる事業を実施することにより、社会的包容力の構築を図ることを目的とする」とされており、「いつでも電話による相談を受けて悩みを傾聴する」ことだけでなく以下の3つの取り組みも行っている。

・相談内容によっては、相談者の連絡先を聞き、相談を受ける側が問題解決に向けて「折り返し電話」対応をする
・緊急な場合は、地域社会資源や医療機関等への同行支援も行う
・特別な配慮が必要である相談に対する5つの専門ラインを設置している

（自殺予防、DV／性暴力被害等女性相談、セクシュアル・マイノリティ相談、外国語、広域避難者支援、被災地の若年女性）

　2014年度からはフリーダイヤルの「匿名の関わり」をメインとしながら、専用の「折り返しフリーダイヤル」を設け、相談者が匿名を解除しリアルなつながりを持ち、合意形成しながら、継続的に支援ができる「つながる支援＝継続支援」が連動して機能する「両輪の支援」のスタイルを確立させた。

　電話相談については社会的マイノリティ対応、自殺対応のために5つの専門回線を設けているが、「専門家は当事者」というコンセプトは前述したが自殺予防、女性、セクシュアル・マイノリティ、

第3章 「共助」から「連帯」へ——日本内外の先駆的事例

若年女性支援の各領域については専門性が高く、支援経験の豊富な団体に委託している。外国語対応と広域避難者支援（被災3県はこの専門ラインはない）については直接運営となっている。委託団体は以下のとおり。

- 自殺予防ライン：（一社）自殺対策全国民間ネットワーク
- DV、性被害等女性のための専門ライン：NPO法人全国女性シェルターネット
- セクシュアル・マイノリティライン：NPO法人共生社会を作るセクシュアル・マイノリティ支援全国ネットワーク
- 若年女性支援ライン：（一社）GEN・J

図 3-1-2 「よりそいホットライン」の支援の流れ

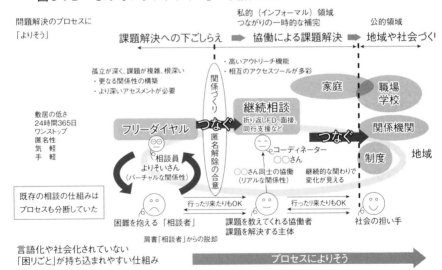

被災3県以外の各地域センター、専門ラインで相談にあたっている相談員の総数は、1,582人となっている。性別の比率は、66%が女性である。被災3県の各地域センターで相談にあたっている相談員の総数は304人で、性別の比率は、79%が女性で全国よりも割合が多い状況となっている。2014年度から各地域センターに対して全相談員への面接を実施し、年間12時間の研修を必須としている。すべてのセンターが相談員研修を実施、延べ135回開催され2,513人が参加した。専門ラインについては各分野の専門的な研修を実施するとともに、相談員のなかから中核となる人を選定し、支援チームを設置し、スーパーバイズを兼ねて毎月研修を実施している。また、「効果測定第三者委員会」「相談内容分析検討委員会」を設置し事業内容、相談内容の評価・分析を行っている。相談内容分析・検討委員として、中央労福協元事務局長の高橋均氏が参加しており、労働相談に関する相談分析・政策提言を行っている。

　2014年4月1日から2015年3月31日まですべての合計の電話数は11,141,476件、つながった件数は212,360件であった。ガイダンス割合は昨年と大きく変わらず、何でも相談が約76%、自殺は1割を超えている。2014年度から開始した「被災者ライン」にも一日平均約110件と数多くの電話が寄せられている。一方被災3県の合計の電話数は616,403件、つながった件数は77,175件であり、自殺予防のガイダンスを選ぶ相談者の割合が全国の2倍にのぼった。

■「つなぐ支援」から「つながる支援」へ

　前述したが、昨年度から「折り返しフリーダイヤル」の設置など「継続相談」という形で、電話相談からつながった相談者の「フォローアップ」に力を入れている。遠藤氏によると電話相談の良いところはあくまで主導権は相談する側にある点ということである。匿名だから相談者は相談員が気に入らなければ電話を切ることができる。関係性のなかで支援者に対して強く出ることができる機会を電

話相談は提供する。しかも「フォローアップ」の入り口である「折り返しフリーダイヤル」に至るまで相談者は平均で40数回、時間で25時間くらいかけてやっと本名を名乗るという。この40回は同じ人ではなくほとんど別の人につながる。それらの多くの他者に肯定されることで主体性と人間に対する信頼感を取り戻す。遠藤氏は相談員が「相談窓口で困難な相談者が来て対応できなかった」ということに対して、「相談者が困難なのではなく、対応できない相談員の方が困難である」と言い切る。辛い状況にある相談者に対して、その人に問題があると判断するのはかんたんである。しかし、このような自己責任論に基づいて対応をしているかぎり現状を変えていくことは難しい。一人ひとりにとってどのような対応をしていくのがよいかを考え真摯に寄り添っていく。どこにも行き場のない女性を守るシェルター支援を行ってきた遠藤氏の考え方やノウハウが異なった課題に対応してきた団体に学び合いを通じて広がることは連帯して事業を行っていくことの利点であろう。

　遠藤氏は「被災地で起きたことは、日本全国で起こる」とインタビューで応えていた。その事態に備えて、「私なんか必要とされていない」「理由もなく解雇された」「誰なら私に気づいてくれるの？」といったさまざまな悩みに対し、全国で24時間365日いつでも電話で同じような境遇を経験し共感して相談にのってくれる相談員につながるこの仕組みがこの国に用意されていることは希望である。繰り返しになるが特徴として、課題に合わせて専門ラインが用意されており、これによって今まで別の課題としてつながることのなかった当事者たちが、つながりを必要としている同じ困難に直面している存在であることが可視化された。これは「連帯の基盤」になりうるのではないだろうか。

　イギリスのLGBTの活動をテーマにした映画『パレードへようこそ』で、一見つながりのないLGBT当事者と炭鉱労働者が、サッチャー政権への闘争というという点で一致し共闘した。「よりそ

いホットライン」につながる人たちはこれからさらなる連帯をしていくきっかけを得ているのではないだろうか。

代表理事の熊坂氏は2014年度報告書の相談事例に書かれた「相談者がフリーダイヤルから対面支援を経て、地域の社会資源と巡り合うまでの変化内容」を読むことで「自分の勘に間違いはなかったと確信した」と述べている。

遠藤氏は熊坂氏のことを「生活に何の不安もなかった内科医が相談事例に涙し、日本はここまで酷いのかと心を入れ替え真摯に取り組んでいるのではないか」と言い、さらに「被災した後に変わらなかった人は信じられないと熊坂代表は言っている」と話していた。

社会を何とかしたいと本気で取り組んできた専門家たちが運営し、課題に直面した当事者がピアで相談に乗る共助を仕組化し、さらに性暴力、自殺防止、外国人など課題を超えて悩む人たちを支える連帯を醸成する「よりそいホットライン」。現在は復興庁及び厚生労働省社会・援護局の補助事業であるが、この国にとって手放すことができない社会インフラにしていくためには連帯社会を推進する主体の力が必要で、今後さらなる連携を期待したい。

第3章 「共助」から「連帯」へ——日本内外の先駆的事例

【第Ⅱ節】海外の事例

はじめに

　1980年代から90年代にかけて、多くの国で、規制緩和、減税、民営化、福祉予算の歳出削減など、新自由主義を政策理念とした「小さな政府」という国家運営手法がとられた。政府の役割が縮小したこの時期は、労働者自主福祉が新たな方向性を模索し、社会・経済における役割を拡大していった時期でもある。この手法はさまざまに姿を変えて今日まで続いている。この間の労働者自主福祉の発展の特徴として、①ソーシャル・インクルージョン（社会的包摂）と社会的企業、②地域雇用開発、③多様なステークホルダーとの連携、④ワーカーズキャピタル（労働者資本）による社会的責任投資があげられる。本節では、これらのキーワードを手掛かりに、ヨーロッパおよび北米における近年の労働者自主福祉の動向を、具体的な活動事例をあげて紹介する。そして、最後に、労働運動の新たな可能性として、アメリカ労働総同盟・産業別組合会議（AFL-CIO）がすすめる「ワーキング・アメリカ」、そしてミャンマー労働組合総連合（CTUM）が連合の支援により展開する農業労働者支援事業について紹介する。

1. ソーシャル・インクルージョンと社会的企業

■「働くための福祉」

　欧州連合（EU）は、より一体的（cohesive）な社会を形成することを目標としてきた。1997年のアムステルダム欧州理事会では、

「経済的効率性とソーシャル・インクルージョン（社会的包摂）は、私たちが目指すべきより一体的な欧州社会を補足するものである」との決議を採択し、「効率」と「包摂」の両方を政策課題と位置づけた。この決議を受けて、1998年「欧州雇用サミット」で、「欧州雇用戦略」が正式に発足した。「ソーシャル・インクルージョン＝就労を通じた社会的排除からの脱却」という定義をより明確にしたのが、2000年3月の欧州理事会で採択された「リスボン戦略」である。同戦略は、「社会的排除からの最良のセーフガードは労働である」として、教育・訓練への投資を拡大し、「より多くのより良い仕事」を創出し、そして就労支援型の福祉・社会保障を強化することで「積極的福祉国家」を構築することをEUの共通目標とした。労働者福祉の軸足が、従来の手厚い社会給付による所得保障から、働くことで自らが自らの福祉を向上するという「ワークフェア（workfare）」に移された。

　Peck（1998年）は、ワークフェアには、福祉制度から除外することで就労を奨励するものと、教育や訓練を充実させることで個人の雇用可能性を向上することで福祉から就労への移行を支援する2つの類型があると指摘している。EUが採用しているのは後者である。たとえば、「OECD雇用戦略」（1994年）が労働者保護の弱体化、労働市場の弾力化、失業給付の引き下げなどによる福祉から就労への移行を示唆しているのに対し、EUの「欧州雇用戦略」は雇用、福祉両方の積極（能動）的政策が重要であることを鮮明に打ち出している。この観点から、EU型のワークフェアは、高木（2005年）が主張するように、「働くための福祉」と訳すべきである。

　ヨーロッパ各国の社会民主主義政党で構成されるヨーロッパ社会党（PES）が採択した「新たなソーシャル・ヨーロッパのための10原則」（2006年）は、国家、企業および個人について、それぞれの権利と義務を表3-2-1のとおり規定している。個人は、「社会及び職場に十分に参加する」ことが権利であり、就労するための「あらゆる機会をとらえる」ことが義務であるとしているが、その機会を

提供する主体として注目され、「欧州雇用戦略」で重要な役割を担っている「第3のシステム」、とりわけ社会的企業である。

表3-2-1　ヨーロッパ社会党の「新たなソーシャル・ヨーロッパのための10原則：権利と義務」

	義務	権利
政府	すべての市民に公的サービス（教育、社会保障等）へのアクセスを保障し、政治的、社会的及び労働の権利を保障し、完全雇用と包摂的社会を実現する。	個人およびその他すべての社会の構成員が、福祉社会に貢献することを期待する。
企業	公的財源に貢献し、労働者の技術・能力を向上し、社会的責任をとおして社会で建設的な役割を果たすことで、完全雇用の達成を支援する。	競争の条件として、安定性、公正、透明性を期待する。
個人	個人の利益及び社会全体の一般的利益のために、人的及び社会的資源を高めるための、質の高い教育・訓練とその他のあらゆる機会をとらえる。	社会及び職場に十分に参加する。

出所：*Party of European Socialists*（2006）より筆者訳。

■ 欧州社会基金と社会的企業

「第3のシステム」とは、地域に根ざした組織あるいは制度を表す言葉であり、行政や民間企業が提供する既存の組織では提供できないサービスの提供者・提供体制を指す。具体的には、「社会的企業」や「社会的経済」、あるいは「コミュニティ・ビジネス」という言葉でも表される。「第3のシステム」は、高齢者、女性、長期失業者など、社会的弱者となりやすいグループを対象に医療、介護、保育などの社会サービスを整備し、現物給付による生活保障を拡充すると同時に、これらサービスにおいて雇用を創出し多くの就労を吸収することを目的としている。

【第Ⅱ節】海外の事例

　欧州委員会が運営する「欧州社会基金（ESF）」は、加盟国間および地域間の格差を縮小するためのプロジェクトに対して財源を拠出し、「欧州雇用戦略」以降は、ソーシャル・インクルージョンを達成するための主要財源となっており、多くの社会的企業プロジェクトに資金を拠出している。ESF が資金を拠出するプロジェクトは、労働組合、労使協議会、産業団体、地方政府、教育・訓練機関、NGO、あるいは複数の団体によるパートナーシップなど、多様な主体によって実施されている。

　ESF は、現在 2007 〜 2013 年期を展開しており、その予算額は 750 億ユーロである。財源は欧州委員会及び各加盟国からの拠出金で構成され、運営及び予算は、加盟国、欧州議会、欧州委員会の間の交渉により決定される。2000 〜 2006 年期のプロジェクト数は 3,397 に上る。欧州労連（ETUC）は、ESF 制度が改正される 6 年ごとに、各国の労働組合が積極的に ESF を活用するためのマニュアルを作成している。ESF のプロジェクトの一例として、ドイツの「造船所再生会社」を紹介する。また、それ以降に紹介するアイルランドの「地域雇用パートナーシップ」も社会的企業であり、ESFの助成を受けている。

【事例1】「造船所再生会社」（ドイツ）

　ドイツの「造船所再生会社」は、政労使というヨーロッパの伝統的なソーシャル・パートナーシップ[1]による雇用創出の例である。1992 年、メクレンブルク造船所が民営化された。同造船所は、ドイツ最北部のメクレンブルク・フォアポンメルン州（旧東ドイツ地域）の主要産業であり、民営化に際しては大量の余剰人員が想定された。IG メタル（金属産業労組）、金属・電機産業経営者協会（Nordmetall）及び州政府は、民営化に先立つ 1991 年、地域振興のための基金を創設し、その運営を「造船所再生会社（TGS）」に委託した。TGS は ESF の資金援助を受け、労働者の再訓練事業を行うとともに、バイオテクノロジー、生命科学などの

研究プロジェクトへの資金提供を行った。TGS は、1992 年から 99 年までの 8 年間に 64 のプロジェクトを支援し、その結果 28 企業の起業にかかわり、その結果多くの雇用を創出することに貢献した。現在では、メクレンブルク・フォアポンメルン州は、多くの工科大学を有し、化学産業の拠点となり多くの投資の誘致に成功している。

「造船所再生会社」は、民営化による失業を回避していくために、余剰労働者の再訓練だけではなく、新規分野における雇用創出に重点を置いた事例である。それも、「箱もの」などの「ハード」への投資により直接的に有効需要を作り出すのではなく、研究開発という「ソフト」に投資し、民間企業を誘致するインフラを整備し、長期に安定した地域雇用を創出することに成功した点が特徴である。「造船所再生会社」はまさに政労使のイニシアティブにより、「金（ESF）」と「学（大学・研究所）」を動員し、造船所の民営化という雇用にとっての大きなリスクを解消し、地域産業の活性化を呼び起こした事例である[2]。

2. 地域雇用政策

■ ヨーロッパの「地域雇用契約」

「リスボン戦略」（2000 年）は、「十分に分権化したアプローチは、EU、加盟国、地方・地域レベル、そしてソーシャル・パートナーと市民社会が、さまざまな形態のパートナーシップを活用し、積極的に協力しあっていく従属性の原則にそくしながら、適用されていく」と、地域レベルでの地域のパートナーによる地域雇用開発の重要性を強調している。

ここでいう「パートナーシップ」とは、ソーシャル・パートナー（労働組合と使用者団体）、民間企業、社会的企業、教育機関などの地域のステークホルダー（利害関係者）間の連携を指す。労働者と労働組合は、国および地方の社会・経済の 1 ステークホルダーであ

り、そのステークホルダーがパートナーシップに参画することで、政策や活動に労働者の意見を反映し利益を保護していく。

1996年、欧州委員会は地域雇用契約（TEP）制度を創設し、地域による実験的な雇用政策の実践を開始した。TEP制度は、地域レベルでTEPを策定し、それに基づくプロジェクトに対して、ESPの資金を活用させるためのプログラムである。TEPが承認されるためには、①地域レベルからのボトム・アップの政策であること、②地域レベルのステークホルダー（行政、公的機関、労使、民間企業、市民社会団体等）が関与していること、③詳細な分析に基づく統合的な事業が実施されること、の3つの条件を満たさなければならない。1997年にはEU全体で、80余のプロジェクトが承認され実行に移された。TEPの枠組みで、ESPの資金援助を活用している例として、「ダンダルク雇用パートナーシップ」を紹介する。

【事例2】 ダンダルク雇用パートナーシップ（アイルランド）[3]

アイルランドは西ヨーロッパでも最貧国のひとつにあげられていたが、1992年の欧州連合の発足により、域内およびアメリカからの投資を後押しにして急速に成長を遂げた。2000年代後半以降は金融不安等により経済環境は悪化しているが、1993年から2000年まで、年間6～11%の高い成長率を達成し、先進国のなかでももっとも良好な経済実績を上げた国の一つであった。ヨーロッパのなかでも比較的早くから地域開発に重点をおいた雇用政策を展開しており、そのことがこの時期の高い成長率の推進力となった。

アイルランドでは、伝統的にソーシャル・パートナーに加えて、農民代表やコミュニティの代表が国の政策策定に深く関与してきた。経済・社会政策を審議する首相府直轄の「全国経済社会委員会（NESC）」も、①政府代表（首相府及び財務省）、②労働組合、③経済界、④有識者に加え、⑤農業従事者、⑥コミュニティ及びボランティア団体の6分野、各5名の代表の計30人の委員

で構成される。

1991年、アイルランド政府は、NESC の勧告に従い、全国に38の「地域雇用パートナーシップ」を設立した。「地域雇用パートナーシップ」は、法的には有限会社と位置づけられ、国の出先機関、労使、地域コミュニティからそれぞれ6人、計18人の代表で構成されている。地域雇用パートナーシップには、ESF と政府からの資金が提供されるが、実際に資金を提供し各地域雇用パートナーシップを監視、支援する機関として、「地域開発管理会社（ADM）」という独立した中間組織（有限会社）が設置されている。ADM の理事会は、アイルランド労働組合会議（ICTU）、アイルランド経済・使用者連合会（IBEC）、政府代表および地域雇用パートナーシップの代表で構成されている。地域雇用パートナーシップは、職業訓練、職業相談、起業家支援等、ソーシャル・インクルージョンに係るさまざまなサービスを、行政に代わって住民に提供している（図3-2-1を参照）。

ダンダルクは、北アイルランドとの国境付近に位置する、貧困層が集中している人口3万5千人の町である。1991年当時の失業率は28.4%、失業者のうち45% が34歳以上、2年以上の長期失業者は40% 以上であった。長期失業者はとりわけ公的住宅に多く、2代あるいは3代にわたって失業状態にいる世帯もある。ダンダルクは、全住宅に占める公的住宅の割合、労働力に占める未熟練労働の割合、そして全世帯に占める世帯主が一度も就業したことがない世帯の割合は、全国平均を大きく上回っている。

1991年に設立された「ダンダルク雇用パートナーシップ」は、当初は長期失業者の雇用可能性の向上を目的としていたが、現在では住民に対して多様な就労支援・生活支援そして起業家支援を提供している。

長期失業者のための雇用創出としては、いくつかの子会社を設立し、長期失業者に雇用機会を提供している。一例として、「ギネス・ビール」で有名なギネス社との協力の下で設立したパック

ソート（Pacsort）社は、ギネス社が回収した瓶の分別を請け負っている。現在約30名いる従業員の7割は長期失業者である。

図3-2-1　ダンダルク雇用パートナーシップの仕組み

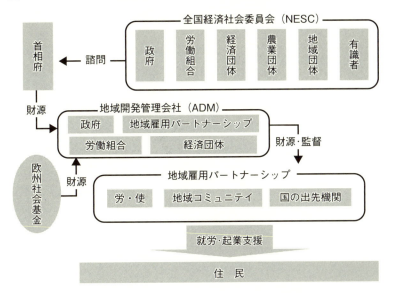

出所：Teague, Paul and Murphy, Mary C. (2004), *Social partnership and local development in Ireland: the limits to deliberation*, ILOより筆者訳。

「パートナーシップ」は、雇用機会を創出するとともに、長期失業者に対する就業と起業の支援を行っている。雇用可能性を向上させるための訓練機会の提供、カウンセリング、企業へのあっせん、または「パートナーシップ」が所有する企業における職場経験等を通して、多くの失業者を職場に送り出している。起業を計画している人に対しては、ガイダンス、融資、事業所の貸与等の多角的な支援を行い、1993年から2008年までの間に300余件の起業を支援してきた。

特定の貧困地区の開発のためには、当該地区に「企業センタ

ー」を創設し、そこで職業訓練コースの開催、起業家のための事務所・工場スペースの提供、保育施設の設置といった総合的なサービスを提供している。

　直接的な就労支援だけではなく、次世代に対する取り組みも行っている。小学校・中学校の中途退学者を対象とした教育プログラムを実施し、あるいは長期失業者の多い地域の小学校においては、保護者の子どもの教育への関心を高めるため、保護者を対象に「朝食クラブ（通勤前に朝食を食べながらの会合）」等を開催している。

　TEPの枠組みでは、ESFの資金援助を得て、マイクロソフト社と提携して「テレワーク開発センター」を創設し、コンピュータに関する研修、あるいはコンピュータを活用しての起業を支援している。とりわけ、情報通信技術によるマーケティングや販売は、急激な成長を遂げている産業であり、また在宅でできる仕事であることも手伝って、多くの女性の雇用を吸収している。

　失業者が就労するためにはさまざまな支援が不可欠である。たんに教育・訓練等を通して個人の雇用可能性を向上させるだけではなく、起業支援、企業へのあっせん等「労働力需要」を掘り起こすことも必要である。アイルランドの「地域雇用パートナーシップ」は、政労使をはじめとする地域のステークホルダーが地域の開発政策を策定・実行する実例であり、失業者の側に立てば、より質の高い仕事に就労するための、切れ目のない総合的な就労支援、いわゆるワンストップサービスの実践例である。

3. 多様なステークホルダーとの連携

■ 多様なステークホルダーによる協同組合

　1995年にマンチェスターで開催された国際協同組合同盟（ICA）の総会は、「協同組合のアイデンティティに関する声明」を採択し、「協同組合は、組合員としての責任を果たそうとするすべての人び

とに開かれた任意組織であり、組合員は平等に協同組合の資本に貢献し、その資本を民主的に管理する」と定義した。地域の持続可能的な開発という利益を共有する個人・組織であれば、だれでも組合員として「協同組合の資本に平等に貢献し、その資本を管理」できるということである。

1991年にはイタリアで、97年にはカナダ・ケベック州、その後もポルトガルおよびフランスで協同組合法が改正され、組合員の資格要件が緩和され、これまで労働者また利用者に限定されていた組合員資格に、出資するだけの組合員がつけ加えられた。多様なステークホルダーによる協同組合の例として、カナダ・ケベック州の「連帯協同組合」[4]を紹介する。

■ カナダ・ケベック州の協同組合法の改正

1997年、ケベック州議会は「協同組合法」を改正し、「連帯協同組合（coopérative de solidarité）」の存在を法的に位置づけた。同法によると、連帯協同組合は、当該協同組合が提供するサービスの利用者および同協同組合で働く労働者に加えて、「協同組合がその目標を達成することで経済的または社会的利益を受ける、個人または企業を組合員とすることができる」となっている。そのような組合員、つまり出資するだけの組合員は、支援組合員（membre de soutien）と呼ばれている。1997年から2007年の間に、479の連帯協同組合が立ち上げられた。

ケベック州で連帯協同組合が急速に発展していった背景には、グローバリゼーションと少子高齢化があった。ケベック州は、日本の4.5倍の面積に約760万人が住んでいる。多くの地域は農業を中心に開発されてきたが、若年層が都市部に流出し、地方の人口は減少していった。多くの地方では、郵便局、ガソリンスタンド、食料雑貨店といった生活に不可欠なサービスが失われ、コミュニティの存在自体が危ぶまれた。巨大な資本を背景とした多国籍企業が地域に参入することで、いったんはサービスの供給が確保されたケースも

あったが、企業はその地域での採算性が確保できなければ、サービスとともに地域を離れる。そこで、地域の住民、そして地域の企業からの支援を受けて、持続的なサービスを提供する仕組みを構築する必要性が生じた。

1996年には、ケベック州「経済・雇用サミット」が開催され、経済界、労働組合、協同組合、女性団体等の地域のステークホルダーは、州財政に過度な負担をかけずに、社会サービスを充実し、さらには雇用を創出する方策を議論した。その結果が、労働者、利用者に次ぐ第3の組合員の参加による協同組合であった。それまでの協同組合法では、労働者または利用者しか組合員になることができ

COLUMN

社会的企業の可能な財源

社会的企業は経済的収益性よりも社会性の高い目的の達成を優先するために、事業から得られる収益だけでは事業体を維持していくことが困難である場合が多い。そこで、社会的企業を起業・継続していくためには、社会的企業への「投資」を確保・促進していく必要性が生じてくる。社会的企業の投資財源として考えられるのが、公的資金、メンバーからの拠出金、社会的責任投資である。

欧州では、欧州社会基金（ESF）という、欧州委員会および各EU加盟国政府の拠出金によって構成される公的資金が、社会的企業への投資財源として重要な役割を担ってきた。国家間、地域間あるいは階層間の格差を縮小し、社会的一体性を向上していくことは欧州連合の共通の目標であり、就労支援などを通して社会的排除を解消していくことを目的としている社会的企業などに対して公的資金を投入することを必然としている。また、欧米の事例を見ると、介護や保育などの社会的サービスを提供する社会的企業が主流を占めている。本来行政が提供してきたサービスを運営する社会的企業に、一定

【第Ⅱ節】海外の事例

なかったため、十分な出資金が確保できずに、利用者が満足するサービスを払える価格で提供すること、そして労働者に対して適正な賃金を保障することが困難になってきた。一方で、コミュニティを維持していくためには、社会サービスの提供体制を整備する必要があり、そのためには、社会的企業に出資を希望する個人・企業が多数いることが確認された。「経済・雇用サミット」の代表が州議会にはたらきかけ、1997年の「協同組合法」の改正にいたった。

　地域の個人や組織が資金を拠出し、地域に必要なサービスの提供に協力できるようにすることを目的に、「支援組合員」資格を新設し、連帯協同組合が誕生することになった。それは、従来の「労働

の財政保障をすることは国や地方の責任でもある。
　一方で、社会的企業において、共助という概念、つまりメンバーが必要な資金を拠出するという考え方がある。このような共助をさらに強化していくためには、たとえばカナダ・ケベック州の連帯協同組合の事例にあるように、利用者組合員あるいは労働者組合員以外の、資金を拠出するだけの支援組合員を認める制度に改正していくことが必要である。
　また、社会的企業といえども通常の市場の中で行動する「企業」であり、市場で運用される資金を動員していくことが重要である。企業の社会的責任（CSR）を促進していく観点から、経済的収益性を犠牲にしない範囲で、投資判断に投資先企業の社会性に関する評価を組み入れる社会的責任投資（SRI）が、年金基金などの機関投資家に求められている。SRIの中には、アメリカの地方公務員退職金積立基金のように、収益性を配慮することなく、一定割合を地域開発にあてるいわゆるコミュニティ投資という手法もある。SRIを促進していく上では、年金基金あるいは労働金庫や全労済の資産といった労働者の拠出による資金を運用する機関、さらにはスト資金などを積み立てている労働組合自身が率先して、組合員の間でSRIに関する合意を確立し、地方再生や生活支援を行う社会的企業への投資を促進していくことが必要である。

者・利用者」を超えて、協同組合への参加を、地域の開発に直接的あるいは間接的に利害を持つより多くの人びとに拡大した例でもある。出資だけの組合員を協同組合に取り込むことで、民主的な内部管理を損ないかねないという懸念に対しては、改正「協同組合法」では、支援組合員が選出できる理事を総数の3分の1に限定し、支援組合員には払戻金を割り当てないこととした。次に、ケベック州の連帯共同組合の事例を2つ紹介する。

【事例3】在宅介護社会的企業（HCSEE）

　ケベック州では、医療・介護予算の削減と高齢者の自主性を強化する目的で、施設介護から在宅介護への転換が図られた。かつては自宅で暮らす高齢者の介護は、家族やボランティアによるインフォーマル経済に依存していた。「経済・雇用サミット」で、「在宅介護社会的企業（HCSEE）」という制度が提案された。HCSEEは、在宅介護を産業として発展させることで、サービス提供体制を整備するだけではなく、それまで労働市場からは排除されていたグループを労働市場に再統合することを目的とした。

　州政府はHCSEEを促進するため、「在宅介護財政プログラム（PEFSAD）」という補助金制度を開始した。HCSEEには1事業所あたり創設時に40,000米ドルを支給する。1時間あたりのHCSEEのサービス利用料は14米ドであるが、利用者負担は所得に応じて4～10米ドルを支払い、その差額はHCSEEが負担する。

　人口1万600人のサン・フェリシエン市では、1997年にそれまでボランティアによる介護を行ってきた二つのNPOが合併し、「在宅介護連帯協同組合」が創設された。2003年時点の利用者組合員は1,182名、労働者組合員は99名、支援組合員は18名（社）、合計1,299の組合員から構成されている。利用者組合員、労働者組合員、支援組合員は1人当たりそれぞれ10米ドル、50米ドル、100米ドルを拠出する。年間約1,100万米ドルの収益を上げている。「在宅介護連帯協同組合」は、高齢者に対しては質の高い介

護を、ひとり親世帯の母親等の失業者・求職者には安定した雇用を提供してきた。また、若年労働者などは就業を通して技能を向上しただけではなく、対人関係を経験することでコミュニティへの帰属意識を強化したことも報告されている。

4. ワーカーズ・キャピタルの社会的責任投資

■ 社会的責任投資による労働者自主福祉の向上

ワーカーズ・キャピタル（労働者が拠出した資本）によって、企業の社会的責任や地域福祉を促進する社会的責任投資（SRI）が欧米で発達してきた。

国際労働運動は、国際自由労連（ICFTU。2006年に国際労連〔WCL〕と合併し、国際労働組合総連合〔ITUC〕に改組）が中心となり、1999年にワーカーズ・キャピタル委員会（CWC）を立ち上げた。その背景には、労働者ないし事業主が労働者のために拠出した年金などの積立金は「労働者の資本（ワーカーズ・キャピタル）」であり、たとえば労働権を侵害する企業に投資されたり、雇用に悪影響を及ぼす企業買収に使われたりするべきはないという考えがある。各国の労働組合の働きかけにより、年金基金等の機関投資家は、1990年代後半には、つぎつぎと「環境・社会（労働）・コーポレートガバナンス（ESG）」の基準を運用方針に取り込んでいった。このような取り組みは、国連が2006年4月に、機関投資家や金融業界に対してESGを投資判断に組み入れることを求める国連「責任投資原則（PRI）」を立ち上げたことにより一層加速された。

以下に、国際労働運動では、ワーカーズ・キャピタルの分野において先駆的な役割を担ってきたスウェーデンの年金基金について紹介するとともに、連合のワーカーズ・キャピタルの取り組みについて報告する。

【事例4-1】 スウェーデン年金基金による企業との対話

　スウェーデンの「倫理委員会」は、公的年金制度の基金であるAP1、AP2、AP3およびAP4が合同で設立した委員会である。同委員会は、国際条約の適用報告などから人権、労働基準、環境、贈賄、武器製造等の問題が指摘された投資先企業に対して、対話を通して問題の改善を促している。「対話」企業は公表しているが、対話が継続されている間はその内容については公表しない。改善の可能性がないと判断された場合は、各基金に対して投資リストから除外することを勧告している。L-3コミュニケーションズ社とは、イラクのアブグレイブ刑務所における人権侵害に関与したこと、さらには下請会社がクラスター爆弾をマーケティングしていることが報告された後、対話をすすめていたが、2008年に対話の決裂を確認したために同社への投資はひきあげられた。

　一方、世界最大の鉱山会社であるBHPビリトン社は、団体交渉を拒否している事実に基づき一度投資リストから除外されたが、2007年にはオーストラリア新政権は使用者が個別契約を求めることを禁止する法律を制定し、同社も2010年までに「個別労働契約」を破棄することを書面で確認したため、2008年には再び投資リストに載せられることとなった。倫理委員会は、現在、ウォルマート社や日系企業2社を含む13社と対話を続けている。

【事例4-2】 連合のワーカーズ・キャピタルに関する取り組み

　連合は、2010年12月に「ワーカーズ・キャピタル責任投資ガイドライン」を策定し、労働組合がワーカーズ・キャピタルの所有者としての責任と権利を再認識し、責任投資に取り組む道筋を示した。また、2011年8月には、産業別労働組合、企業別労働組合が責任投資の考え方や手法、および年金基金の運用等についての知識を共有し、連合ガイドラインに基づいた責任投資を実行するサポートとして、「ハンドブック」を発行した。同時

に、世界最大の年金基金である年金積立金管理運用独立行政法人（GPIF）をはじめとする公的年金において責任投資の概念を導入することを求めてきた。

　企業年金においては、これまで労働組合が主導的な役割を果たす形での責任投資の実践に至った例はあまり見受けられないが、GPIFについては、2014年以降大きな進展があった。

　2014年2月、金融庁は「日本版スチュワードシップ・コード」を策定した。その中に、機関投資家が投資先企業との建設的な対話を行うさいの重要な要素として「環境、社会、ガバナンス」（ESG）が明記された。加えて、2015年3月には金融庁と東京証券取引所が「コーポレートガバナンス・コード」原案をとりまとめ、6月より東京証券取引所のすべての上場企業に同コードが適用されている。コードの基本原則として「株主以外のステークホルダーとの適切な協働」が示され、さらには「ESG問題への積極的・能動的な対応」が盛り込まれたことで、企業による社会的責任を果たすための取り組みも促進されることとなった。さらに、2015年9月にはGPIFが、運用受託機関が行っている投資先企業との対話活動の中で、これまで以上にESGを考慮した企業価値の向上や持続的成長のための自主的な取り組みを促すとともに、GPIFとしてESGに対する考え方を明確にするために国連責任投資原則（PRI）に署名した。これらの前進の背景には、連合の政策活動があったことは明らかである。

5. 伝統的な労働運動からコミュニティ運動へ

　最後に、これまでの企業・産業におけるソーシャル・パートナーとしての取り組みから、地域に運動の軸を移した労働組合の活動を紹介する。

(1) ワーキング・アメリカ：改革への新組織——AFL-CIO（アメリカ労働組合総同盟・産業別組合会議）傘下コミュニティ組織

■ ワーキング・アメリカとは

　ワーキング・アメリカとは労働組合に加入していない人たちを対象とした、AFL-CIO（アメリカ労働組合総同盟・産別会議）傘下のNPO組織である。AFL-CIOのホームページに掲載されている'Join Working America（ワーキング・アメリカに参加しよう）'では、「ワーキング・アメリカは、AFL-CIOに加盟するコミュニティで、職場における組合員資格からは利益を得ていない300万人の働く人びとを代表している」と述べている。

　この言葉が示すように、ワーキング・アメリカは、1955年のAFL-CIOの成立以来の歴史からみると、画期的な組織である。なぜなら、従来、アメリカの労働組合は、団体交渉権を有する事業所単位の組織を基盤とし、同種の事業所によって、産別組織がつくられてきたから、労働者個人が直接にAFL-CIOにつながることはなかったのにたいして、ワーキング・アメリカでは、その地域支部を通して、AFL-CIOに直接につながることとなったからである。

　多くの議論があったにもかかわらず、AFL-CIOがこのような組織を戦略的に創設するようになった理由については、同組織の2013年の大会で、トラムカ会長が述べた「労働運動は交渉単位や職場だけではもはや生き残れない」という言葉が端的に示している。

　現在320万人に達する会員を擁して、ワーキング・アメリカは、イリノイ州での公正な予算を求める署名活動や、ニューメキシコ州やミネソタ州での有給病欠休暇を求める法案可決を求めるキャンペーン、ノースキャロライナ州でのメディケイド拡大キャンペーン、最低賃金15ドルへの引き上げ運動、人間らしい生活のできる賃金を目指すリビング・ウェイジ運動などをすすめる組織となっている。すでに、オバマ大統領実現にも、大きな役割を発揮したことにみられるように、選挙にも大きな影響力をもつようになっている。

【第Ⅱ節】海外の事例

■ **結成の経緯**

　AFL-CIO は、はやくから準組合員制度としてワーキング・アメリカの創設を議論してきたが、多くの加盟組織が抵抗してきた。しかし、2000年の大統領選挙の敗北、さらには、9・11（2001年、アメリカを襲った同時多発テロ事件）を契機とした右傾化による政治危機が強まったことを背景に、2003年に11州で実験的に組織化がはじまった。

　2008年には、米国内での勧誘活動で広く知れわたるようになり、革新的な候補者や政策のために、コミュニティでの戸別訪問のスキルをさらに磨き、さまざまな方法を試し、影響力向上に努めてきた。

　2013年のAFL-CIO大会で、全米で本格的に組織の発展をはかることが決定され、「アメリカの福祉よりもウォールストリートと金持ちを有利にする政策と優先性に対抗する」目的をもって、18カ月以内に22州に拡大し、さらに2018年までに全米50州に拡大することが決定されている。このような決定にあたっては、AFL-CIOの地方組織である州同盟や地方労働組合評議会の活動家の強い要請が大きな影響力をもった。

■ **活動の手法**

　会員の獲得手法としては、コミュニティ・オーガナイジングの手法が活用されている。具体的にはキャンバサーとよばれる運動員が個別訪問を行い、その地域での労働や医療、教育など身近な問題を掘り起こし、解決のための手段を説明し、会員になることを説得するという手法である。これは、全米退職者協会（AARP、会員数3,600万人、50歳以上なら誰でも会員になることができる無党派の全米最大の非営利団体）、シエラ・クラブ（環境団体）、ミッドウェスト・アカデミー（教育機関）、メイク・ザ・ロード（NPO、労働者センター）など他組織の経験を活用してつくりだされた組織化モデルであった。

中心となるキャンバサーに対しては、組織化のスキルについての徹底した教育がほどこされる。会員から新たにキャンバサーが生まれるケースもある。またベテランの労働組合活動家や、キャンバサーの経験者が、それぞれの地域で、スタッフを構成し、取り組むべき課題や組織化の対象についての戦略がつくられる。スタッフはまた、地域における連携対象を選定し、共通の政策目標などのためのネットワークもつくりあげる。

■ 会員

組織化の活動の結果、2004年末までには100万人近くのメンバーを集め、2008年には200万人を超え、現在350万人にまで達した。メンバーの大多数（82%）を占めるのは白人であり、75%が世帯所得25,000ドルから50,000ドルの労働者と多くの保守層もメンバーとなっている。産業別の内訳は、サービス業および小売業労働者がおよそ50万人、労働組合に未加入の医療従事者および教育関連労働者が40万人、専門職および管理職が25万人、建設労働者が10万人強となっている。組織化が一定程度進んでいる製造業は比較的少ない。

会員の特徴としては、民主党支持者であるリベラル派ばかりでなく、それまでは、保守的傾向が強かった労働者層にも積極的に手をのばしていることがあげられる。

会員になると、年5ドルの会費をはらうことになっている。会費の納入率は、15%程度とされるが、会費納入会員は、ワーキング・アメリカの新たな中核となり、細胞分裂的に組織が拡大されていくことになる。

会員には、ユニオンプラスクレジットカード（Union Plus）と共同してワーキング・アメリカ保険医療（www.workingamericahealthcare.org）が提供される。会員は、患者保護ならびに医療費負担適正化法に基づく健康保険保障を受けるポータルサイトとしてワーキング・アメリカを利用することで、利用可能な最適な保障、請求書の問題など、医

療保険制度の利用を手助けする保険医療団体を利用できる。これらの医療関連団体は、公平な保険医療運動を推し進める基礎を築くため、ワーキング・アメリカと継続的なつながりを持つことができる。この点では、ワーキング・アメリカは「共助」の機能をそなえているとすることができる。

しかし、ワーキング・アメリカでもっとも重視されているのは、会員への情報提供である。保守的なマスメディアの影響下におかれていた労働者に、適切な情報が提供されれば、労働組合が主張する革新的な問題解決策が受け入れられやすくなるためである。

また、こうした問題解決のための運動をつうじて、労働者同士のつながりを強めるという意味で、いわばソーシャルキャピタル機能も重視されている。

■ ワーキング・アメリカの効果と課題

これまでの活動結果からみると、ワーキング・アメリカの活動としては、政治面での効果が高かったことが明らかにされている。

選挙の世論調査では、ワーキング・アメリカに参加していなければ共和党に投票していた人が、メンバーになったことで労働組合が推薦する候補者に投票した結果となった。ワーキング・アメリカによる戸別訪問とその後の重層的なコミュニケーションを通じて、右派が訴える社会的課題に注目していた有権者も引き込むことができた結果となったのである。

有権者を対象としたワーキング・アメリカのコンタクト・プログラム分析では、戸別訪問できた有権者と、戸別訪問を試みたが面会できなかった有権者の投票率の差は +4.5% との結果が出ており、投票傾向の高い有権者から組織化に着手したことを考えれば、この数字はきわめて高い。2014年には、有権者とのコンタクト・プログラムの一環として、組織への愛着、有権者の行動、政治説明責任の課題にどの程度まで取り組むことができるかを試みた。

説得にも他に類を見ないほど効果を挙げているが、投票率への影

響でも大きな成果を記録している。2010年の中間選挙では、戸別訪問実績に基づき平均+7ポイントの投票率の違いを出すことができた。これは、とりわけ、投票に行くと思われる人を対象としたことを考えると、大きな数字である。これとは別に、2011年のアナリスト・インスティテュートによるより厳密な客観的評価によれば、ワーキング・アメリカの戸別訪問の結果、投票率に2.9%の増加が見られた。

むろん、従来の組織化手法では、減少を続ける労働組合の組織率の再上昇の手法としてのワーキング・アメリカの活動は大きいことが、評価されており、そのことがAFL-CIOの大会で、これまでの職場単位や交渉単位での労働運動にない地域に根ざした組織化の枠組みを拡大していくことになったのである。

今後の課題としては、あらためて労働組合運動の地域軸に加え、職域軸にどのように貢献するかが問われていることもたしかである。このため、2012年には、取り組むべき重点項目を拡大して、仕事に関連して労働者を組織化させることに取り組んできた。2013年のAFL-CIO大会では、ワーキング・アメリカは、職場の諸問題に関して労働者を組織化し、労働者の権利擁護と代表の新たな形態を試行するための拠り所との評価を得た。

いずれにしても、ワーキング・アメリカの活動はアメリカ労働運動の新しい傾向を示すものとして、たえず注目していく必要がある。

(2) ミャンマーの農業労働者支援事業

連合は、2014年3月より国際労働組合総連合（ITUC）ミャンマー事務所を通じて、農業者労働組合支援を行っている。ここでは、その支援の意義と内容について報告する。

■ ミャンマー主要産業

　2011年3月のテイン・セイン大統領就任に伴い、ミャンマーでは民政移管が実現し、経済改革の努力も国際社会に認められつつある。6千万人超の人口と広大な国土、廉価で優秀な人材、豊富な天然資源を持つ「アジア最後のフロンティア」として、世界各国から熱い視線がミャンマーに注がれている。日系企業の進出も進んでおり、帝国データバンクの調査によると、ミャンマーに進出している日本企業は、2014年10月末時点で280社、約4年間で5.4倍に急増した。ミャンマー政府は経済発展のために近代化を進めているが、ミャンマー経済に占める農業の割合はいぜん、GDPの約4割を占め、勤労者の65%が農村に居住する。イギリス領時代から生産されてきたコメは、他品目と比べて圧倒的に生産面積が大きく、政府はその安定生産と輸出増加を目指している。現在、東南アジアのコメ輸出大国といえばタイとベトナムが有名だが、1930年代はミャンマーが世界最大のコメ輸出国であった。これは政策や国際環境の変化によるものであり、生産量そのものは、1930年当時の730万トンから、2012年にはおよそ2千万トンに増加している。

■ 労働運動事情

　ミャンマーでは1990年に実施された総選挙でNLD（国民民主連盟）が圧勝したが、当時の軍事政権はこれを無視して民主化運動を弾圧、労働組合も拠点を国外に移しての活動を余儀なくされてきた。2011年3月に民主化が達成されたのち、労働運動も国内での活動を再開し、2012年9月には24年間亡命生活を送りながらFTUB（ビルマ労働組合連盟。2012年12月にはミャンマー労働組合連盟〔FTUM〕に変更）を率いてきたマウンマウン書記長が帰国を果たした。

　2012年9月時点では、政府への組合登録数（単組）は40組合であったが、2015年7月時点では630組合となり、ミャンマー労働組合総連合〔CTUM〕連合体への組織形態変更にともないFTUMから

名称変更）はその過半数を傘下におさめている。ゼロベースから始まった組合づくりから、現在では組織拡大に加え、労使関係の構築、ILO基準の遵守、労働法制の改正、さらには自立、持続性を視野に入れた運動へステップアップしつつある。

CTUMおよび組織労働者全体の約8割を占めるのが農業労働者である。ミャンマーの労働組合法では、10エーカー（約4ヘクタール）以下の耕作地の農民は農業労働者として農民組合員になることが認められている。

そもそも雇用・被雇用の労使関係を前提に作られている日本の労働組合と異なり、自作農で労使関係を持たない農民が労働組合を結成できるといわれても、その「農民組合」が一体誰に対して何を要求するかイメージすることは難しいだろう。

労働組合結成のきっかけは、軍政時代に自らの耕作地を不当に取り上げられ、それが軍の関係者や有力者の利権につながっていたことから、まずは政府に対してその返還と補償を求めていくためであった。同時に、農産物の価格の安定や食（農作物・水産物）の安全などの政策を政府に求めることも運動の主要な柱になっている。伝統的な直播きの稲作では、米の収量は日本の4分の1～5分の1にすぎない。米価の大幅な変動はそのまま家計を直撃し、そのことが後述する農村の貧困を深刻化させる原因となっている。貧困を断つ第一歩として、価格の安定を政府に求めるのを労働組合の要求の柱にしていることはきわめて自然なことと言えるだろう。

■ ミャンマー農業事情

ミャンマーのコメ単収は、ベトナムなど他のアジアのコメ生産国と比べると低い水準にある。この大きな要因の1つは、コメ価格が低い一方で、農機具、化学肥料や農薬などの投入財価格が高いため、これらを十分な量で使用できないことにある。また、長年にわたる経済停滞のため若年労働力が都市や外国に出稼ぎに出ており、労働力が不足している。2009年度農村の世帯貧困率は29.2%で、

全国の世帯貧困率25.6%、都市の世帯貧困率15.7%に比べて高くなっており、農村の貧困問題はより一層深刻化している。

これまで数次にわたる調査・交流活動と営農相談が実施されたが、荒れた状態の農地がかなり広範囲に見られている。その原因として、長期にわたる軍政時代の農業政策の影響からか、農薬や肥料の使用が適切でなく、土地を壊しているという点があげられる。そのため乾期には堅く固まった農地が作物の生育を拒み、逆に雨期には水路が整備されていないため、排水ができないまま、深すぎる水が稲の成長を妨げている。

農業をミャンマーの主力産業として維持、発展させていくためには、まずは農業に関する正しい知識をつけさせること、つぎのステップとして農業の機械化、肥料を含めた全般的な農業技術指導による農作業の効率化、負担軽減による生産性向上、生産から販売までのサプライチェーンを農家がすべて行う農業の6次産業化を実現し、農民組合員が安定した収入が得られるようにすることが重要である。

■ ミャンマー農業労働者組合支援

先述のとおり、ミャンマーが持続可能な発展を遂げるためには、農業分野の振興が欠かせない。農業なくして国は存続せず、農業軽視の工業化は失敗になる可能性がある。農民、農業の社会的評価を確立し、ふさわしい収入を確保できる農業の実現を目指す必要がある。

このような考えのもと、連合は、2013年2月および6月に、ITUCミャンマー事務所（中嶋滋元連合総合国際局長）と連携し、NPOアジア社会文化交流センター（NPOアジア）[5]および自治体"農"ネットワーク（農ネット）[6]の協力を得て、農業技術を含め農業労働者の生活向上のためにはどのような支援が有効かを検討するために現地調査を行った。

連合が実施した事前調査や、NPOアジアおよび農ネットが実施

してきた現地調査や農業指導を通じて聞き取った農民組合からの要望を総括すると、現地では肥料、農薬などの改善による農作物の品質向上とともに、耕運機、脱穀機、トラクターなどの機械導入による生産性向上への期待が大きいことが判明した。そのような農業用品や資機材の共同購入・共同使用・共同管理といういわゆる協同組合の仕組みを日本から学びたいという強い要望をかなえるために、連合は、2013年に、農業、食品等に関係する構成組織、国際産業別労働組合組織（GUFs）日本組織、NPOアジアなどで構成される「ミャンマー農業労働者組合支援連絡会」を立ち上げた。

同連絡会は、つぎの3つの事業を柱にミャンマー農業労働者組合への支援を行っている。

【事例5-1】ミャンマー農村における営農研修事業

2013年10月末にヤンゴン、マンダレー管区それぞれのモデル地区で農業労働者を対象としたワークショップに参加したが、そのさいに判明したことは、日本の農家であれば基本的に知っていると思われる知識が乏しいことであった。たとえば肥料や農薬の適切な使用方法や作物の収穫方法、効果的な灌漑の方法等である。事前調査の際も住友化学労組の山崎書記長の農薬についての説明に聞き入っており、日本製の良質な農薬を調達できないか等の質問が寄せられた。

支援を続けて3年となり、日本から専門家を派遣する営農研修事業を8回実施した結果、少しずつではあるが、肥料・農薬等についての正しい理解、なかでも土壌改良の重要性については理解を深めることができつつある。農ネット代表の塚本氏が行う講義は、農民組合員は体系的な農業技術向上についての説明を今まで受けてなかったこともあり、どの地域でも、熱心に聞き入っている。

ミャンマーでは日本の農業でまず重要と考えられている「土作り」を行うという概念がない。よって今後も土壌改良の重要性を

説明していく必要がある。日本と違う気候・土質の中では、講義とともに一緒に試行錯誤を行って「土作り」を行っていく必要があることを念頭に置かなければならないだろう。

【事例 5-2】農作業の機械化事業

　機械化による生産性向上に期待していることもあり、日本製の優れた農機具が必要という意見も多く寄せられた。連合による事前調査の際にはヤンマー農機製造労働組合の井上書記長より、機械は非常に高額であるため、共同購入・共同使用・共同管理が必要であり、一人ひとりがみんなのものとして管理し、公平に使えるルールの策定が必要であること、全体の利益を考えて、全員の意思統一が図れなければ機械の導入はできないことを説明した。当時の質疑応答では技術的な質問や「小さな機械で良いので自分のものがほしい」との主張が多く、共同という理念は乏しいと感じたのは否めないと感じていた。しかしながらNPOアジアと農民組合は、農業支援に関する協議を重ねた後、2015年3月31日に覚書協定を結んだ。その中で、機械化事業については、「有効かつ身の丈に適った機械」を選択し、費用の一部は農民組合側も分担、そして、共同購入・使用・管理を原則とすることを確認した。

　当初、機械化モデル事業は、ヤンゴン管区のケヤン・タウンシップが選ばれていたが、7月から9月にかけて発生したミャンマー大洪水を受けて、農民組合は、特に被害が甚大なマグウエイ管区パコック・タウンシップをモデル地区とすることとした。

　10月17日にトラクターの引き渡し式が行われ、中嶋ITUCミャンマー事務所長は、①農業の生産性を向上させること、②農業者の現金収入を上げること、③共同生産・共同購入・共同販売などお互いの共同性を高めること、を強調し、「力をあわせ、機械を有効に活用して、成果を上げられることを期待している」と挨拶した。

パコック農民組合の委員長は、「農業講習の中で共同管理のルールづくりについても学ぶことができた。モデル地域としてふさわしいように活用していきたいと思う。今後は自分たちでお金を出し合って、機械を購入する資金を作らなければならない。みんなが知恵と力を出し合わなければ労働運動や生産性向上の運動は成功しない。みんなで協力して頑張りたいと思う」と述べた。

機械化事業は、たんなる寄付事業となり、組合が自立運営できなくなることは、本支援の目指すところではない。引き続き、注視をしながら慎重に機械化を進めるべきと考える。

【事例5-3】ミャンマーから農民を日本に招いての研修事業

2014年7月27日から8月4日にかけてミャンマーからの農業視察・研修団を招聘した。招聘の目的は、農協、農家の人びとそして企業の各種専門施設を訪問して農業の基礎的知識を学ぶことであった。第2に日本の協同組合の実践的取り組みを通して、労働組合または協同組合の意義、役割を学ぶこと、最後に農家はたんに農産物を作ることで仕事が終わるのでなく、消費者との交流を通して、生産から加工、流通の分野にまで関われば可能性が広がり、収益も増えて営農意欲が高まることを研修において意識してもらうことが重要である。

研修の中では主に作物の生産性向上についての質問も多く寄せられたが、日本の労使関係を学ぶことによって、組合役員としての自覚を持ってもらうこと、また組合活動をどのように進展させていくか学ぶことが非常に重要である。すべての事業に通じることであるが、共同の意義、意識を彼らのなかに定着させていくことを引き続き行うことが重要である。

■ 今後の展望

本支援は、労働組合のみならず、NPO、農業協同組合、農家の人びと、そして企業を巻き込んだマルチセクターの「日本連合」とも

言える形での支援が実現している。自然発生的にまた利害を問わずにさまざまなセクターが互いに協力しあい、特長を出し合って支援を行うことは、非常に特殊なケースといえるだろう。今後日本から海外にビジネスや各種支援が進出するさいにはこのようなスキームで行っていくことが理想であると思われる。

農民組合にあっては、大幅の組織拡大を成し遂げてきた。その果たすべき機能は、CTUMの主力としての農民の利益を守る対政府交渉活動、物資の購入や農産物の販売、共済活動などを行う協同組合としての機能、農村自治、草の根民主主義の推進等である。

もちろん、労働組合である以上、交渉力・自治能力を高めるために組織拡大は重要だが、集団的活動の習得と定着、組合員の具体的な利益を確保するためには、まず、協同組合的な活動がとくに大切になっていると考えられる。組合員の利益を守ることによって、組織の意義が実感できるようにすることを第一歩として進めることが組織の強化につながっていくであろう。

ハード、ソフト両面での農業支援を続ける一方で、労働や共同に関する理解を促進するための教育活動を展開することによって外部からの支援に頼らずに自立・安定した組織をミャンマーの労働者が運営できるようにすることが本支援の最終目標である。ミャンマーのすべての労働者とともに手を携えながら、また諸団体との連携を図りながら、ミャンマーの発展に引き続き貢献していきたい。

注
1) ソーシャル・パートナーシップは、もともと労使または政労使の協力関係を表していたが、近年では市民団体、農民団体等、労使以外の社会の構成員の代表も含めてソーシャル・パートナーシップと呼称する。
2) 日本の米沢市でも、山形大学が産官学連携による共同研究を推進し、1986年にはNECが世界初のA4サイズのノート型パーソナルコンピュータの量産に成功した例がある。同市は、2001年には産官学金労医連携（金：金融機関、労：労働組合、医：医師会）というコンセプトで、米沢ビジネスネットワークオフィス（BNO）を立ち上げている。

3) 同組織のホームページを参考とした。http://www.dep.ie/html/partner.htm
4) OECD (2009), *The Changing Boundaries of Social Enterprises* を参考にした。
5) 「ミャンマーの農業再建と農村振興プロジェクト」の事業名で、2013年度の「連合・愛のカンパ」に助成を受けている。2013年2月以降、ITUCミャンマー事務所の招聘により、農地視察およびFTUM系の農業者労働組合へのアドバイスなどを行っている。
6) 自治体"農"ネットワークとは、自治体の農林職場で働く職員を中心に構成されたネットワークで自治体の食と農の政策をテーマにしている。自治労の全面的な支援を受けながら、一方で農林業分野に横断的な組織をもたない自治労の農林業政策を担っている。

＜参考文献＞

高木郁朗（2005年）労働者福祉論――社会政策の原理と現代的課題（総論）、教育文化協会

日本労働組合総連合会（2011年）労働組合のための「ワーカーズキャピタル責任投資ガイドライン」ハンドブック

「ジェトロセンサー」2014年10月号　日本貿易振興機構（ジェトロ）

ミャンマーの経済概況と進出企業動向：2014年9月　日本貿易振興機構（ジェトロ）海外調査部アジア大洋州課　水谷俊博

経済産業省「ミャンマー経済情勢と日ミャンマー経済協力関係」

（公社）大日本農会会誌『農業』No.1578「世界の農業は今　ミャンマーの農業事情」

ミャンマーの農業機械・資材市場調査 2013年10月　日本貿易振興機構（ジェトロ）海外調査部

帝国データバンク第3回：ミャンマー進出企業の実態調査

NPOアジア社会文化交流センター ASIAN NEWS　ミャンマー特集II〜VII

Peck (1998), Jamie. "Workfare: a gepolitical etymology." *Environment and Planning D: Social and Space*. Vol. 16, 1998, pp.133-161.

補 章 　労働者自主福祉の歴史

1. 江戸時代から明治初期の共助（協同組合）のしくみ

(1) 江戸時代

①石見銀山の友子制度：共済制度の源流

　2007年7月にユネスコの世界文化遺産に登録された島根県大田市にある石見銀山での銀の採掘は戦国時代にさかのぼる。最盛期には堀子と呼ばれる鉱夫たちを含め20万人もの人びとが生活していたという。

　鉱石を採掘し、銀を取り出し精錬する一連の労働に従事する労働者は、相互扶助の仕組みでもある「友子制度」をつくりあげた。事故や病気で働けなくなった労働者に対して米・味噌・薬を、またその子どもには養育米を支給するという制度である。こうした相互扶助の友子制度は江戸、明治期を通じて全国の鉱山・炭鉱でも採用されており、炭鉱の中には1970年代まで続いていたことがいくつかの研究や記録映画で残されている。共済制度、協同組合の源流であるといってよい。

②二宮尊徳の報徳五常講：信用金庫・労働金庫の源流

　1960～70年代頃まで、全国の多くの小学校の校庭には薪を背負い歩きながら本を読む二宮金次郎の像があったので、覚えている方がいるだろう。江戸時代末期、疲弊する農村を立て直すことに尽力した二宮尊徳（1787～1856）の幼年期の像である。二宮尊徳は、農

村復興のために、地域内にお金を循環させる「報徳五常講」という独特の講（信用事業）をつくりあげた。これは労働金庫のルーツといってよい。

「報徳五常講」は、利息を取らない信用事業と紹介されることが多い。その仕組みはこうである。たとえば100万円借りて5年で均等返済するとしよう。江戸時代の一般的な金利は年利20%といわれているから、毎年20万円ずつ返済しても、元本はいつまでたっても減らない。しかし五常講では利息を取らないので、毎年20万円返済すると5年で借金返済が完了する。ところがこれには続きがある。毎年20万円ずつ返済しながら生活基盤を確立することができたのは、100万円を用立ててくれた周囲の方々のおかげなのだから、周りの徳に報いる意味で、お礼にもう一年20万円出しなさい、と。これを報徳冥加金または元恕金という。結局6年間に120万円返済した勘定になるので、年利6.2%、現在のろうきんマイプランの利率にほぼ相当することになる。これで立派に事業が成立する、うまい仕組みである。

③大原幽学の先祖株組合：農協の源流

大原幽学（1797～1858）は今では千葉県を代表する偉人の一人といわれているが、長谷部村（千葉県旭市）で世界最初の農業協同組合ともいわれる「先祖株組合」を結成したのは42歳の時であった。

先祖株組合とは、各農家が先祖から受け継いだ所有地のうち5両に相当する耕地を出資し、そこから生まれる利益を無期限に積立てる制度である。運営については合議で選ばれた世話人が行い、万一破産するものが出た時はそれまで積み立てた分の半分を与えて家名相続させるという内容であった。また、幽学は荒廃した農地を整理し、農業技術を指導したほか、今日の生活協同組合にあたる共同購入活動や村民教育なども行い、村は領主から表彰されるほど復興を遂げたという。

共同購入した品物は、農具・肥料・種子など農業に必要なものだ

けでなく、下駄・茶碗・手拭・櫛・鏡などの生活用品から薬にまで及んでいる。つまり、農業用具や日用品の共同一括購入で農家の生活向上を図ったのであった。こうした諸活動は現在の農業協同組合のそれと共通しており、それゆえ「先祖株組合」は農協の源流だといわれている。

　しかし、農民が村を超えて活動したこと、普及のための大規模な教導所を建設したことなどから幕府の嫌疑を受け、失意のうちに自害し、62歳の生涯を閉じた。

(2) 明治初期から明治20年代の協同組合（日清戦争以前）：法律がなくてもあった相互扶助のしくみ——下からの自主的組織

　明治維新以降、ようやくわが国でもヨーロッパの協同組合のことを扱ったいくつかの書物が翻訳されるようになる。とくに1878（明治11）年、馬場武義がヨーロッパの協同組合を紹介した「共立商店創立の儀」という記事を「郵便報知新聞」に掲載したことから、各地で自主的な協同組合がつくられていく。まずは、法律がなくても相互扶助のしくみがあった事例を紹介しよう。

①共立商店の誕生：生協の源流

　馬場武義がヨーロッパの協同組合として紹介したcooperative storeは共立商店と訳された。西南戦争後、物価は高騰し庶民の生活は苦しくなった。明治維新は一君万民のもと、国民は皆平等であるはずであったにもかかわらず、薩長藩閥専制政治が続く。こうして、政府に対する不満は自由民権運動を起していくのだが、とくに米価が高騰した時代背景も手伝って生活防衛のために、各地に共同購入の生協に類する組織が誕生することになった。

　江戸幕府の要職も務め、1874（明治7）年に朝野新聞を創刊した成島柳北は1879（明治12）年、東京浅草橋で「共済会」を立ち上げた。また、同年東京で共立商社、同益社が、大阪に大阪共立商店

が設立された。翌1880年には神戸商議社共立商店が誕生している。「英国共立商店の方法を参酌」して設立された大阪共立商店の約束によると、①出資金は一人15円、200人で総額3,000円の資本で始め、徐々に同志者の増加をはかる、②米・薪・炭の三品から取り扱いをはじめ、順次日用雑貨を扱う、③役員任期は1年、総会に於いて投票で選挙する、④利益の分配は、3分の1を積金とし、3分の1を物品買取高に応じて配分し、3分の1を出資に配当する、⑤5年でいったん解散する、としており、協同組合原則にかなった内容となっている。

もっとも当時は、協同組合や生協という言葉は使われておらず、共立商社・商店・共益社と称していた。しかし、これらの結社は知識人、官吏、商業者など当時の上層階級、いわばエリートによって作られ運営されたものであり、庶民とは無縁の存在であった。それでも、運営原則から見て生協の源流と呼んで差し支えない。

しかし、1884年以降、米価が明治10年の水準に戻ると、物価高騰から共同で安価な物品を調達し生活防衛をはかろうとしたこれらの組織はその存在理由を失い、自然消滅してしまった。

②保険と共済の萌芽

ヨーロッパの保険制度を日本に紹介したのは福沢諭吉である。1867（慶応3）年に発刊した「西洋事情（附録）」の「災難請け合いのことインシュアランス」の項で、insuranceを「災難請け合い」と訳し、火災・海上・生命の3種類の請合があるとしている。

「保険」という言葉が使われたのは、1869（明治2）年、山東一郎編「新塾月誌」第2号で、「インシュレンスを支那語に訳して保険または担保と称する」と説明している。インシュレンスにはフハヤ・ライフ・マリンの3種があり、「宅担保・命担保・船担保、或は火災保険、海上保険と名づく」と。不思議なことに、その時点では「生命保険」という呼称だけが使われていない。命を利益の対象にするのが憚られたのであろうか。

海難事故による積み荷の損害を負担し合うしくみは日本でも古くから存在したが、海上保険会社が設立されたのは1879（明治12）年、岩崎弥太郎が興した東京海上保険会社が最初である。国際的には東京マリンと呼ばれた。また、火災保険は1887（明治20）年の東京火災保険会社が初めてである。

③共済五百名社の誕生：生命保険の源流

　1880（明治13）年1月、後に安田銀行や前述の東京火災保険会社をはじめ多くの企業を育て、1921（大正10）年右翼に刺殺された安田善次郎が、成島柳北らとともに「共済五百名社」を設立した。社員を500名に限定し、一人2円を徴収、社員が死亡した場合遺族に1,000円支払う。そのつど2円を徴収するという仕組みである。それとは別に、社員になるときに6円徴収し、3,000円の運用益で事務費を賄ったのである。そのため、この仕組みは「賦課式」の生命保険と呼ばれる。いわば香典の制度化といえようか。

　当時の2円は現在の価格に換算すると2万円程度と推定され、社員が亡くなるごとに2円を拠出するわけで、庶民に手の届く内容ではなかった。実際社員になれたのは実業家、言論界、官僚など上層階級に属する人たちであった。翌、1881（明治14）年には生命表をもとに保険数理を用いたわが国初の生命保険会社、明治生命保険会社が設立されている。共済五百名社も1894（明治27）年に「共済生命保険」（昭和4年に安田生命保険）と保険会社となった。現在の明治安田生命保険会社である。

　ではなぜ当時、安田善次郎が賦課式の共済五百名社を設立したのだろうか、保険数理が難しいのでまずは賦課式で始めたようだが、その真相はよく分からない。ともあれ、ここでは生命「保険」よりも以前に「共済」が誕生している事実から、「共助」を体現するしくみそのものである「共済」こそが、保険に勝る王道であることだけを指摘しておこう。

④廃案になった信用組合法案：品川弥二郎と平田東助

わが国に議会が開設されたのは 1890（明治 23）年 11 月であるが、翌年の第 2 回帝国議会に内務大臣品川弥二郎と法制局部長平田東助らの発議で、早くも「信用組合法案」が提案されている。しかし、この時点では廃案になり、実際に法律ができたのは 9 年後の 1900（明治 33）年のわが国最初の協同組合法である「産業組合法」である。廃案になったこの信用組合法案はドイツのそれを模したといわれているが、二宮尊徳の報徳五常講も参考にされたようだ。現に平田東助が二宮尊徳の弟子である箱根湯本の福住旅館の当主福住正兄を訪問し、報徳五常講の思想について教えを乞うたことが記録に残されている。1891（明治 24）年には平田東助らの手で「信用組合論」が出版され、翌年にはわが国最初の掛川信用組合（現在の掛川信用金庫）が、これまた二宮尊徳の弟子岡田良一郎によって設立されている。これをきっかけに全国に信用組合を設立する運動が広がり、産業組合法制定までに全国で 144 もの信用組合が誕生している。法律ができる前から広範な人びとの信用事業の営みがあったのである。

2. 産業組合法制定以降の協同組合：日本最初の協同組合法——お上が作った協同組合法

(1) 産業組合法の特徴：上から作られた協同組合

①信用組合・販売組合・購買組合・生産（利用）組合

「産業組合法」は、日清戦争後の不況で、人口の 8 割を占める小農・小商人・職工の疲弊が甚だしく、社会の不安定化をおそれた明治政府が農民や職人の生活向上をはかるツールとして政府主導で制定された。そもそも協同組合は組合員が自発的・自主的につくりあげるものであり、ヨーロッパはもちろん、日本でも報徳五常講・先祖株組合・共立商店・共済五百名社・信用組合にせよ、庶民が自立

していわば下から作ってきたものだった。そのため、産業組合法は「官製協同組合」といわれている。

産業組合法は、ドイツの協同組合法を参考にして、4つの協同組合を合わせて作られた。一つは農民からの預金受け入れと必要な資金の融資を行う「信用」事業。二つ目は米をはじめとする農産物を組合員が共同で有利に「販売」する事業である。当時の米の売買は市場にゆだねられており、米価は天候不順や景気の動向に左右されていたため、共同で廉売を防ぐためでもあった。三つ目は肥料や家庭の生活物資を共同で調達する「購買」事業。四つ目は、農産物を共同で生産し、水車小屋や農機具などを共同で設置・利用する「生産（利用）」事業であった。

地租改正で貨幣経済が農村にまで及ぶようになったとはいえ、人口の8割が小農・小商人・職工であった明治時代。とくに、日清戦争後の恐慌が深刻化したため、中産階級以下の国民の困窮による社会不安を抑え、地方経済の維持・充実をはかるためには、たとえ官僚主導による協同組合であっても、その制定が急がれたのである。

②協同組合がなぜ認可制になったのか

産業組合法はドイツの協同組合法を参考にして作られたと述べた。ドイツの協同組合法は当時も今も「届出主義」であるが、移入した産業組合法は当初から国が認可・監督・解散権を持つ「認可主義」である。それゆえ、「官製協同組合」といわれるのである。日本の協同組合がなぜ認可制になったのだろうか。

産業組合法制定時の帝国議会における審議の中で「社会主義を蒔くのか？」という質問に対して、政府は「いや、そうならないために作るのだ」と答弁していることが記録に残されている。当時、貧富の差が拡大し続ける無制約な自由競争の経済下、政治家や知識人の間からもその競争社会を抑制しようとする「社会主義」政策の主張が巻き起こっていた時期である。大隈重信・徳冨蘆花・新渡戸稲造たちも賛同している。もっとも、1917年のロシア革命以降の社

会主義とは異なり、「今日の競争制度を廃して社会を共力主義の上に再建せんとするの主義」で「社会の改良にして革命にあらず」というのが当時の社会主義政策であった。それでも、社会主義政策の中味は、生産器械の共有、生産管理人の公選、労働に応じた分配など、当時としてはラジカルなものであったし、自立した協同組合の原則そのものであった。こうした時代背景から、明治政府は自立した農民・市民の自主性・自治を常にチェックし、いつでも解散させる権限を手にする「認可主義」を採用したのであった。

産業組合法制定と同じ年に、労働組合を規制する「治安警察法」も制定され、自主的な庶民の運動を監視、抑圧するもう一つの装置も用意された。悪名高い治安警察法第 17 条で「他人に対し暴行脅迫、誘惑もしくは煽動」する行為は重禁固刑とされた。団体交渉は経営者を脅迫する行為、組合加入を呼びかけることは誘惑、煽動行為とされ、罪に問われた。第二次世界大戦での敗北で、治安警察法（後の治安維持法）などの直接的な労働組合や生協に対する抑圧・弾圧策はなくなったが、協同組合の認可主義だけは今日なお引き継がれている。

③営業税・所得税の免税と員外規制

産業組合法では、営業税・所得税が免除された。当初は一般の企業同様、課税されることになっていた。ところが、法案審議の過程で、「産業組合に所得税を課すということは、一般公衆に対しても営業をなすと見做してあるようで、組合員の範囲内で事業を行うというこの立法の趣旨にもとる」という意見が出された。そして、「産業組合に於いては政府が保護する点は甚だ少ないから・・・所得税・営業税を免除する位の保護を与えて然るべき」と、法案は修正された。つまり、免税措置は、組合員以外に対する事業の禁止＝員外規制の代償として取られたものであった。その後、産業組合の反対にもかかわらず優遇税制に変更されたが、「員外規制」と「優遇税制」はワンセットで今日の協同組合法制に引き継がれている。

④協同組合の県域規制の起こり

　現在の各種協同組合法には、近年若干緩められたとはいえ「県域規制」がある。これまた法案審議の中で「相互の信用が能く密着して居る所の利便を計るというのが目的で、なるべく一市町村以上に亘らせぬ方針」などの議論を経て、作られた原則である。現在につながる県域規制のルーツはここにある。

　こうして、産業組合法は制定され、全国各地で農村を中心に組合が設立されていく。5年後の1905年には全国組織の「産業組合中央会」が創設され、さらに発展することになった。産業組合法は第二次大戦後、おおむね農業協同組合法に引き継がれた。

3. 労働組合・労働者自主福祉運動の誕生と弾圧

(1) 日本における雇用労働者の誕生

　明治政府は、1879年、東京と大阪に陸軍砲兵工廠を、横須賀、呉、佐世保、舞鶴に海軍工廠を作り富国強兵策を推し進めた。釜石鉱山製鉄所や日清戦争の賠償金で建設された八幡製鉄所が操業を始めたのも明治時代中期である。日本では、日清戦争を機に産業資本が確立し、同時に労働者階級が形成されることになった。明治政府の富国強兵策が雇用労働者を生んだことになる。日清戦争、日露戦争の影響で雇用労働者は増大していくのだが、一方で雇用労働者の間には処遇をめぐって強い不満が起きてくる。やがてそれは、労働組合の結成につながっていく。

(2) 労働組合期成会と共働店——高野房太郎と片山潜

　労働組合をつくることを目的とした労働組合期成会は、1897（明治30）年、高野房太郎・片山潜らによって創設された。言論・出版・集会・結社の自由は明治憲法でも一応認められてはいたものの、団体交渉やストライキは取締りの対象になっていたので、将来必ず成し遂げる「期成」という意味を込めた名称であった。期成会

は、疾病、死亡、火災、救助資金などの相互扶助と共同営業会社（協同組合）を作るという労働者の実利を求めた方針を掲げており、実際、同年結成された鐵工組合は、翌 1898 年、相互扶助のための「共働店」を設立している。

共働店は、生み出した利益のうち 1 割を準備積立て、出資配当 3 割、事業積立て 2 分 5 厘、残額は物品購入代価に応じて割り戻すというヨーロッパの協同組合と同様の約束事を決めている。そのため、共働店は労働者の作った生協の源流とも言われ、急速に普及した。しかし、事務担当に適任者がいなかったこと、代金未払い者が発生したこと、また前述の治安警察法による弾圧も加わり、短期間で消滅してしまった。

4. 大正デモクラシー下の労働運動と労働者自主福祉運動

(1) 友愛会の誕生

1912 年、鈴木文治らは友愛会を創設する。「英国にフレンドリー・ソサイティーというものがあるが、訳せば友愛会になる。共済親睦等を目的とする団体であることを標榜して着々と組合建設の方向へ進んだことはすこぶる賢明な方法であった。日本の労働者も今日正しく隠忍して力を養うべきときである」と、将来の労働組合建設に向け今はがまんして協同組合として力をつけようと述べている。これも、治安警察法によって労働運動が事実上禁止されていたからであり、表看板は組合員の相互扶助（協同組合）活動を掲げたのは、労働組合期成会と同様であった。

(2) 労働運動の勃興と大正デモクラシー

しかし、第一次大戦 1914 ～ 1918（大正 3 ～ 7）年時の好況とその後の大不況が、庶民の生活を直撃する。1918 年には米価の暴騰（約 10 倍）に庶民の怒りが各地で爆発、いわゆる米騒動が起きている。また、工場閉鎖・解雇・失業という労働事情を反映して、労働争議

が頻発する。とくに、パリ講和条約でILOが設立され結社の自由が認められたことやロシア革命の影響もあり、続々と労働組合が結成されていく。労働組合の結成と団結権・ストライキ権の保障だけでなく普通選挙、婦人参政権、部落解放、大学の自治権を求める声が日増しに大きくなっていったのである。大正デモクラシーと呼ばれる時代である。

そして、1919年、友愛会も大日本労働総同盟友愛会（総同盟）と改称し、本格的な労働運動を指導するようになった。

(3) 労働者生協運動の勃興

同時に、労働組合を中心にした労働者生協も続々と誕生する。友愛会は月島購買組合（1919年）や野田購買利用組合（1924年）など各地で30の労働者生協を作っている。友愛会から離れた平澤計七や岡本利吉らによって共働社という労働者生協も1920年に設立され、その影響下で多数の労働者生協（消費組合）が作られた。また、同じ年、大阪では購買組合共益社が西尾末広らの手で創設され、神戸では翌年には購買利用組合神戸消費組合（現在のコープこうべ）が賀川豊彦らによって作られている。名称はさまざまだが、いずれも労働者・労働組合の生協である。このように、労働運動と生協運動のルーツは一つなのであった。

これに対して、官庁や大手企業では企業内福祉として温情的な「付属購買部」を作り労働者生協に対抗した。そのため、労働者生協は官庁や大手企業には根を張ることができなかった。

また、生活節約的ないわゆる市民生協が各地で、さらに大学でも同志社、慶應、東京農大、一橋などで学生購買組合があいついで設立されていた。

なお、今では当たり前のように使われている生活協同組合（生協）という名称は戦後使われるようになったもので、戦前は購買組合、消費組合と呼ばれていた。

5. 労働運動・労働者生協に対する弾圧そして解散──大正末期から昭和初期、敗戦まで

(1) 労働争議を支援した労働者生協

　この時期、第一次大戦後の恐慌による労働不安から労働争議が頻発するようになった。3万人の労働者が参加した戦前最大の労働争議は、1921（大正10）年6月神戸で発生した。川﨑・三菱造船所の大争議である。友愛会幹部の賀川も先頭に立って闘うが8月に敗北し、神戸消費組合の組合員であった労働組合幹部が解雇され多くが神戸を去った。その結果、生協組合員に占める労働者の割合が激減し、1万円以上の欠損金を出してしまった。賀川豊彦がその欠損金を引き受けた神戸消費組合は、その後労働組合員以外の市民が多数の協同組合、いわゆる市民生協となった。

　労働組合に対する弾圧は苛烈であったが、労働組合を基盤とする労働者生協も経営者や政府から抑圧されてきた。それは、労働者生協が労働争議のさい、労働組合の兵站を担い、長期の争議を支えたためであった。1921年3月の日本鋳鋼所争議では、設立したばかりの共働社が支援を惜しまなかったし、千葉県野田市の野田購買利用組合は、1926年9月から8カ月に及ぶ総同盟関東醸造労働組合（野田醤油＝現キッコーマン）の大争議を支えた。経営者や右翼からのさまざまな妨害にもかかわらず、米・味噌・醤油・砂糖・茶・炭・うどん・薬などの生活必需品を配給し続けたが、争議敗北の打撃で消滅した。

(2) 労働組合と労働者生協の解散

　1937年7月、蘆溝橋事件をきっかけに日本と中国が全面戦争に入って以降、労働組合や労働者生協に対する弾圧が一層激しさを増していく。メーデーが禁止された1938年、労働者生協は戦時体制下ついに自ら解体決議を行い、解散に追い込まれてしまう。また、1940年4月、解散命令で東京学生生協が解散させられた。市民生

協は弾圧を免れたが、それとて戦後まで存続した生協は神戸消費組合（現在のコーこうべ）、灘購買組合、購買組合福島消費組合など数えるほどしかなかった。

労働組合総同盟も1940年7月、自ら解散を余儀なくされ、ここに労働組合と労働者生協は消滅してしまったのである。そもそも労働者が自主的に経営・運営する労働者生協は、権力者にとって邪魔な存在だったのである。

6. 戦後の労働運動、生協、中央労福協と労働金庫・全労済の関係性——その生い立ち

(1) 憲法より早く制定された労働組合法

日本の占領を開始したGHQ（連合国軍最高司令官総司令部）は、1945年10月に民主化5大政策を発表する。治安維持法廃止、財閥解体、婦人参政権付与、教育の民主化と並んで労働組合結成が奨励され、早くも2カ月後の12月22日に、労働組合法が憲法や労働基準法に先んじて制定された。軍国主義を一掃し、日本を民主的な国家に変えていくために不可欠な施策が言論の自由であり、労働組合の合法化であったのである。

(2) 総同盟と産別会議の成立

敗戦直後の1945年9月中旬、戦前の日本労働総同盟で会長だった松岡駒吉を、合法左派の全評のリーダーだった高野実が訪れた。ことあるごとに対立していた戦前のいきさつをこえて、①労働条件改善と日本経済再建の主導者としての任務、②産業別労働組合を主軸に民主的中央集権に則る同盟体、③組合員の政党加入の自由、の3原則に基づいた「統一労働同盟」を作ろうという提案であった。こうして、早くも10月には総同盟結成の準備が始まった。一方、共産党の指導による産別会議結成の動きも始まり、全体として2つの流れの組織が誕生することになる。1946（昭和21）年8月に、総

同盟と産別会議があいついで結成された。

こうして、GHQ の後押しも手伝って、労働組合は雨後の竹の子のように結成された。12 月には 38 万人、1946 年 6 月には 372 万人、1947 年 569 万人、1949 年には何と組織率 55.8% の 666 万人にまで急増した。

(3) いち早く活動を始めた生活協同組合

戦前、解散を余儀なくされていた生協陣営も敗戦直後の 1945 年 11 月には日本協同組合同盟（日協）を結成し、「労働者・農漁民による自主的金融機関の設立と高度なる協同的社会保険の確立」を決議している。協同組合による信用事業および保険事業を志向したものだった。GHQ とも相談の上、1947 年春までに、日協は「生活協同組合法案」を作り終えていた。内容は、「組合員の自由な意志と協同の精神により協同組合を設立することができる」（認可ではなく準則主義）とし、金融事業、保険共済事業も包含するものであった。しかし、その年の秋に、それまで尽力してくれていた GHQ 民政局の担当官（ニューディール派のスタッフ）が解任され、後ろ盾を失ったこともあり、結局翌年 7 月に制定された法律では準則主義から戦前の認可主義に変更され、名称も「消費生活協同組合法」と戦前の「消費組合」の名残である「消費」が頭に加えられ、信用事業と生活協同組合中央金庫法の条項が削除された。信用事業が認められなかったこともあり、後に生協陣営が労働金庫設立に協力していくことになる。

(4) 生活物資を共同調達するために作られた「中央労福協」

このように労働組合や生協があいついで結成されていたものの、日本社会は敗戦直後の凶作も加わり食糧事情がひっ迫したうえ、物価が高騰する超インフレ下（米価が約 100 倍（1944 ／ 1949））に置かれたのであった。あらゆる生活物資の欠乏の前に、とりわけ労働者の生活は窮乏を極めていたのである。そのため、労働組合と生活協

同組合が共同して、各地で企業における隠匿物資の摘発や適正な配給、生活必需品の民主的管理、作業衣服の確保、木炭の払い下げなどを要求する切実な運動を行っていた。こうした状況の中から、生活物資の確保を目指した運動を全国的に結集して共同行動の機関を作ろうという機運が高まり、当時すでに政治的イデオロギーによって分裂・分立していた労働組合（総同盟、産別会議、日労会議）と生協（日本協同組合同盟＝のちの日本生協連）など36の団体が、その枠組みを超えて連帯し、労働者の暮らしの安定をめざして共同行動を行う運動母体を結成した。それが1949年8月30日に設立された中央労福協の前身、中央物対協（労務者用物資対策中央連絡協議会）だった。

(5) 労働者のための銀行を

　古典落語には、貧乏長屋のおかみさんが一張羅の着物を持って「質屋」に通い、当座のお金を工面する場面がしばしば登場する。でもこれは、江戸や明治時代の遠い昔の話ではなく、労働金庫が誕生するまでは、労働者の日常の姿であった。当時の銀行は、労働者に対する融資は一切行っていなかったからである。

　そのため、1949年ごろから労働団体は「相互扶助の精神に立脚」した自主的な共済事業と労働銀行を創設しようと動き出す。「労働銀行設立」を決議した1951年3月の総評第2回大会議案には、「豊富な闘争資金を持ちながら金融機能を持たない・・・いわんや労働者個人の生活資金の融資にいたっては、銀行に預金を持ちながら、一切融資の途を絶たれているので、高利の質屋か闇金融にたより、ますます生活の困窮に拍車をかけている」と、当時の労働者の現状が述べられている。これらを推進するために中央労福協を中心とする「生活物資の充実と労働金庫の設立」という協議の場が作られ、1953年の労働金庫法制定の大きな原動力となったのである。こうして、労働組合・生協と労福協が母体となって、質屋と高利貸しからの解放をめざした「労働者の労働者による労働者のための銀行」

としての労働金庫が全国に誕生していくことになる（その後の労働金庫の展開については第3章第2節参照）。

(6) 労働者の手で共済を

労働金庫についで、労働組合・労福協は共済事業に着手する。1954（昭和29）年に大阪で、翌年5月新潟で火災共済事業を開始したのが全労済の起こりである。その直後の1955年10月1日未明に起きた新潟大火を契機にして、共済事業が全国に展開していった（新潟大火への処を含め、全労済の展開については第2章第3節参照）。火災共済はリスクを分散すればするほど安定することから、その直後、中央労福協に共済懇話会が生まれ、労済設立世話人会議へと発展、ついで労済協議会・労済連、そして今日の全労済につながっていく。

(7) 支え合い・助け合い（連帯・協同）の実現

このように戦後の労働組合はイデオロギーの対立を超え、生協とも協力しつつ中央労福協を設立し、それらを母体に労働金庫と全労済を誕生させ、労働者どうしの支え合い・助け合いを実現してきたのであった。生みの親は労働組合と労福協であり、労働運動が自分たちで自主的に作りあげたという意味で、労働金庫や全労済が「労働者自主福祉事業（運動）」と呼ばれているのである。労働組合にとって労働金庫や全労済はたんなる「業者」ではなく、「ともに運動する主体」であるという歴史を忘れてはならない。

終章　地域で「新しい公共」を担う──「労働者自主福祉」がめざすもの

終 章 | 地域で「新しい公共」を担う──「労働者自主福祉」がめざすもの

はじめに

　すでにみてきたように、労働者自主福祉の活動は、職域と地域の2つの側面からなっている。日本の労働運動の伝統のなかでは、職域の共済は第2章第Ⅰ節でみたように長い伝統があり、また共助のあり方として今日においても大きな役割を発揮しているが、今日の福祉のあり方のなかでは地域がそれにもまして重要になっている。第3章第Ⅰ節で示すように、先進的な事例は基本的には地域にかかわっている。それは今日の労働者福祉の仕組みのなかでは地域がますます大きな意味をもつようになっているからにほかならない。とりわけ「共助」から「連帯」への展開は基本的にはすべて地域をつうじて発展する。このような発展のなかで、「共助」はメンバーシップのあいだだけのものではなく、公共空間に生活するすべての人びとにかかわるようになる。いいかえれば労働運動における「共助」と「連帯」は「新しい公共」の担い手となっていく。

1.「公共空間」とはなにか

■ 地域生活圏という空間

　前章まででみてきたように、労働者自主福祉にたずさわる団体が、多様なニーズに対応する新たな福祉ミックスの重要な一環として、共助のシステムをつくりあげる必要性はますます高まってい

る。それを実現する場が「公共空間」である。

図 4-1-1　公共空間の概念図

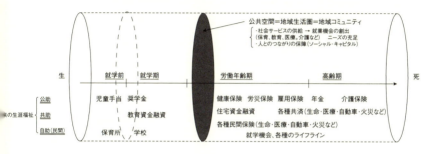

出所：筆者作成

　人が生活していくうえでの必要条件は、所得、時間、社会サービス、人とのつながり（ソーシャル・キャピタル）の四つの資源である（序章のコラム参照）。この四つの資源が、あらゆる人びとにたいして、その生活にそくして適切に供給されなければならない。人間はある瞬間をひとりだけで生きているわけではなく、地域という空間、生涯という時間的経過のなかで生きている。この概念を図示したものが図 4-1-1 である。子どもとして育ち、学校で教育され、就職の場を得て所得を確保し、病気や失業といった人生のリスクを乗り越え、老後を迎えて年金などで生活する、といういわば人生のたての展開を人間的にはたすためには、自助努力だけではまったく不十分であり、社会システムとしての支援の仕組みが不可欠である。これまでみてきたように労働者自主福祉活動は、公的な社会保障制度とともに労働者の生涯にわたるリスクへの金銭的給付を中心として、このような支援システムを提供してきた。

　しかし、現代のニーズは、産業・企業・職場というたての系列での支援を、金銭的な給付によって行うというだけではまったく不十

終 章　地域で「新しい公共」を担う──「労働者自主福祉」がめざすもの

分になっている。人類社会の維持の基盤となる自然環境はむろんのこと、保育、教育、医療、介護、公共交通といった社会サービスの供給が行われるのは地域である。このような地域は、人の生活を保障する空間であるから地域生活圏とよぶこともできる。労働者自主福祉の活動も、このような地域生活圏のなかで積極的な役割をはたしていかなければならない時代となっているのである。

■ 伝統的コミュニティからの脱却と市場の失敗

　地域生活圏という用語はまた地域コミュニティという言葉によって置き換えることができる。地域コミュニティの原型は前近代社会の農村共同体である。そこでは、人びとが家族単位で共同体に参加していた。家族単位で行われる農業生産でも必要な場合には村落の全員が参加する共同の活動として行われ、また、水利施設、道路などの共同の資産の形成や管理が行われた。生活の面では、冠婚葬祭など日常の多くの活動が共同で行われ、また共同体のなかに身寄りのない高齢者などがいる場合には、これも共同で支援するという「共助」の機能をもっていた。日本では、これらの活動は、村落のリーダーである庄屋などの村役人を中心とする共同体の自治として展開されていた。

　産業革命以降の過程、いいかえれば近代化の過程はこのような伝統的なコミュニティからの脱却を意味していた。原理的にいえば、市場経済は、個人で自立した生活を意味する。売り買いを基本とする契約関係のもとで、自由な個人の能力と努力によって所得を獲得し、生きていく世界である。財産をもたない労働者は、自らが保有する唯一の資源である労働力を企業に販売し、自分と家族の生活を維持することになる。そこには、共同体では得られなかった「自由」が存在する。身分や土地や「オキテ」に束縛されることはもはやなかった。そのかわり、ここには原理的には、かつて共同体がもっていた、生活の共同性や「共助」の機能からも「自由」となり、自助と自己責任の原理が作用することとされた。

しかし、自由な個人の個別化された契約関係に依拠する市場のあり方、いいかえれば自助、自己責任のみでは人間の生活は保障されない。高齢者、子ども、障がい者などは、市場で必要とされる所得をすべて自己責任において確保することは困難であり、市場はそれ自体のなかでは「共助」の制度と機能をもっていない。病気にかかって働けないときには、一時的であるにせよ、同じ問題が発生する。不況期にみられるように、本人の能力と努力にもかかわらず、経済や社会の条件の変動のなかで所得を失ってしまうことにたいして、市場は基本的に所得を保障するシステムをもっていない。強いてあげれば民間保険の機能が存在するが、失業の場合、自殺というかたちをとって生命保険を入手する誘因とさえなってしまう。
　さらに、いくら所得があっても、学校、上下水道、保健医療の制度、子育てや介護のシステムなど、人びとによって共同に利用できる装置が存在しなければ、現代社会にふさわしい生活を維持することはできない。この一部は、かつては家族、とりわけ家族のなかの女性のアンペイドワークによって充足されてきたが、今日ではそれにすべて依存することは不可能である。また、市場は人びとを個に解体してしまうが、その結果として人びとは孤独に陥り、連帯を失い、心の病を患ったり、犯罪をまねいたりというリスクをもたらす要因となる。
　そして最後に、市場は利潤極大化の原則で動くものであり、利潤のためには、人間を含めすべての生物の存在根拠である環境そのものを破壊してしまう。これらはすべて、地域コミュニティがかつては少なくとも部分的には保有していた共同性を破壊した結果として生まれてきた。
　人間は、物質的にも精神的にも、共同性なしに生活していくことはできない。近代化の過程では、農村共同体に代わる共同体として、とくに日本では、企業社会を擬似的な共同体に仕立てるという傾向がみられたが、それは所詮、労働者のごく一部しか対象とならなかったばかりか、今日では、もはやほとんど機能不全に陥ってい

る。このような人間の共同性と「共助」の喪失は「市場の失敗」のきわめて重要な内容である。

■ 政府の失敗とその克服の可能性

「市場の失敗」を補うものとして期待されたのは「政府」の機能であり、市場では実現できない人びとへの最低生活保障制度、失業、病気、老齢などの所得喪失のリスクをカバーする社会保険制度、教育、保健医療、介護、道路や交通、上下水道、電力、公園、都市清掃など、国ごとにどの項目を政府が直接運営するかに違いはあるものの、社会が共同で活用すべきものにかんする制度などを政府が整備することが不可欠であると考えられた。

しかし、「市場の失敗」を修正するものと期待された政府の機能は、また別の問題を引きおこした。最大の問題は、政府の実態的側面ともいうべき官僚制度である。産業社会における政治システムは議会制民主主義とされるが、制度や政策の運用は実質的に官僚制度に依拠している。とくに中央政府の場合には、普通の人びとの生活から遠く離れた実態であり、意思決定の面でも、活動のチェックの面でも人びとの目には触れない。また、国民に課せられる税によって運営されることが多い結果、コストとベネフィットの関係も明確ではない。このような問題点が重なり、「市場の失敗」を制御するものと期待された政府の機能のなかで、さまざまな非効率や腐敗が発生するだけでなく、その運営が画一的なものとなり、人びとのもつ本当のニーズに対処することができないという状況が生まれることになる。

そのうえ、経済的、社会的条件の変化によって、政府の活動の根拠となる税や社会保険料負担に制度上の限界が生ずると、それを理由に政府自体が人びとに必要な活動を拒否してしまうという事態が発生することは、日本の現実をみれば明らかである。こうした状況の全体は「政府の失敗」と位置づけることができる。

「政府の失敗」を克服する道すじはなにか。ひとつの答えは、こ

れまでの流行だった「市場に任せよ」というものである。これは、市場はすべての問題に回答能力があり、もともと政府の介入自体が誤りであったとする考え方である。しかし、この考え方を貫けば、すでにみたように「市場の失敗」を免れないことは現代日本社会に発生しているリスクの増大や不平等化の傾向がはっきり示している。

　もうひとつのより有力で、かつ相対的に適切な答えは、政府の役割といっても、地方政府、いいかえれば地方自治体を基軸として機能を発揮していくという考え方、つまり分権化という考え方である。たとえば、高齢化にともなう問題のうち、年金制度のような所得再分配機能であれば、一国全体をカバーする制度のほうがより効果的に機能するであろう。しかし、今日ではより重要性を増している介護サービスなどの分野であれば、さまざまな地域の事情を反映した制度設計が必要であるという点で、その担い手としては地方自治体のほうがはるかに適切であるということになろう。

　しかし、分権化のみにより「市場の失敗」を克服しつつ、同時に「政府の失敗」をも解消するという道すじを全面的に実現することもまた不可能である。まずいわゆる分権がすべてよいわけではない。経済活動がさしあたり一国を単位にしてつくられている以上、中央政府の機能を通じて地域的な資源の再分配をおこなわなければ、ある地域は疲弊し、崩壊してしまう可能性をもっている。中央政府の責任を回避する無責任な分権は反福祉的である。

　このことを別として、分権の中心となる自治体に着目したときにも、いくつかの問題が発生する。第一に、地方自治体とはいえ、それは官僚組織なのであり、また日本では「平成の大合併」の展開によって、より大きな地域規模を地方自治体の単位にするようになったという現実もある。このような事情からすれば、自治体に所属する労働者の運動などがあるとはいえ、自治体行政といえども現実に生活する人びとからは遠いという官僚制の弊害を完全に免れているわけではない。

第二に、医療や介護など社会サービス分野の現実を考慮すると、その供給主体は、営利事業による供給、公益法人や NPO 法人など非営利事業による供給、地方自治体その他のいわゆる狭義の公共部門による供給など、多種多様である。こうした状況は福祉ミックスとしてとらえることができる。

　第三に、たしかに地方自治体の場合、その首長と議員は、住民による選挙によって選ばれるが、地域住民が直接に参加し、意思決定を行うとともに、さまざまな制度の運営を行っているわけでは必ずしもない。

　第四に、したがって、地方自治体の制度的な枠組みのなかだけでは、人びとは、人と人との連帯を構築することはできず、結果的に孤立性を解消することはできない。

■ 公共空間としての地域コミュニティ

　地域において人びとの暮らしは福祉ミックスの網の目のなかで形成されているのであり、地方自治体による制度的な要素だけが役割をはたしているわけではない。このことは、行政、あるいは官僚制度を意味するものとしての地方自治体へ任せれば、今日の生活問題が大きく解決されるわけではなく、さまざまなかたちで住民が参加し、またさまざまなかたちで生活に必要なものを供給するひとつの公共空間として地域生活圏をとらえることが必要となることを意味している。

　いうまでもなく、この場合の「公共」とは、たんに政府あるいは行政を示すものではない。通常、「おおやけの」や「公共的」の意味で使われる public（パブリック）という言葉がある。この言葉にはむろん「政府が関係する」という意味もあるが、「社会全体のふつうの人びとが関係する」、あるいは人びと全体に「開かれた」という意味もある。その反対語が private（プライベート）であり、「閉ざされた」という意味をもつ。つまり、公共空間とは「だれに対しても開かれた空間」であり、人びとが参加し、そのあり方について

の意思決定を行い、そこから人びとが自ら必要な財・サービスを受け取ることができるシステムをさしている。実態的に、それは行政としての自治体、労働組合の地域組織、労働者自主福祉事業団体、NPO、地域に根拠をおく事業体（コミュニティビジネス）など、多様な組織とグループ、個人の結びつきによって構成されていることになる。

いいかえれば、地域コミュニティがこのような現代的な公共空間に該当する。したがって、それは前近代のような個人の自由を束縛した共同体ではなく、近代社会がもたらした個人の自由を前提に、しかしそのなかで失われた共同性を、人びとが共同で必要な財・サービスを供給するとともに、人びとの連帯性を保障しようという二面にわたって再確立していく実体である。むろん、地域に展開されるこのような公共空間だけで、現代人の生活の必要性がすべて充足されるわけではない。グローバルに広がる市場のシステムによる財・サービスの生産や国の保障のもとでの雇用機会の存在、最低生活保障、社会保険および税制度による所得再分配の制度が適切に存在しなければならならず、その実現をはかるのが労働組合の活動を含めた社会運動である。しかし、グローバルな社会システムの基盤は生活の現場をもつ地域生活圏であり、公共空間としての地域コミュニティであり、その充実をはかることはまた労働運動にとって大きな課題となる。

すでにみたように、労働者自主福祉の活動は労働者の生涯にわたるたての系列では積極的な役割をはたしてきた。現在もはたしているし、将来もはたしていかなければならない。しかしまだ地域ではその活動は十分ではない。ここでは、地域で公共空間を形成するうえで、労働者自主福祉活動がどのような役割をはたすべきなのか、大きくわけて、ニーズにそくした財・サービスの供給、人びとの連帯の保障という二つの役割を検討する。

2. 生活ニーズにもとづく財・サービスの供給と就業・雇用機会の創出

■ 労働者のニーズの実態

　連合総研が実施した「労働者自主福祉活動の現状と課題に関するアンケート調査」(連合総研、2004)では、労働組合の労働者自主福祉・共済活動担当者の目をとおして、どのような生活支援の取り組みに組合員が関心をもっているかが明らかになっている。その上位には「退職後の生活問題」(50.2％)、「生活設計・資産形成や運用」(49.4％)、「職場生活からくるストレス問題」(45.6％)、「育児・子育て問題」(37.7％)、「介護・介助問題」(31.0％)があげられる(図4-2-1)。

図 4-2-1　組合員が関心をもっている生活支援の取り組み (複数回答)

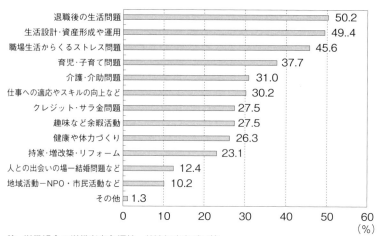

注：労働組合の労働者自主福祉・共済担当者が回答。
出所：連合総研『労働者自主福祉活動の現状と課題に関する調査研究・中間報告書』、2004年。

　むろん、ここに示されている働く人びとの生活支援への関心は、

ほんの一例にすぎない。しかし、これらの結果からもわかるのは、資産形成や運用などの所得保障に関連する取り組みが相対的にもっとも大きいが、メンタルヘルス、育児、介護といったサービス提供に深くかかわる取り組みへの関心も高いということである。

■ ソーシャル・エンタープライズで就業・雇用機会を創出する

　一見すると所得保障というのは、安定した職業、失業した場合の保障、退職後の年金など、前述の用語を使えばたての系列に属する社会システムの問題であるとみられるのがふつうである。それは労働組合による失業をさせない闘い、社会保険とそれを補完する労働者自主福祉事業などによって現実に追求されてきたものである。しかし今日では、それだけでは十分ではない。就業・雇用を守り、守りきれない場合には別のかたちで所得保障を行うというだけではなく、積極的に就業・雇用機会を創出することが不可欠となっている。就業・雇用機会の創出は、個人の所得を維持するという観点からのみではなく、税・社会保険料の原資を確保して福祉の制度を維持するというマクロの観点からも、すべての人が仕事をつうじて社会に参加するという観点からも現在では不可欠な内容となっている。そして、現在では就業・雇用機会の創出は地域＝公共空間における重要な仕事として認識されなければならず、またそのなかで労働者自主福祉の活動も積極的な役割を演じなければならない。

　こうした就業・雇用機会の創出では、労働組合自身が企業の再生に積極的にかかわる事例（第3章第Ⅱ節のドイツの造船所再生会社の事例参照）も意義のあるものであるが、近年注目されているのは、新しい社会的経済のかたちとしてのソーシャル・エンタープライズ（＝ social enterprise、社会的企業。ソーシャル・ビジネスという用語法もある）である。社会的経済とは、協同組合、共済、アソシエーション、NPOなどの全体を含む概念であり、非営利・協同セクター、市民・協同セクター、あるいはサードセクターなどともいわれる。ソーシャル・エンタープライズという用語はこの言葉とほぼおなじ

意味で使用されることも多い。しかし同時に、ソーシャル・エンタープライズは、従来の多くのNPOとは異なり、明確に「企業」としての活動を行うことに特徴がある。

この点にかんして、EU加盟各国すべての社会的経済研究者たちの共同研究「ヨーロッパにおけるソーシャル・エンタープライズの登場（EMES）」に参加した研究者のひとりであるドゥフルニは、つぎの4つの経済的基準および5つの社会的基準により社会的企業の定義を試みている（J.ドゥフルニ、2004）。経済的基準としては、①財・サービスの生産・供給の継続的活動、②高度の自律性（社会的企業は公的補助金に依存することもあるが、行政や他の組織に管理されることがない）、③経済的リスクの高さ、④最少量の有償労働（協同組合とおなじく有償労働者とボランティアの組み合わせだが、社会的企業の事業活動には有償労働者の下限を設定しておく必要がある）の各項目、社会的基準としては、①コミュニティへの貢献という明確な目的、②市民グループが設立する組織、③資本所有にもとづかない意思決定（1人1票制）、④活動によって影響を受ける人びとによる参加（参加型、ステークホルダー志向、民主的管理）、⑤利潤分配の制限の各項目があげられている。

■ ソーシャル・エンタープライズの社会的目的の具体的内容

ソーシャル・エンタープライズが登場する背景としては、伝統的な産業の衰退により失業者の増大と地域崩壊現象が顕著になったこと、少子高齢化の進展、家族やコミュニティなどの環境変化のなかで、育児、介護など多様なニーズが発生する一方、福祉財政の悪化により、従来どおり社会サービスを公共部門で供給することが困難になってきたことなどが指摘されている。こうした背景のもとで、先進国では共通に貧困と社会的排除にたいするたたかいを目的とし、雇用創出や職業訓練、コミュニティへの保育、介護などのサービスを提供する社会的企業が登場している（第3章第Ⅱ節のカナダ・ケベック州の在宅介護を供給する連帯協同組合の事例参照）。

日本の事例でいえば、新潟県長岡市の環境リサイクル事業は、活動内容としてはソーシャル・エンタープライズにもっとも近接しているが、人的資源をボランティアに依存しており、所得を発生させる就業・雇用のための活動としての効果は現在のところ強くない（第3章第Ⅰ節参照）。

　もうひとつの事例として、富山県のNPO法人「このゆびとーまれ」をあげる。この組織は高齢者や障がい者への在宅支援サービスを提供している。もともとは障がい者のデイサービスを、寄付金と行政からの補助金で実施していたが、介護保険法の施行以降、関連する事業を複合化することにより、フルタイム雇用を含め、多数の雇用機会を創出することに成功している。現在ではデイサービス、ショートステイ、グループホームの施設をもち、有給のスタッフの総数は56名に達している。そのうち約半数は常勤となっている（2007年現在、ほかに数人の有償ボランティアがいる）。

　このようにソーシャル・エンタープライズは、社会的目的をもち、利益を出すことを否定はしないが自己目的とはしない企業体であり、その企業が有する社会的目的を達すると同時に、その活動をつうじて就業・雇用の機会を創出している。社会的目的の具体的内容は、自然環境保全であったり、保育、介護など社会サービスの供給であったりする。その活動は、多くの場合、人的資源を含め、地域の資源を活用して行われる。

　全国的に活動する「菜の花プロジェクト」は、植物油の燃料化によって温暖化防止を推進することを目的としているが、その資源は地域の農業分野におかれ、プロジェクト自身でのスタッフ雇用とともに、農業分野における就業維持に貢献することとなる。その意味ではコミュニティビジネスとしての性格をもつことが多いといえる。

　ソーシャル・エンタープライズの多くはまたネットワーク型である。たとえば、和歌山県、山形県などで間伐材などを利用して展開されている「木質ペレットストーブ」は、ストーブの生産というか

たちで製造業に連動している。

　社会的目的を有するということは、ソーシャル・エンタープライズが生産する財・サービスが必ずしもコストに見合う収益をあげるとはかぎらないということにつながる。たとえば、温暖化を防止するということはすべての人にとって利益であるが、その目的が達成された場合、そのために資金を提供しない人を効果から排除することはできず、すべての人びとに及んでいく。排除不可能性、あるいは外部性を有するこのような財・サービスは、本来コストの負担を税に求め、公共財として生産されるべき性格をもっているが、企業的に運営したほうが社会的に効率が高いケースがあるし、また財政上の理由から政府部門が乗り出さない場合にはソーシャル・エンタープライズとして展開するほかはないことになる。

■ 労働者自主福祉における就業・雇用創出の意味

　就業・雇用により所得を確保することは労働者自主福祉の根幹である。しかし、すでにみたように、これまで単組、産別などで展開されてきた生涯的な労働者自主福祉は、雇用が維持されることを前提としてきたため、就業・雇用の機会の創出を直接の目標にすることはなかった。企業の福利厚生を引き継いで職業訓練などをメニューにもつケースがないわけではないが、その多くは企業でのキャリアを保障するための教育・訓練にとどまっていることが多い。

　しかし現状においては、学卒未就業、失業、定年退職、出産退職などさまざまなかたちでの非労働力の労働力化、いわゆる非正規労働者の安定的な雇用への展開などを考えると、雇用・就業機会の創出のために努力することは労働者自主福祉の活動にとってきわめて重要な位置を占めることになる。とくに日本では女性の就業率を高めることが重要な課題となっているため、労働者自主福祉で雇用・就業機会をつくり出すことの意義は大きい。その焦点は、上述のようなソーシャル・エンタープライズを考慮にいれると、地域にある。

労働者自主福祉が地域での就業・雇用機会の創出にどのような役割をはたすことができるか。まずは中央政府と地方自治体が就業・雇用機会創出を焦点とするよう、具体的に施策の内容を提案することである（この点は本章後半のブリッジングとアドボカシーの項参照）。より積極的には、労働組合や労働者自主福祉事業団体がより直接に課題に関与することである。たとえば、ある事業の展開の初期投資について、積極的に支援することが考えられる。これは社会的責任投資（＝SRI、Social Responsible Investment）の一環である。この点は部分的ではあるが、すでに労働金庫などが行っていることでもある。

　この場合、重要なのはネットワークである。ソーシャル・エンタープライズを労働組合、あるいは労働組合がバックアップする労働者自主福祉事業団体で組織することが不可能だというわけではない。それはたとえば介護事業を運営するといったかたちで、ソーシャル・エンタープライズとしての活動実績となっていた（現在は生協法改正によりできない）。しかしそのような直接的な運営はごく一部であって、社会的目的をもった事業活動のすべてを労働組合や労働者自主福祉事業団体だけで提供するのは不可能である。自治体、NPOなどのサービス供給組織が適切に活動しうるように連携する必要がある。たとえば、サービス供給事業を展開するための資金や人材の面で協力するとか、プランニングに積極的な役割をはたすとか、NPOの支援組織をつくるとか、あるいは実際に行われている例でいえば、自治体などとの交渉に積極的な支援を行うとかの手段である。このような連携とネットワークをつうじて、就業・雇用の側面だけでなく、いま求められているさまざまな労働者福祉の内容を豊富化することに貢献できる。

　そうした行動のもとで、地方自治体にもより積極的な行動をうながすこともできる。たとえば前述の木質ペレットの事例でいえば、個人の住宅のストーブ需要にたいして木質ペレットストーブの補助金を出すとか、直営または社会福祉法人が運営する施設の重油ボイ

ラーからの転換を積極的に進めるとかの施策を要求することもできる。

　ここで重要なことは、このようにして生みだされる就業・雇用機会の質である。介護保険法施行以降、多くの介護労働者が仕事の価値が高いということで意欲に燃えてヘルパーなどとして登場したが、実際には劣悪な労働条件のもとで、燃え尽き症候群などとよばれる状態に陥り、介護の分野から撤退していった。ソーシャル・エンタープライズといっても、そこで働く労働者には人間的仕事と人間らしい個人・家族・地域生活をおくりうる労働条件、つまりディーセントワークが保障されなければならない。この点では、自治体の仕事を引き受けているアメリカの事業体で働く労働者たちがリビング・ウェイジを要求し、良好なサービスなどを求める市民の活動ともあいまって、一部で実現していることは大きな参考になる。日本でも、リビング・ウェイジを実現するための公契約条例が千葉県野田市などでつくられ拡がりはじめている。

　これとの関連で問題となるのが、ボランティア活動である。ボランティア活動は、労働者が非労働時間に、また退職者などが社会的に有益な活動へ自発的に参加することによって、社会とのつながりを強めるという点で積極的な意義をもっている。また、いったん退職した主婦などが、もう一度仕事をつうじて社会に参加する準備段階としても意義をもちうるであろう。しかし、ボランティアはアンペイドワーク（無給あるいは無償労働）である。謝礼などのかたちで提供される場合には有償ボランティアなどとよばれるが、雇用労働者むけの最低賃金と比較するとはるかに低いケースが多い。無償または定額の有償のボランティアが、自立した生活を求める雇用労働者とおなじ仕事をするということになれば、労働市場では混雑状態（ある仕事にたいしてその仕事に就きたい人が過剰に多い状態）が生まれ、雇用労働者の労働条件が引き下げられてしまうことになる。ソーシャル・エンタープライズにおいても、継続的な仕事、資格や技能を必要とする仕事については、明確に有償労働としての位置づ

けを行うことが不可欠である。

■ **社会的なニーズの掌握と質の高いサービスの提供**

　労働者福祉にとって、あるいは経済社会にとっても、就業・雇用が第一義的な意義をもつという点で、公共空間のなかで就業・雇用機会の創出に積極的に乗り出す必要があることを明らかにしたが、ソーシャル・エンタープライズが社会的目的をもつことからも明らかなように、創出される就業・雇用機会は社会にとって価値のあるものでなければならない。逆にいえば、社会的に価値の高い、地域における財・サービスの供給は、利用者である地域住民のニーズをみたすと同時に、財・サービスをつくりだすための新たな就業・雇用機会を創出するという関係が成立する。

　このようなニーズは、普通の人びとの普通の生活のなかに存在する。すでにみたように、現段階のニーズは、所得と医療、介護、保育、教育、環境などにかかわる社会サービスである。しかし、これらのサービスが一般的に求められているのではなく、さらに具体的な内容をもつニーズとしてあらわれるのがまさに地域である。たとえば、女性の長期勤続をテーマとして活動し大きな成果をあげてきた労働組合に、いま女性たちがなにを求めているかを聞くと、就学前の保育とともに、小学校低学年の児童を対象とする学童保育であるという答えがかえってくる。あるいは、さまざまな困難を乗り越えて長期勤続をしてきた女性たちが定年以前に退職に追いこまれる理由としてあげられるのは親の介護である。これは介護保険法の成立以降も、法の成立の建て前にかかわらず、いぜんとして家族による介護をしなければならない状況が続いている（実際には介護報酬単価の見直しのなかでその側面が強められている）ためにほかならない。

　「共助」の仕組みをつくるためにはなによりも、現場でどのようなニーズがあるかを掌握する必要がある。保育・学童保育や介護について、単組、産別、労働者自主福祉事業団体などがたての「共

終章　地域で「新しい公共」を担う——「労働者自主福祉」がめざすもの

助」としてなにができるかを検討し、たとえば新しい共済の項目を設定すると同時に、それが地域の財・サービスの供給にかかわるものであれば、地方連合会や地協、労福協などが軸となり、地域での公助・共助の仕組みをつくりあげなければならない。

　これらのサービスのなかには労働組合や労働者自主福祉事業団体が自分たちでつくることができるものもある。たとえば、サービス・流通連合（現 UA ゼンセン）は全国各地で商業地の再開発活動を進めた。これは産別レベルでの雇用維持の方策のひとつであるが、衰退する地域の商業活動に悩む地域の、あるいは現場のニーズにもとづいている連携活動である。このように労働組合や労働者自主福祉事業団体が自ら対応しうるニーズもあるが、前述のように、多くは自ら供給することは不可能であり、たとえばNPOと連携して、必要なサービスの供給を確保するというネットワークが不可欠となる。

3. 社会参加の保障

■ ソーシャル・キャピタルと相談機能

　現在、地方連合会・地協レベルで、労福協や労働者自主福祉事業団体と提携して、もっとも重視しているのは相談活動である（第2章第Ⅵ節の新潟県労福協などの事例を参照）。単組レベルの共助の仕組みのなかでも、相談機能は重視されるようになっている。組合員のなかだけでなく、外部の労働者を含めてさまざまな悩みをもつ人びとに相談サービスを提供することは、日本の現状において、「共助」の観点からきわめて大きな意義をもっている。

　日本は、先進諸国と比較しても、一般に教会や趣味の団体、労働組合、政党といった諸団体のメンバーとして活動する比率が低い。つまり、メンバーシップとして連帯をもっている度合いが低く、逆にいえば、孤立、孤独の度合いが高い。たとえば、日本における自殺率の高さは、このような孤独、孤立に一因があると考えられる。

前述のようにかつては、企業社会がメンバーシップを保障する一種の共同体としての役割をはたすという場面もあったが、今日ではそれがカバーできる範囲はますます縮小しているし、もともと退職してしまえば、このような機能はきわめて小さくなる。

　こうして労働者は孤立し、かならずしも極端ではなくなっているケースでいえば、家族をなくしたひとり暮らしの高齢者が孤独に死亡し、何カ月も経過してはじめて発見されるといった悲劇も生まれている。孤独、つまり社会との接触がないという状態は一種の社会的排除といえる。生活上のなんらかの問題が発生した場合、社会との接触がないために問題を解決していくことがいっそう困難になりうる。そのような意味で、日本は社会的排除の傾向が強い社会であるといわざるをえない。社会的排除は日本をいっそう危うい社会にしている。人が人とつながりあいながら社会に参加することが、リスク社会を改革するカギになる。

　こうした状況のもとでは、地域において、人と人との関係を形成することは、今後の日本社会のあり方にとってもきわめて重要である。相談サービスだけでその課題をはたすことはできないが、大きな一歩であることはたしかである。相談の結果、いままで孤立していた人があらためて社会に参加できるようになれば、人間社会のあり方としてきわめて大きな意義をもつからである。

　このような人と人との関係をソーシャル・キャピタルとよぶ。それはまた地域の公共空間の構成要素としての重要な位置をもっている。

■ メンバー以外にも開かれたソーシャル・キャピタル

　もともと労働組合や労福協、全労済、労働金庫などの労働者自主福祉団体は、ソーシャル・キャピタルとしての機能をもっている。たとえば、生協法にもとづいてつくられている全労済であれば、全労済の職員と全労済の組合員の関係は、売り手と顧客という関係ではなく、ともに共通の目的を達成していく仲間であるはずである。

実際にそうであるかどうかは組織の事情にもよるが、仲間の連帯を強めるさまざまな手段がソーシャル・キャピタルとして機能するために必要であり、今後こうした役割がますます求められる。

そのとき、いぜんとして自らの団体のメンバーや会員だけにその財・サービスを提供するということだけでは、社会から排除されているメンバー以外の人びとはその便益を受けられず排除されたままになる。労働運動がつくっている社会的ネットワークをあらゆる人びとが活用し、現にかかえている問題を解決して生活改善につなげるとともに、それをつうじて社会参加をはかりうるという状況をつくり出すことが、現在必要なソーシャル・キャピタルの中心的な課題のひとつであり、労働者自主福祉の活動が公共空間の主要な役割をもつ、いいかえれば「新しい公共」の担い手となる道すじでもある。

COLUMN

ソーシャル・キャピタル

ソーシャル・キャピタルとは、人びとの結びつきや信頼関係、社会的ネットワークが蓄積されたものととらえることができ、あえて翻訳すれば「人間関係資本」ということになる。

具体的な生活支援を行う以前に、さまざまな問題、たとえば派遣切りで仕事や住宅を失った人びとの相談にのり、生活保護などの申請を支援し、それらの人びとが孤独に陥らないようにする相談機能は、人と人との関係を失った人びとに、そうした人間関係を回復し、社会への参加ができるすじ道となるのであり、典型的なソーシャル・キャピタルの機能といえる。

その活動は人びとの社会への参加の保障を行うことでもあり、現在の「共助」の機能としては、このようなソーシャル・キャピタル的な側面がきわめて重要な意義をもっている。

4.「新しい公共」の担い手としての労働者自主福祉

■ **ブリッジング機能を高める**

　結論的にいえば、労働組合や労働者自主福祉団体は、自らの活動領域としての「共助」の仕組みを形成することにより、メンバーである労働者の生涯にわたる生活支援に貢献するとともに、自らの活動を社会にむかって開いたり、自治体やNPOや関連する企業、あるいは専門家などの個人とネットワークを形成したりして、就業・雇用の機会と人生・生活のニーズに応えるサービスの実現をはかること、さらにソーシャル・キャピタルとしての機能をはたしていくことが、現代の労働者自主福祉の活動として求められている。

　その場合にもっとも重要な概念がブリッジングである。ブリッジングとは橋をつくるという意味で、さまざまなグループや制度のあいだの橋渡しをすることである。たとえばアメリカの労働運動のなかで、地域活動のあり方として、労働組合と市民団体との連携が重要であることが強調され、その連携を実現していくリーダーはブリッジビルダー（＝橋をつくる人）とよばれている。労働者自主福祉の活動は、このような意味でのブリッジビルダーとしての役割をはたすことが必要である。

　ブリッジング機能は労働者自主福祉の活動を行う組織のなかにもある。労働者自主福祉の活動は労働組合や労働者自主福祉事業団体のメンバーとして展開されるが、メンバーといっても一律のレベルにあるのではない。最初の段階では、予備的に参加するメンバー候補がいる。たとえば、団体が企画するイベントに参加することにより、一時的に当該の組織に参加するという段階である。この段階では、まだメンバーシップとしては弱い段階ではあるが、それをつうじて当該の組織や活動に興味をもち、より高いレベルのメンバーシップとなったり、新しい仲間づくりをしたりする端緒としての可能性をもっている。具体例としては第2章第Ⅱ節の連合静岡の活動がある。メンバーとしてすでに参加している人びとのあいだでは、関

終　章　地域で「新しい公共」を担う――「労働者自主福祉」がめざすもの

係を強める機会でもある。アメリカの退職者・高齢者の組織であるAARPの支部組織（チャプター）の主要な機能は、このようなイベントをつうじて孤独を解消し、仲間としての連帯を強めることにむけられている（中央労福協、2007）。それはソーシャル・キャピタル機能であるといえる。

　より高いメンバーシップの段階では、「共助」のシステムの積極的な利用者として登場することになるだろう。そしてさらにレベルの高い段階では、メンバーやまだメンバーになっていない人びとにたいして「共助」の意義を説明したり、勧誘したりするアクティブな立場になるだろう。そこではまた新しい「連帯」が創られることになろう。そのようなメンバーシップの深まりを組織のなかで媒介するのがブリッジビルダーであり、役職員の役割であるということになる。

　外部にたいしては、たとえば、労働組合とNPOとを連携させることがブリッジビルディングである。ネットワークをつくることにより、意識の共有にもとづく活動の広がりを生み出すというものである。つまり、この場合、目的と利益の共通性、共同性がネットワークの基礎となる。重要なのは、コミュニティにおける組織は市場における競争の原理ではなく、提携・協力、いいかえれば「連帯」こそが地域社会のニーズに応えているということである。かたちのうえで株式会社のような営利企業であっても、提携・協力関係に加わることができるし、リーダーとしてそこまで視野を広げて活動を展開している事例もある。

■ **アドボカシー機能を強める**

　こうした活動はさらに発展してアドボカシーの役割に展開する。アドボカシーとは、人びとの声を代弁するということにほかならない。公助としての雇用・社会保障にかかわるセーフティネットそのものを立て直す、あるいは上述のような公共空間を円滑に実現するよう支援するための制度や仕組みをつくりあげるため、アドボカシ

ー機能が重要な役割をはたす。こうした公的な制度や社会システムを地域のレベルからつくりかえるためには、労働者自主福祉の活動のなかでつちかわれた人びとのニーズの掌握が不可欠な要素となる。そのうえ、労働者自主福祉の活動や、公共空間のなかでのネットワークの経験は、人びとを代弁して、行政当局と交渉したり、地方議会などで新しい制度のあり方を検討したりするうえでは有力な説得材料となりうる。

その参考になるのがアメリカのAARPの立法活動である（中央労福協、2007）。本書に収録しているワーキングアメリカの活動もそうした側面をもっている。AARPの活動では長期介護、処方箋薬剤、消費者問題などの課題が近年の争点となっており、連邦議会、州議会へのロビー活動のため、本部および州事務所に専門スタッフを配置している。本部にはロビイストが配置され、つねに連邦政府、議会の動向を注視し、議員への政策提言などの積極的な働きかけを行っている。同様に本部では州レベルの動向も把握し、州議会議員との関係もつくっている。実際には、ローカルレベルの重要な課題に対応するため、州事務所にグラストップ（＝草の根の先頭者）とよばれるボランティアが配置され、高齢者に不利な問題が生じたときには、グラストップが州議会議員にすぐに連絡し、働きかけを行っている。グラストップは、草の根の活動をしている人びとから選ばれ、AARPの研修トレーニングも受けている。巨大組織の強力なつながりによって、ロビー活動が成功している例といえる。

組織内のたてのつながりではなく、地域の組織とパートナーを組み、条例の制定に成功した例もある。アメリカの大きな市、郡レベルで設定されている労働組合の協議組織であるCLC（Central Labour Councils）は、日本でいえば地協にあたる。フロリダ州におけるリビング・ウェイジの条例をめぐっては、最初は労働組合の集権的活動で不成功に終わったが、たてではなく地域のなかの横の連携を重視する関係を築いたことにより成功したとされている（Reynolds、2004）。

終 章　地域で「新しい公共」を担う——「労働者自主福祉」がめざすもの

　また本来、公的部門が担うべき分野だが、まだ着手できていない分野ならば、これを先行的に労働者自主福祉が担うこともありうる。そのような場合、その後、公的な制度として位置づけるよう、アドボカシー機能を発揮することになる。

　このような活動をとおして、また意識的なブリッジング機能をとおして、労働者自主福祉活動は、たんに仲間内の活動ではなく、社会運動としての重要な意義をもつようになる。

■「新しい公共」の担い手となるために

　2009年に発足した民主党政権では「新しい公共」という概念が強調された。その内容は、「『新しい公共』宣言」（2010年6月）にあるように、「人びとの支え合いと活気のある社会をつくることに向けたさまざまな当事者の自発的な協働の場」とあると同時に、「今や失われつつある『公共』を現代にふさわしい形で再編集し、人や地域の絆を作り直す」ことをめざしている。さらに、「新しい公共」の担い手として、「官だけでなく、市民、NPO、企業などが積極的に公共的な財・サービスの提供主体」であると位置づける。

　こうした「新しい公共」の内容をみると、本書をつうじて述べてきた、地域のニーズに応じた財・サービスの提供、ソーシャル・キャピタル、ネットワークによる協働といった点で共通している。それはなによりも労働者自主福祉の担い手こそが、「新しい公共」の重要な担い手であることを示している。

　具体的には、本書で示してきた先進事例がそれに該当する。「新しい公共」を担う先駆的な活動事例は、労働組合、労働者自主福祉事業団体、協同組合、NPOなどが地域のなかで「新しい公共」の担い手としてどのような役割を果たしているかを明らかにしている。

＜参考文献＞

連合総合生活開発研究所（2006）「共助・協同・協働が拓く福祉社会-『労

働者自主福祉』の新たな挑戦」
麻生裕子・後藤嘉代・会田麻里子（2007）「地域リーダー像に関する研究――地域コミュニティの再構築を担う人材育成のために」全労済協会
中央労福協（2007）「アメリカ AARP・NPO 視察調査団報告書」
C. ボルザガ、J. ドゥフルニ編（2004）『社会的企業――雇用・福祉の EU サードセクター』内山哲朗、石塚秀雄、柳沢敏勝訳、日本経済評論社
David B.Reynolds, ed.(2004), *Partnering For Change: Unions And Community Groups Build Coalitions For Economic Justice*, M. E. Sharpe.

おわりに

　本書は、在庫切れとなった『共助と連帯』の増補改訂版であり、実際に、前著の基本的な性格や考え方をひきつぐとともに、前著の内容を大幅にとりいれている。しかし通常の増補改訂よりは多くの追加と変更を加えて、著作としての充実をはかった。
　変更された部分はつぎのとおりである。

1) 編者の変更。前著では、高木が編者となっていたが、本書では教育文化協会と中央労福協の共編となり、高木は監修にまわった。これは、本書が、労働者自主福祉活動にかかわる人びとのための、いわば組織としてのフォーマルな教材としてより広く活用されることを願ってのことである。
2) 構成の変更。基本的には、前著を踏襲しているが、2つの点で変更と追加を行った。まず、「公共空間」にかんする章を最終章とした。これは、労働組合や協同組合の組合員の「共助」から、メンバー外の人びとを含めた「連帯」への発展が「新しい公共」という現代的な要請に応える大きなすじ道であり、その具体化の場が地域社会にあるという本書の考え方をより明確に示すためのものである。また大きな追加は、補章として収録したもので、とくに第二次大戦以前の時期までの労働者自主福祉＝「共助」の歴史をふりかえったものである。
3) 各章での追加。各章では、前著の内容を今日時点での展開を踏まえて、点検補強するとともに、いくつかの変更・追加を行っている。変更はすべての部分におよんでいるが、とくに大きな内容上の変化はつぎのとおりである。

・第2章第Ⅰ節の産別の項に、新たに労働組合による労働者供給活

動を加えた。
・第2章第Ⅰ節の3として新たに地方連合会の活動例を加えた。労働組合による「共助」と「連帯」の活動における労働組合の地域組織の重要性を強調する意図をもってのことである。
・第2章第Ⅳ節の協同組合の項は、執筆者を変更し、全面的に書き換えを行った。また、協同組合の1つとしてワーカーズコープを加えた。
・第2章第Ⅴ節の労福協の項は、執筆者を変更して書き換えを行ったあとに、地方労福協の具体例を追加した。地方労福協の活動例は、第3章にも登場するが、第3章ではそれぞれの地方労福協の活動のうち、特徴的な個別課題をとりあげている。
・第3章の具体例では、新たに労働組合と提携するNPOの活動例などを加え、また外国の事例としてワーキング・アメリカを追加した。

　このような増補改訂には、実際に新しい本を刊行するよりも手間ひまがかかっている可能性がある。執筆者はむろんのこと、リストにまとめた事例などについての聞き取り対象となったり、内容をチェックしていただいたりした各組織のリーダーの方々（巻末のリストにかかげている）には、精神的・肉体的に大きな負担をおかけした。また、教育文化協会で実際に編纂実務を担当された村杉直美常任理事と陳浩展ディレクターの心身の負荷も相当に大きかったと思われる。きびしい刊行スケジュールをこなしていただいた明石書店の神野斉編集部部長と矢端保範氏にもお礼を申し上げる。
　こうした協力により、今日ではほとんど唯一ともいえるこの分野におけるテキストを完成させることができたことは監修者としては喜びにたえない。とはいえ、これで十分になったかといえば、疑問が残る。とくに、これが「共助と連帯」の分野における、「上から目線」ではなく、現場からの生きた事例にもとづくテキストになるためには、さらに豊富な事例の収集が必要であろう。あるいは独立

の事例集といったものを刊行する必要があるかもしれない。これらの点を含めて、読者からのきびしい指摘をぜひ期待したい。

2016 年 5 月 27 日

監修者

執筆者一覧

(執筆順、役職名は執筆当時のもの)

【監修・執筆者】

　高木　郁朗　　日本女子大学名誉教授
　（序章、第 2 章第Ⅰ節 1-2・1-3・2-4・3、第 3 章第Ⅰ節 1-2）

【執筆者】

　高橋　均　　労働者福祉中央協議会　アドバイザー
　（第 1 章、補章）

　多賀　俊二　（一社）全国労働金庫協会　政策調査室次席調査役
　（第 2 章第Ⅱ節）

　平戸　俊一　（一財）全国勤労者福祉・共済振興協会（全労済協会）　前調査研究部
　（第 2 章第Ⅲ節）

　重富健太郎　　連合　生活福祉局部長
　（第 2 章第Ⅲ節コラム「労働者自主福祉事業団体に働く労働者の労働組合に求められる役割」）

　石田　輝正　　連合　非正規労働センター局長
　（第 2 章第Ⅲ節コラム「労働者自主福祉事業団体に組織する労働組合の連携」）

　栗本　昭　　法政大学大学院連帯社会インスティテュート　教授
　（第 2 章第Ⅳ節 1~4）

池本　修悟　（一社）ユニバーサル志縁社会創造センター　専務理事
（第 2 章第Ⅳ節 5、第 2 章第Ⅴ節、第 3 章第Ⅰ節 1-8・1-10・1-11）

大塚　敏夫　労働者福祉中央協議会　参与
（第 2 章第Ⅵ節 1・2-1）

麻生　裕子　連合総研　主任研究員
（第 2 章第Ⅵ節 2-2・2-3、第 3 章第Ⅰ節 1-9、終章）

吉田　昌哉　連合　総合国際局長
（第 3 章第Ⅱ節 1~4）

林　俊孝　連合　国際局部長
（第 3 章第Ⅱ節 5（1））

本吉　真人　連合　総務局部員
（第 3 章第Ⅱ節 5（2））

※　なお、鈴木雄一元連合埼玉事務局長（元埼玉労福協専務理事）には、旧版の事例調査についてすべて執筆していただいたが、今回ではその多くを、補正を加えたうえ、利用させていただいた。

ヒアリング先一覧

(増補改訂版制作時に聞き取りをした方、役職名は聞き取り当時のもの)

《第２章》

菅沼　正明　三越伊勢丹グループ共済会事務局長
　（第Ⅰ節 1-2）

大久保　章　中部電力生活協同組合理事長／中部電力労働組合本部執行委員長
宮木　歩美　中部電力生活協同組合専務理事
　（第Ⅰ節 1-3）

太田　武二　労供労連事務局長／新運転書記長
　（第Ⅰ節 2-4）

小西　一也　連合静岡副事務局長
　（第Ⅰ節 3）

田嶋　康利　日本労働者協同組合（ワーカーズコープ）連合会事務局長
　（第Ⅳ節 5）

金指　敦之　静岡県労福協専務理事
　（第Ⅵ節 2-2）

山田　太郎　新潟県労福協専務理事
大瀧　幸二　新潟県労福協事務局長
小野塚勝一　新潟県労福協事務局長
村田　和也　一般財団法人新潟ろうきん福祉財団事務局長
中村　昇　　一般財団法人新潟ろうきん福祉財団理事・地域共生推進室長
　（第Ⅵ節 2-3）

《第3章》
　石原　康則　社会福祉法人電機神奈川福祉センター理事長
　松本　真悟　社会福祉法人電機神奈川福祉センター常務理事・管理部長
　　（第Ⅰ節 1-2）

　小林　守　　連合新潟中越地域協議会事務局長/NPO法人地域循環ネットワーク理事長
　丸山　斉　　ながおかライフサポートセンターコーディネーター
　　（第Ⅰ節 1-7）

　篠田　栄治　茨城労福協専務理事
　　（第Ⅰ節 1-8）

　池田　徹　　生活クラブ風の村理事長
　　（第Ⅰ節 1-10）

　遠藤　智子　一般社団法人社会的包摂サポートセンター事務局長
　　（第Ⅰ節 1-11）

※　なお、第2章第Ⅰ節 2-2 については UA ゼンセン、同章同節 2-3 については JAM、同章第Ⅵ節 2-1 については沖縄県労福協、第3章第Ⅰ節 1-1 については情報労連、同章同節 1-3 については山口県労福協、同 1-4・1-5 については徳島県労福協、同 1-6 については石川県労福協に、それぞれ内容をご確認いただいた。

編 者

公益社団法人 教育文化協会（略称：ILEC〔アイレック〕）

　1995年12月、連合、連合構成組織などにより設立。労働教育及び教育文化活動の振興を通じて、勤労者とその家族の学習・文化活動の支援と、時代の要請に応えうる人材の育成を行い、勤労者の福祉の向上および労働運動、社会の健全な発展に寄与することを事業目的としている。

労働者福祉中央協議会（略称：中央労福協）

　労働団体や労働者福祉に関わる事業団体、生活協同組合の全国団体、都道府県ごとの地方労福協で構成する勤労者福祉活動のための中央組織。幅広い立場からの政策提言や運動の企画・実践と、構成団体・組織間の相互協力の促進や福祉活動に関する協議や連絡・調整を行っている。

監修者

高木　郁朗（たかぎ・いくろう）
1939年生まれ。東京大学経済学部卒業。山形大学教授、日本女子大学教授を歴任し、現在、日本女子大学名誉教授。

著　書：『国際労働運動』（日本経済新聞社）、『春闘論』（労働旬報社）、『労働経済と労使関係』（教育文化協会）、『労働者福祉論』（教育文化協会）等

編　著：『ものがたり戦後労働運動史（全10巻）』（教育文化協会）、『共助と連帯』（教育文化協会）等

監　修：『日本労働運動史事典』（明石書店）

訳　書：『OECD図表でみる世界の社会問題』『同2』『同3』（明石書店）ほか多数

増補改訂版　共助と連帯――労働者自主福祉の意義と課題

2016年6月25日　初版第1刷発行

　　　　　　　　　　監修者　高　木　郁　朗
　　　　　　　　　　編　者　公益社団法人 教育文化協会
　　　　　　　　　　　　　　労働者福祉中央協議会
　　　　　　　　　　発行者　石　井　昭　男
　　　　　　　　　　発行所　株式会社 明　石　書　店
　　　　〒101-0021 東京都千代田区外神田6-9-5
　　　　　　　　　　電話　　03（5818）1171
　　　　　　　　　　FAX　　03（5818）1174
　　　　　　　　　　振替　　00100-7-24505
　　　　　　　　　　http://www.akashi.co.jp
　　　　　　　　　　装　丁　明石書店デザイン室
　　　　　　　　　　ＤＴＰ　　レウム・ノビレ
　　　　　　　　　　印刷・製本　モリモト印刷株式会社

（定価はカバーに表示してあります）　　　　　ISBN978-4-7503-4363-1

JCOPY 〈(社)出版者著作権管理機構　委託出版物〉
本書の無断複写は著作権法上での例外を除き禁じられています。複写される場合は、そのつど事前に、(社)出版者著作権管理機構（電話 03-3513-6969、FAX 03-3513-6979、e-mail: info@jcopy.or.jp）の許諾を得てください。

図表でみる世界の社会問題
貧困・不平等・社会的排除の国際比較
OECD編　高木郁朗監訳　麻生裕子訳
●2500円

図表でみる世界の社会問題2
貧困・不平等・社会的排除の国際比較
OECD編著　高木郁朗監訳　麻生裕子訳
●2600円

図表でみる世界の社会問題3 OECD社会政策指標
貧困・不平等・社会的排除の国際比較
OECD編著　高木郁朗監訳　麻生裕子訳
●2800円

図表でみる世界の最低生活保障 OECD給付・賃金インディケータ
働くための福祉の国際比較
OECD編著　日本労働組合総連合会(連合)総合政策局訳
●3800円

国際比較：仕事と家族生活の両立 日本・オーストリア・アイルランド
OECD編著　高木郁朗監訳　麻生裕子、久保田真美、松信ひろみ訳
●3800円

社会的企業の主流化 「新しい公共」の担い手として
OECD編　連合総合生活開発研究所訳
●3800円

人口減・少子化社会の未来 雇用と生活の質を高める
小峰隆夫、連合総合生活開発研究所編
●3200円

女性と労働組合 男女平等参画の実践
高木郁朗、連合総合男女平等局編
●2300円

メンタルヘルスと仕事：誤解と真実 労働市場は心の病気にどう向き合うべきか
《OECDメンタルヘルスと仕事プロジェクト》
OECD編著　岡部史信、田中香織訳
●4600円

図表でみる世界の年金 OECDインディケータ(2013年版)
OECD編　岡部史哉訳
●7200円

格差拡大の真実 二極化の要因を解き明かす
経済協力開発機構(OECD)編著　小島克久、金子能宏訳
●7200円

主観的幸福を測る OECDガイドライン
経済協力開発機構(OECD)編　桑原進監訳　高橋しのぶ訳
●5400円

連帯経済とソーシャル・ビジネス 貧困削減、富の再分配のためのケイパビリティ・アプローチ
池本幸生、松井範惇編著
●2500円

地域包括ケアと生活保障の再編 新しい「支え合い」システムを創る
宮本太郎編著
●2400円

最低生活保障と社会扶助基準 先進8ヶ国における決定方式と参照目標
山田篤裕、布川日佐史、『貧困研究』編集委員会編
●3600円

マルクスと日本人 社会運動からみた戦後日本論
佐藤優、山﨑耕一郎
●1400円

〈価格は本体価格です〉

国際比較：仕事と家族生活の両立
OECDベイビー＆ボス総合報告書

OECD 編著、高木郁朗 監訳
熊倉瑞恵、関谷みのぶ、永由裕美 訳

◎3800円
A5判／並製

家庭と仕事をどのように両立するか。政策と家族の状況を分析してきたOECDの取り組みの最終報告書。国際比較可能な指標と主要な事実発見にもとづいて、労働市場と家族の形成、税・給付政策、親休暇制度、学童保育支援、職場慣行について詳細に検証する。

―――内容構成―――
- 第1章 OECD諸国における仕事と家族生活の両立
- 第2章 人口動態と家族環境
- 第3章 親と就業行動
- 第4章 税・給付制度と親たちによる仕事の選択
- 第5章 子育てのための親休暇
- 第6章 税・給付政策 仕事と子育てのあいだの親の選択
- 第7章 ファミリーフレンドリーな職場慣行

子どもの福祉を改善する
より良い未来に向けた比較実証分析

OECD 編著 高木郁朗 監訳
熊倉瑞恵／関谷みのぶ／永由裕美 訳

B5判／並製／224頁
◎3800円

物的福祉、住まいと環境、教育的福祉、健康と安全、危険行為、学校生活の質といった6つの指標をもとに、OECD加盟各国の子どもの福祉政策を比較し、子どもへの社会支出、乳幼児期政策、ひとり親の影響、不平等の世代間連鎖などについて分析する。

―――内容構成―――
- 第1章 中心的な事実発見の要約
- 第2章 OECD諸国にみる子どもの福祉の国際比較
- 第3章 ECECと教育制度の強力で対等な連携
- 第4章 胎児期から幼稚園まで
- 第5章 子どもの福祉とひとり親状態
- 第6章 子ども時代と世代間移動
- 第7章 子どもの福祉を改善する：前進の道

〈価格は本体価格です〉

日本労働運動史事典

公益社団法人 教育文化協会［編］　**高木郁朗**［監修］
◎B5判／上製／432頁　◎15,000円

明治からの日本の労働運動の歴史について体系的に概観することを目的に、組織、人物、政策、制度、活動など、関連する国際労働運動も含めて約1000項目を収録。相互の関連や背景事情について理解を深めるのに役立つ年表、事項、人名、組織索引をつける。

【項目の例】

人名
赤松克麿／浅沼稲次郎／芦田甚之助／飛鳥田一雄／麻生久／安部磯雄／天池清次／荒畑寒村／市川房枝／市川誠／岩井章／S.＆B.ウェッブ／宇佐美忠信／氏原正治郎／江田三郎／エンゲルス／ロバート・オーウェン／大内兵衛／大河内一男／大杉栄／太田薫／賀川豊彦／片山潜／金正米吉／河上肇／アントニオ・グラムシ／幸徳秋水／サミュエル・ゴンパーズ／西光万吉／堺利彦／佐久間貞一／佐々木孝男／笹森清／重枝琢巳／島上善五郎／清水慎三／末弘厳太郎／杉山元治郎／鈴木文治／髙木剛　ほか

労働組合・団体
印刷労協／運輸労連／映演労連／NHK労連／沖交労／海員組合／化学総連／活版工組合／紙パ連合／機労／金属労協／金融労連／建設連合／港運同盟／交運労協／航空連合／交総／全日本鉱夫総連合／公労協／国際自由労連／国鉄総連／国労サービス連合／全自交労連／全信労連／全水道／全生保／全石炭／全繊同盟／ゼンセン同盟／全総／全造船機械／全炭鉱／全通／全鉄労／総同盟／総評／炭婦協　ほか

争議
尼鋼争議／雨宮製糸スト／岩田屋争議／内灘闘争／宇部争議／王子製紙争議／近江絹糸争議／大阪天満紡績スト／沖電気争議／海員組合人間性回復争議／学テ反対闘争／鐘紡争議／川労協・公害闘争／官営八幡製鉄所争議／韓国スミダ電機争議　ほか

訴訟・裁判
秋田相互銀行事件判決／朝日訴訟／オズボーン判決／川岸工業事件判決／関西電力事件判決／国鉄札幌運転区事件最高裁判決／芝信用金庫事件東京高裁判決／秋北バス事件判決／昭和シェル事件東京高裁判決／新日鐵出向訴訟判決／住友セメント事件判決／セメダイン事件判決／全農林警職法事件判決／タフ・ヴェイル判決　ほか

テーゼ・方針
アナ・ボル論争／教師聖職論／教師の倫理綱領／極東委員会：日本の労働組合に関する16原則／幸徳・田添論争／「職工諸君に寄す」／総退却論／中ソ論争・中ソ対立／統一労働同盟構想／同盟福祉ビジョン／内包・外延論争／日本的組合主義　ほか

〈価格は本体価格です〉